高水平专业群教材建设专项项目
新时代新理念职业教育教材
职业教育校企合作开发教材

发动机构造与维修

主　编　王　佳　刘格成　曹元勋
副主编　贾学武　庞少圻

北京交通大学出版社
·北京·

内 容 简 介

本书是高等职业教育铁道养路机械应用技术专业系列教材之一。全书共分为10个项目，主要讲授发动机的组成结构、工作原理，以及拆装与检修。本书邀请了铁路部门工务机械段一线的资深专业技术人员和汽车行业的专家参与编写。

本书可以作为高等职业教育铁道养路机械应用技术专业、智能工程机械运用技术专业及汽车类专业的教材，也可以作为相关专业工程技术人员的培训用书。

图书在版编目（CIP）数据

发动机构造与维修 / 王佳，刘格成，曹元勋主编. —北京：北京交通大学出版社，2023.8
新时代新理念职业教育教材　高水平专业群教材建设专项项目
ISBN 978-7-5121-4919-9

Ⅰ. ① 发…　Ⅱ. ① 王…　② 刘…　③ 曹…　Ⅲ. ① 汽车－发动机－构造－高等职业教育－教材　② 汽车－发动机－车辆修理－高等职业教育－教材　Ⅳ. ① U472.43

中国国家版本馆 CIP 数据核字（2023）第 041104 号

发动机构造与维修
FADONGJI GOUZAO YU WEIXIU

项目总策划：陈　颖
责 任 编 辑：陈可亮
出 版 发 行：北京交通大学出版社　　电话：010-51686414　　http://www.bjtup.com.cn
地　　址：北京市海淀区高梁桥斜街44号　　邮编：100044
印　刷　者：北京虎彩文化传播有限公司
经　　销：全国新华书店
开　　本：185 mm×260 mm　　印张：12　　字数：295千字
版　印　次：2023年8月第1版　　2023年8月第1次印刷
印　　数：1～1 000册　　定价：48.00元

本书如有质量问题，请向北京交通大学出版社质监组反映。对您的意见和批评，我们表示欢迎和感谢。
投诉电话：010-51686043，51686008；传真：010-62225406；E-mail：press@bjtu.edu.cn。

前　言

“发动机构造与维修”是汽车、工程机械、铁路内燃机车、铁道养路机械应用技术类专业开设的一门重要的专业基础课程。发动机构造与维修课程的教学内容主要是发动机两大机构、五大系统的组成结构、工作原理，以及拆装与检修。

本书特色如下：

1. 四色彩图印刷——针对性强

因为职业院校学生对机械图样的理解能力有限，在教学中普遍反映单黑色的机械图样过于复杂、抽象，不利于学习。因此，本书尽量以彩色实物图、彩色原理示意图来展示发动机结构原理与检测方法。

2. 索引贯穿导航——层次性强

为了便于学生对发动机结构与原理系统的掌握，本书在部分任务单元中设计了索引图。索引图按照一定的逻辑关系设计，作为该任务单元学习的顺序。在本书中，索引图多是以气体的流动路线、油液的流动路线、机械的传动路线作为组织教学内容的顺序。

3. 任务活动设计——灵活性强

本书每个任务都由任务目标、任务准备、任务实施、任务评价四个模块组成。

4. 岗课赛证结合——实用性强

任务目标围绕现场工作实际，任务准备结合了 1+X 证书考核大纲，任务评价参考了相关领域省赛、国赛评分标准。

5. 校企合作开发——职业性强

涉及铁路机车和铁路大型养路机械用柴油机领域的内容，由中国铁路哈尔滨局集团有限公司工务机械段高级工人技师王成彬编写；涉及汽车用发动机领域的内容，由大庆润达新亚汽车销售服务有限公司技术总监姚斌编写。

6. 配套资源丰富——实用性强

配套建有开放式教学资源库，包括教学课件、题库、实操录像、典型动画等教学资源。

7. 融入思政元素——育人性强

任务目标和教学内容中渗透了课程思政元素，包括精益求精的工匠精神、诚实守信的工作态度、顾客至上的服务意识，以及 6S 管理理念等。

本书由吉林铁道职业技术学院王佳、刘格成，吉林工业职业技术学院曹元勋担任主编；黑龙江农业经济职业学院贾学武、哈尔滨铁道职业技术学院庞少圻担任副主编。具体分工如下：任务 1.1、任务 1.2 由哈尔滨铁道职业技术学院田原实编写；任务 1.3、任务 1.4、任务 2.1、任务 2.2、任务 3.2 由黑龙江农业经济职业学院贾学武编写；任务 2.3、任务 3.1、任务 7.1、任务 8.1、任务 10.1 由哈尔滨铁道职业技术学院庞少圻编写；任务 4.1、任务 4.2 由哈尔滨铁道职业技术学院卜昭海编写；任务 5.1、任务 6.1、任务 8.2 由吉林工业职业技术学院曹元勋编写；任务 9.1、任务 10.3 由黑龙江农业职业技术学院张硕编写；任务 10.2 由吉林铁道职业技术学院刘格成编写；配套实操录像、课件由中国铁路哈尔滨局集团有限公司工务机械段郑建斌、王成彬，大庆润达新亚汽车销售服务有限公司姚斌，吉林铁道职业技术学院王家华、于丰博、邢海波、魏星、娄云飞、杨春来、张天昊、鞠娜制作。

本书适用于高职高专院校、中职院校的汽车、工程机械、铁路内燃机车、铁路大型养路机械类专业教学。

由于编者的知识、能力、经验有限，书中难免出现错误、不足，欢迎批评指正。

编　者

2023 年 8 月

目　　录

项目 1　发动机总体认识……1

任务 1.1　认识发动机基本术语……1
任务 1.2　认识发动机总体构造……5
任务 1.3　识别国产汽车发动机型号……11
任务 1.4　认识发动机维修常用工具……20

项目 2　曲柄连杆机构的结构与检测……23

任务 2.1　机体组的结构与检测……23
任务 2.2　活塞连杆组的拆装与检测……30
任务 2.3　曲轴飞轮组的拆装与检测……39

项目 3　配气机构的结构与检测……48

任务 3.1　配气机构的检测与调整……48
任务 3.2　配气相位与气门间隙调整……57

项目 4　汽油机燃料供给系统的结构与检测……62

任务 4.1　汽油供给路线与燃油压力测试……62
任务 4.2　空气供排路线及气缸压力测试……72

项目 5　柴油机燃料供给系统的结构与检测……80

任务 5.1　柴油机燃料供给系统的检测……80

项目 6　汽油机点火系统的结构与检测……98

任务 6.1　汽油机点火系统的检测……98

项目 7　冷却系统的结构与检测……105

任务 7.1　冷却系统的检测……105

项目 8　发动机润滑系统的结构与检测 …… 111

任务 8.1　发动机机油型号与选用 …… 111
任务 8.2　机油的更换及机油压力检测 …… 115

项目 9　起动系统的结构与检测 …… 123

任务 9.1　起动系统的检测 …… 123

项目 10　汽油发动机电控系统的结构与检测 …… 133

任务 10.1　认识汽油发动机电控系统 …… 133
任务 10.2　传感器的检测 …… 138
任务 10.3　执行器的检测 …… 174

项目1

发动机总体认识

任务 1.1　认识发动机基本术语

扫码观看
本任务学习视频

任务目标

1. 理解活塞行程、上止点、下止点、气缸容积、燃烧室容积、工作容积、压缩比等发动机基本术语。
2. 初步学会查找、使用发动机维修手册。
3. 培养严谨的工作态度，说标准话、查标准数、做标准事。
4. 培养诚实守信的优秀品质。

任务准备

如图 1-1 所示，活塞置于气缸中，活塞可在气缸中做往复直线运动，活塞通过连杆和曲轴相连，曲轴可绕其轴线旋转。

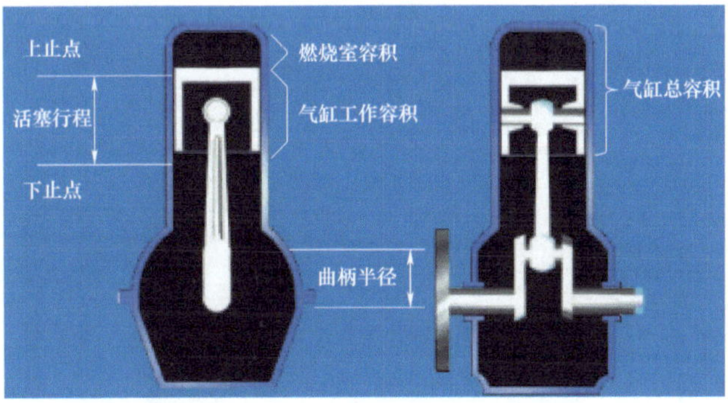

图 1-1　单缸发动机结构示意图

1. 上止点

活塞顶距离曲轴旋转中心最远的位置，称为上止点。

2. 下止点

活塞顶距离曲轴旋转中心最近的位置，称为下止点。

3. 活塞行程

上、下止点间的距离，称为活塞行程，用 S（mm）表示。

4. 曲柄半径

从曲轴旋转中心到曲柄销中心的距离，称为曲柄半径，用 R（mm）表示，则有：$S=2R$。

5. 燃烧室容积

活塞在气缸内做往复直线运动，当活塞位于上止点时，活塞顶上面的气缸空间，称为燃烧室容积，用 V_c（L）表示。

6. 气缸工作容积

活塞从一个止点移到另一个止点所扫过的容积，称为气缸工作容积，用 V_h（L）表示，则有：

$$V_h = \pi\left(\frac{D}{2}\right)^2 \times S \times 10^{-6}$$

式中：D——气缸直径，mm。

7. 气缸总容积

活塞位于下止点时，活塞顶上部的全部气缸容积，称为气缸总容积，用 V_a（L）表示，则有：

$$V_a = V_c + V_h$$

8. 发动机排量

多缸发动机所有气缸工作容积的总和，称为发动机排量，用 V_L（L）表示，则有：

$$V_L = V_h \times i$$

式中：i——发动机的气缸数。

9. 压缩比

气缸总容积与燃烧室容积之比，称为压缩比，用 ε 表示，则有：

$$\varepsilon = V_a / V_c = 1 + V_h / V_c$$

课堂练习

在下图中标记以下结构及术语：

①活塞　②连杆　③曲轴　④上止点　⑤下止点

⑥活塞行程　⑦燃烧室容积　⑧气缸工作容积　⑨曲柄半径　⑩气缸总容积

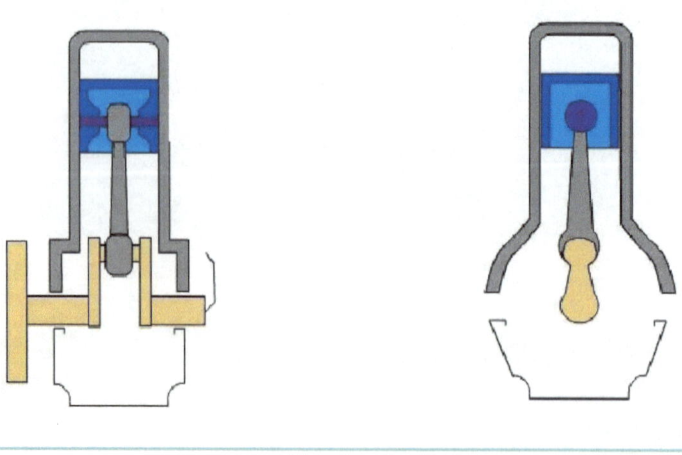

任务实施

发动机维修手册查询

按照教师给定的发动机维修手册，查询手册并填写下表：

姓名		日期	
班级		学号	
发动机型号			
发动机铭牌位置			
发动机额定转速	r/min	在维修手册的页数	
发动机额定功率	kW	在维修手册的页数	
气缸数		在维修手册的页数	
发动机排量	L	在维修手册的页数	
气缸直径	mm	在维修手册的页数	
活塞行程	mm	在维修手册的页数	
压缩比		在维修手册的页数	
气缸工作容积	L	燃烧室容积	L
气缸总容积	L	排放标准	

任务评价

姓名		总分	
班级		学号	
发动机型号	□ 5分 □ 0分	发动机铭牌位置	□ 5分 □ 0分
发动机额定转速	□ 5分 □ 0分	在维修手册的页数	□ 5分 □ 0分
发动机额定功率	□ 5分 □ 0分	在维修手册的页数	□ 5分 □ 0分
气缸数	□ 5分 □ 0分	在维修手册的页数	□ 5分 □ 0分
发动机排量	□ 5分 □ 0分	在维修手册的页数	□ 5分 □ 0分
气缸直径	□ 5分 □ 0分	在维修手册的页数	□ 5分 □ 0分
活塞行程	□ 5分 □ 0分	在维修手册的页数	□ 5分 □ 0分
压缩比	□ 5分 □ 0分	在维修手册的页数	□ 5分 □ 0分
气缸工作容积	□ 5分 □ 0分	燃烧室容积	□ 5分 □ 0分
气缸总容积	□ 5分 □ 0分	排放标准	□ 5分 □ 0分
诚实守信	□ 扣20分	评委签字	

任务1.2　认识发动机总体构造

扫码观看
本任务学习视频

任务目标

1. 掌握发动机的总体组成结构，理解工作原理。
2. 熟悉每个机构和系统的主要组成零件。
3. 掌握汽油机和柴油机在结构上的主要区别。
4. 培养6S的工作习惯，培养诚实守信的工作态度。

任务准备

1. 总体结构

如图1–2所示，是一台四缸四冲程汽油机的结构剖视图，下面以它为例来介绍发动机的一般构造，主要包括曲柄连杆机构、配气机构、燃料供给系统、点火系统、冷却系统、润滑系统、起动系统。

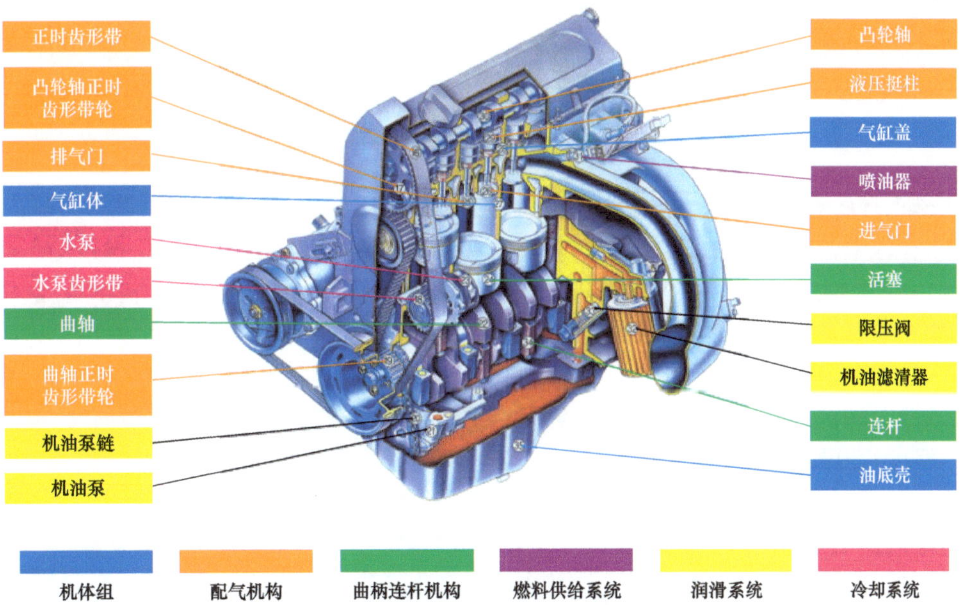

图1–2　四缸四冲程汽油机的结构剖视图

曲柄连杆机构由机体组、活塞连杆组、曲轴飞轮组三部分组成。其中机体组由气缸体、气缸盖、气缸套、气缸垫及油底壳等组成；活塞连杆组由活塞、活塞环、活塞销、连杆等组成；曲轴飞轮组由曲轴、飞轮等组成。

配气机构由进气门、排气门、凸轮轴及凸轮轴正时齿轮等组成。

燃料供给系统由燃油箱、燃油泵、燃油滤清器、空气滤清器、进排气管等组成。

点火系统由蓄电池、点火线圈、火花塞等组成。

冷却系统由水泵、散热器、风扇、水套等组成。

润滑系统由机油泵、润滑油道、机油滤清器等组成。

起动系统由起动机及其附属装置等组成。

汽油机一般都由上述两个机构和五个系统组成。对于柴油机，由于其混合气是自行着火燃烧的，所以柴油机没有点火系统，因此柴油机由两个机构和四个系统组成。

2. 四冲程汽油机工作原理

活塞在气缸内往复四个行程（相当于曲轴旋转两周）完成一个工作循环的发动机，称为四冲程发动机。四冲程发动机每个工作循环中的四个活塞行程分别为进气行程、压缩行程、做功行程和排气行程。单缸汽油机的工作原理如图 1–3 所示。

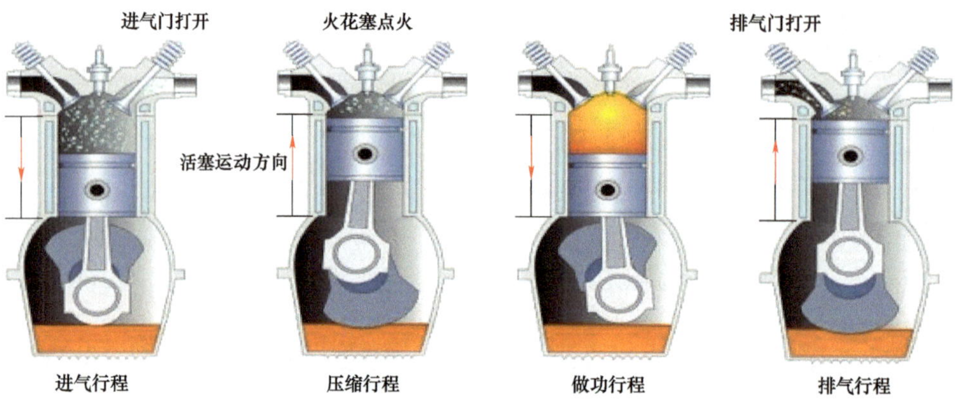

图 1–3　单缸汽油机的工作原理

1）进气行程

进气行程中，进气门打开，排气门关闭。曲轴带动活塞从上止点向下止点运动，活塞上方的气缸容积增大。从而气缸内压力降到大气压以下，即在气缸内造成真空吸力。这样可燃混合气便经进气管道和进气门被吸入气缸。在这个过程中，曲轴转过了 180°。由于进气系统有阻力，进气终了时气缸内气体压力约为 0.075～0.090 MPa。流进气缸内的可燃混合气，因为与气缸壁、活塞顶等高温机件表面接触并与前一循环留下的高温残余废气混合，所以温度升高到 370～400 K。

2）压缩行程

在此行程中，进、排气门均关闭，曲轴推动活塞定时由下止点向上止点移动一个行程。压缩终了时，活塞到达上止点，混合气被压入活塞上方很小的燃烧室中。此时，混合气压力高达 0.6～1.2 MPa，温度可达 600～700 K。

3）做功行程

在压缩行程接近终了时，火花塞产生电火花，点燃混合气，此时进、排气门仍关闭。由于混合气迅速燃烧，使缸内气体的温度和压力迅速升高，最高压力可达 5～9 MPa，最高温度可达 2 200～2 800 K。在高温高压气体的作用力推动下，活塞向下止点运动，活塞的下移通过连杆使曲轴旋转运动，产生转矩而做功。做功终了时，压力降至 0.3～0.5 MPa，温度则降为 1 300～1 600 K。此时曲轴又转过 180°。

4）排气行程

混合气燃烧后成为废气，应从气缸内排出，以便下一个工作循环得以进行。因此，当做功行程接近终了时，进气门关闭，排气门打开。活塞到上止点附近时，排气行程结束。排气终了时，缸内压力约为 0.105～0.115 MPa，温度约为 900～1 200 K。

综上所述，四冲程汽油机经过进气、压缩、做功、排气四个行程，完成一个工作循环。这期间活塞在上、下止点间往复移动了四个行程，相应地，曲轴旋转两周（720°）。

3. 四冲程柴油机工作原理

四冲程柴油机（压燃式发动机）和汽油机相似，每个工作循环也经历进气、压缩、做功、排气四个行程。但由于柴油机用的燃料是柴油，其黏度比汽油大，不易蒸发，而其自燃温度却比汽油低，故可燃混合气的形成及点火方式都与汽油机不同。

1）进气行程

进气行程不同于汽油机的是，进入气缸的不是可燃混合气，而是纯空气。

2）压缩行程

压缩行程不同于汽油机的是，压缩的是纯空气，且由于柴油机压缩比高，压缩终了的温度和压力都比汽油机高，压力可达 3～5 MPa，温度可达 800～1 000 K。

3）做功行程

此行程与汽油机有很大不同，在柴油机压缩行程终了时，喷油泵将高压柴油经喷油器呈雾状喷入气缸内的高温空气中，燃油迅速气化并与空气形成混合气，由于此时气缸内的温度远高于柴油的自燃温度（500 K 左右），柴油便立即自行着火燃烧，且此后一段时间内边喷油边燃烧，气缸内压力、温度急剧升高，推动活塞下行做功。

此行程中，瞬时压力可达 5～10 MPa，瞬时温度可达 1 800～2 200 K；做功行程终了时，压力约为 0.2～0.4 MPa，温度约为 1 200～1 500 K。

4）排气行程

排气行程与汽油机基本相同。排气终了时，气缸内压力约为 0.105～0.125 MPa，温度约为 800～1 000 K。

由上述可知，四冲程发动机的工作特点如下：

（1）每一个发动机工作循环，曲轴旋转两周（720°），每一个行程曲轴旋转半周（180°），进气行程时进气门开启，排气行程时排气门开启，其余两个行程进、排气门均关闭。

（2）四个行程中，只有做功行程产生动力，其他三个行程是为做功行程做准备工作的辅助行程，虽然做功行程是主要行程，但其他三个行程也必不可少。因此，进气行程、压缩行程和排气行程被称为“辅助行程”。

（3）在发动机运转的第一循环时，必须有外力使曲轴旋转完成进气、压缩行程，着火后，完成做功行程，并依靠曲轴和飞轮储存的能量便可自行完成以后的行程，以后的工作循环发动机无需外力就可自行完成。

柴油机与汽油机的不同之处：在压缩行程终了时，汽油机靠火花塞强制点火，而柴油机则靠自燃（压燃）。

课堂练习

连线题：请将左侧列出的发动机零件按照右侧所在的机构和系统进行连线归类。

进气门	曲柄连杆机构
起动机	配气机构
机油泵	燃料供给系统
曲轴	起动系统
活塞	润滑系统
喷油器	冷却系统
凸轮轴	点火系统
连杆	
水泵	
火花塞	

任务实施

零件名称认知

1. 课前分组准备

姓名		班级	
学号		所在组名称	
组内成员			

2. 课前工具准备

名称	数量	备注	准备情况自查
透明胶带	每组 1 卷	小卷	□ 准备完毕　□ 未准备
裁剪后的白纸条	每组 50 张	尺寸按照能书写至少 10 个字裁剪	□ 准备完毕　□ 未准备
笔	每人 1 支	油笔	□ 准备完毕　□ 未准备

3. 课中安排

序号	步骤	时间安排
1	教师讲解。按照教师讲解安排，学生将零件名称记录在小纸条上，并用透明胶贴在发动机上的对应位置	45 min
2	组内复习	15 min
3	各组撕下发动机上所粘贴的小纸条，进行卫生整理	5 min
4	组内考评	25 min

任务评价

姓名		总分	
班级		学号	
零件：	□ 5分　□ 0分	零件：	□ 5分　□ 0分
零件：	□ 5分　□ 0分	零件：	□ 5分　□ 0分
零件：	□ 5分　□ 0分	零件：	□ 5分　□ 0分
零件：	□ 5分　□ 0分	零件：	□ 5分　□ 0分
零件：	□ 5分　□ 0分	零件：	□ 5分　□ 0分
零件：	□ 5分　□ 0分	零件：	□ 5分　□ 0分
零件：	□ 5分　□ 0分	零件：	□ 5分　□ 0分
零件：	□ 5分　□ 0分	零件：	□ 5分　□ 0分
零件：	□ 5分　□ 0分	零件：	□ 5分　□ 0分
零件：	□ 5分　□ 0分	零件：	□ 5分　□ 0分
组内考评人签字		组内监督人签字	
以下为教师填写项			
诚实守信表现	□ 扣40分	卫生（6S管理）	□ 扣10分
是否穿工装	□ 扣10分	合计总分	

任务 1.3　识别国产汽车发动机型号

扫码观看
本任务学习视频

任务目标

1. 掌握国产汽车发动机型号的编制规则。
2. 能够分析国产汽车发动机型号的含义。
3. 培养诚实守信的工作态度。

任务准备

为了便于发动机的生产管理和使用，我国于 1991 年对发动机的名称和型号编制方法重新审定并颁布了国家标准《内燃机产品名称和型号编制规则》(GB 725—1991)。2008 年对该标准进行了修订，标准号改为 GB/T 725—2008，新标准的主要内容如下：

发动机型号由阿拉伯数字和汉语拼音字母组成，如图 1–4 所示。发动机型号应能反映发动机的主要结构特征及性能，由下列四部分内容组成：

第一部分：由制造商代号或系列符号组成。本部分由制造商根据需要选择相应 1～3 位字母表示。

第二部分：由气缸数、气缸布置型式符号、冲程型式符号、缸径符号组成。

（1）气缸数用 1～2 位数字表示；

（2）气缸布置型式符号按表 1–1 的规定；

（3）冲程型式为四冲程时符号省略，二冲程用 E 表示；

（4）缸径符号一般用缸径或缸径/行程数字表示，亦可用发动机排量或功率数表示。其单位由制造商自定。

第三部分：由结构特征符号、用途特征符号组成。其符号分别按表 1–2、表 1–3 的规定。

第四部分：区分符号。同系产品需要区分时，允许制造商选用适当符号表示。第三部分与第四部分可用“–”分隔。

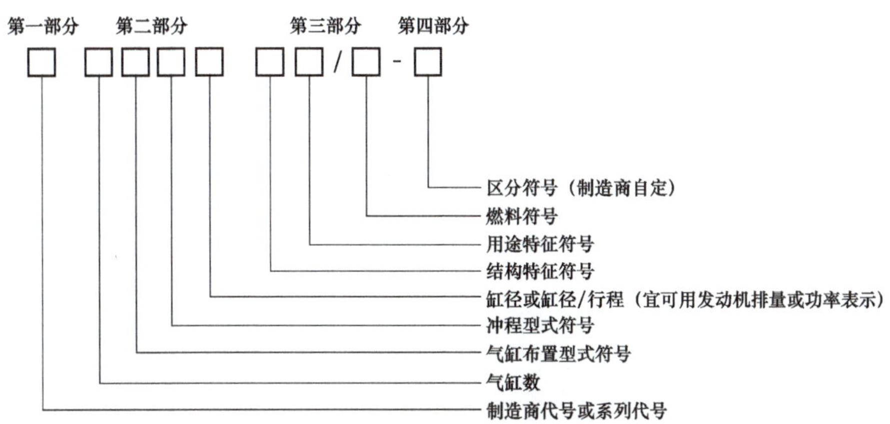

图 1–4　国产发动机型号编制规则

表 1–1　气缸布置型式符号

符号	含义
无符号	多缸直列及单缸
V	V 形
P	卧式
H	H 形
X	X 形

注：其他布置型式符号见 GB/T 1883.1。

表 1–2　结构特征符号

符号	结构特征
无符号	冷却液冷却
F	风冷
N	凝气冷却
S	十字头式
Z	增压
ZL	增压中冷
DZ	可倒转

表 1–3　用途特征符号

符号	用途
无符号	通用型及固定动力（或制造商自定）
T	拖拉机
M	摩托车
G	工程机械
Q	汽车
J	铁路机车
D	发电机组
C	船用主机、右机基本型
CZ	船用主机、左机基本型
Y	农用三轮车（或其他农用车）
L	林业机械

注：内燃机左机和右机的定义按 GB/T 726 的规定。

型号编制示例：

1）汽油机

CA488——表示中国第一汽车集团公司制造，四缸，直列四冲程，缸径 88 mm，冷却液冷却，通用型。

2）柴油机

R175A——表示单缸，直列四冲程，缸径 75 mm，冷却液冷却，通用型（这里 R 表示 175 的换代标志符号，A 为系列产品改进的区分符号）。

12V135ZG——表示十二缸，V 形排列，四冲程，缸径 135 mm，冷却液冷却，增压，工程机械用。

任务实施

1. 请解释发动机型号 EQ6100 的含义。提示："EQ" 表示 "二汽"。

2. 请解释发动机型号 DA465Q 的含义。提示："DA" 表示 "哈尔滨东安汽车发动机制造有限公司"。

任务评价

姓名		总分	
班级		学号	
EQ6100（40 分）	评价：	DA465Q（40 分）	评价：
诚实守信（10 分）	评价：	字迹工整（10 分）	评价：
评委签字		评价日期	

选修子任务 1.3.1　识别铁路大型养路机械用道依茨柴油机型号

任务目标

1. 掌握铁路大型养路机械用道依茨柴油机型号的编制规则。
2. 能够分析铁路大型养路机械用道依茨柴油机型号的含义。
3. 培养诚实守信的工作习惯。

任务准备

道依茨公司生产的道依茨柴油机，商标名称为 DEUTZ。1864 年奥托先生和蓝根先生合伙创建了世界上第一家发动机生产厂，也就是今天道依茨公司的前身。道依茨公司总部位于德国科隆，是现今历史最悠久的发动机独立制造厂商。道依茨提供功率范围从 25 kW 到 520 kW 的水冷和风冷发动机，广泛应用于工程机械、发电机组、农用机械、铁路机车和船舶，以及军用车辆。

DEUTZ®

铁路大型养路机械广泛采用德国道依茨（HKD）公司生产的风冷 B/FL413F/513C 系列柴油机，常见的有 BF8L413F 型、BF12L413F 型、BF8L513 型、BF12L513C 型及 F12L513 型等，详见表 1–4 所示。

表 1–4　常用大型养路机械柴油机一览表

<table>
<tr><th rowspan="2">序号</th><th rowspan="2">大型养路机械</th><th colspan="2">柴油机型号</th><th rowspan="2">数量</th><th rowspan="2" colspan="2">额定功率/kW</th><th rowspan="2">额定转速/（r/min）</th></tr>
<tr><th>原机</th><th>现用</th></tr>
<tr><td>1</td><td>D08–32 型捣固车</td><td>F12L413F</td><td>F12L513</td><td>1</td><td colspan="2">235</td><td>2 300</td></tr>
<tr><td>2</td><td>WD–320 型稳定车</td><td colspan="2">BF12L513C</td><td>1</td><td colspan="2">348</td><td>2 300</td></tr>
<tr><td>3</td><td>SRM80 型清筛机</td><td colspan="2">BF12L513C</td><td>2</td><td colspan="2">348</td><td>2 300</td></tr>
<tr><td>4</td><td>SPZ–200 型配渣车</td><td>BF8L413F</td><td>BF8L513</td><td>1</td><td>200</td><td>210</td><td>2 300</td></tr>
<tr><td>5</td><td>D09–32 型捣固车</td><td colspan="2">BF12L513C</td><td>1</td><td colspan="2">348</td><td>2 300</td></tr>
<tr><td>6</td><td>CD08–475 型捣固车</td><td colspan="2">BF12L513C</td><td>1</td><td colspan="2">348</td><td>2 300</td></tr>
<tr><td rowspan="2">7</td><td rowspan="2">DWL–48 型捣固稳定车</td><td colspan="2">BF8M1015CP</td><td>1</td><td colspan="2">370</td><td>2 300</td></tr>
<tr><td colspan="2">BF6M1013C（水冷）</td><td>1</td><td colspan="2">148</td><td>2 300</td></tr>
</table>

道依茨风冷柴油机的型号代号规定如图 1–5 所示。风冷柴油机气缸的排列方式分为直列

式与 V 型两种，机型代号中的 R 代表直列式排列，不标注表示 V 形排列。风冷柴油机的燃烧形式有直喷式和两级燃烧式两种，直喷式柴油发动机用于对功率要求较高的设备，两级燃烧式柴油发动机用于对排放要求较严格的设备。在机型代号中，两级燃烧式柴油发动机用 W 表示，直喷式则不表示。

机型代号中的 B 代表采用了增压器的柴油发动机，C 代表增压柴油机的进气管道上安装有中冷器。气缸数前面的 F 代表适用于车辆使用的四冲程高速柴油机，气缸数后面的 F 代表气缸直径加大，L 代表风冷。此外，P 代表加强机型，MV 代表电控单体泵，E 代表外接水箱。

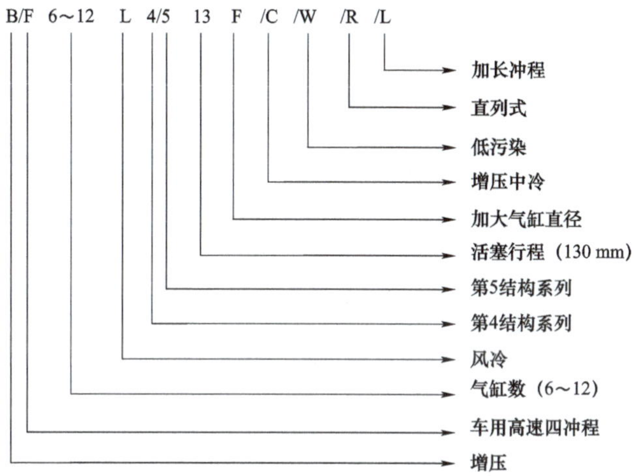

图 1-5　道依茨风冷柴油机的型号代号规定

任务实施

柴油机型号含义解释

姓名		总分	
班级		学号	
序号	型号	含义	
1	F12L413		
2	BF8L513		
3	BF12L513C		
4	BF8M1015CP		
5	BF6M1013ECP		
6	BF6M1015CPMV		
7	BF8L413F		
8	BF6M1013C		

任务评价

<table>
<tr><td>姓名</td><td colspan="3"></td><td>总分</td><td colspan="3"></td></tr>
<tr><td>班级</td><td colspan="3"></td><td>学号</td><td colspan="3"></td></tr>
<tr><td>F12L413</td><td colspan="7">□ 10 分　□ 8 分　□ 6 分　□ 4 分　□ 2 分　□ 0 分</td></tr>
<tr><td>BF8L513</td><td colspan="7">□ 10 分　□ 8 分　□ 6 分　□ 4 分　□ 2 分　□ 0 分</td></tr>
<tr><td>BF12L513C</td><td colspan="7">□ 10 分　□ 8 分　□ 6 分　□ 4 分　□ 2 分　□ 0 分</td></tr>
<tr><td>BF8M1015CP</td><td colspan="7">□ 10 分　□ 8 分　□ 6 分　□ 4 分　□ 2 分　□ 0 分</td></tr>
<tr><td>BF6M1013ECP</td><td colspan="7">□ 10 分　□ 8 分　□ 6 分　□ 4 分　□ 2 分　□ 0 分</td></tr>
<tr><td>BF6M1015CPMV</td><td colspan="7">□ 10 分　□ 8 分　□ 6 分　□ 4 分　□ 2 分　□ 0 分</td></tr>
<tr><td>BF8L413F</td><td colspan="7">□ 10 分　□ 8 分　□ 6 分　□ 4 分　□ 2 分　□ 0 分</td></tr>
<tr><td>BF6M1013C</td><td colspan="7">□ 10 分　□ 8 分　□ 6 分　□ 4 分　□ 2 分　□ 0 分</td></tr>
<tr><td>组内考评人签字</td><td colspan="3"></td><td>组内监督人签字</td><td colspan="3"></td></tr>
<tr><td colspan="8">以下为教师填写项</td></tr>
<tr><td>诚实守信表现</td><td colspan="3">□10 分</td><td>卫生纪律</td><td colspan="3">□5 分</td></tr>
<tr><td>课堂表现</td><td colspan="3">□5 分</td><td>合计总分</td><td colspan="3"></td></tr>
</table>

选修子任务 1.3.2　识别玉柴发动机型号

任务目标

1. 掌握工程机械用玉柴发动机型号的编制规则。
2. 能够分析工程机械用玉柴发动机型号的含义。
3. 培养诚实守信的工作习惯。

任务准备

1. 型号的编制规则

玉柴发动机型号的编制规则如图 1-6 所示。

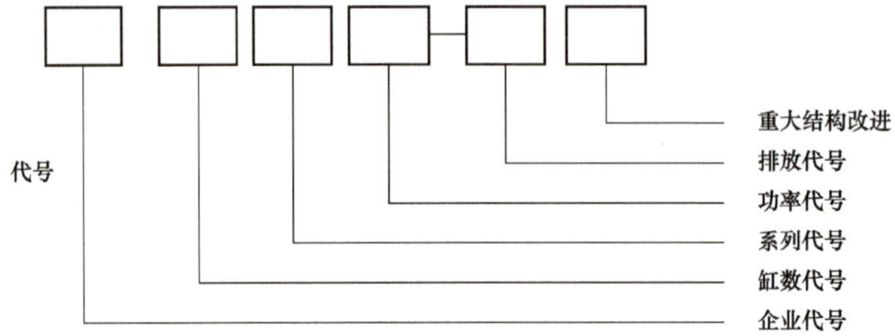

图 1-6　玉柴发动机型号的编制规则

2. 编号方法

（1）企业代号：YC。

（2）缸数代号：用阿拉伯数字表示，如六缸用“6”表示。

（3）系列代号：用大写英文字母表示，如“D”表示缸径×冲程为“108×115”，J 表示缸径×冲程为“105×125”。

（4）功率代号：用阿拉伯数字表示发动机实际功率，如欧 I 用“1”表示，欧 II 用“2”表示。

（5）排放代号：用阿拉伯数字表示。

（6）重大结构改进：用阿拉伯数字表示，从 0 开始排序。

3. 举例

YC4D130-20 表示：玉柴，四缸，108 mm 缸径×115 mm 冲程，130 马力，欧 II 排放，基本型发动机。

任务实施

发动机型号含义解释

序号	型号	含义
1	YC6J180-43	
2	YC6J220-42	
3	YC4D140-45	
4	YC4D150-50	

任务评价

姓名		总分	
班级		学号	
YC6J180-43	□20 分　□16 分　□12 分　□8 分　□4 分　□0 分		
YC6J220-42	□20 分　□16 分　□12 分　□8 分　□4 分　□0 分		
YC4D140-45	□20 分　□16 分　□12 分　□8 分　□4 分　□0 分		
YC4D150-50	□20 分　□16 分　□12 分　□8 分　□4 分　□0 分		
组内考评人签字		组内监督人签字	
以下为教师填写项			
诚实守信表现	□20 分	合计总分	

任务 1.4　认识发动机维修常用工具

扫码观看
本任务学习视频

序号	工具	记录（名称）
1		
2	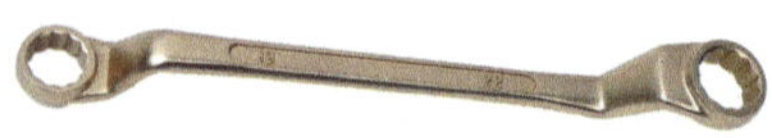	
3		
4		
5	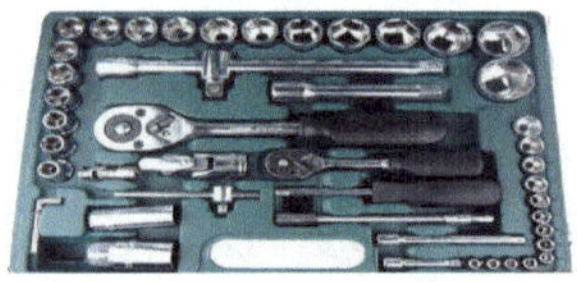	
6		
7	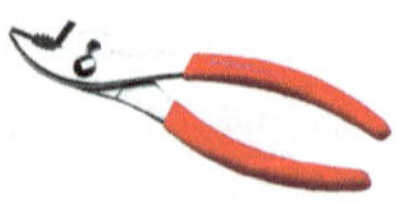	
8	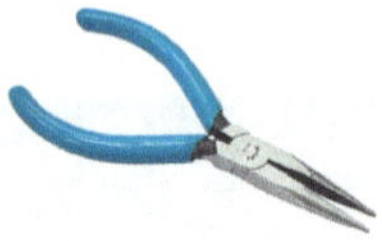	

续表

序号	工具	记录（名称）
9	  	
10		
11		
12		
13		
14	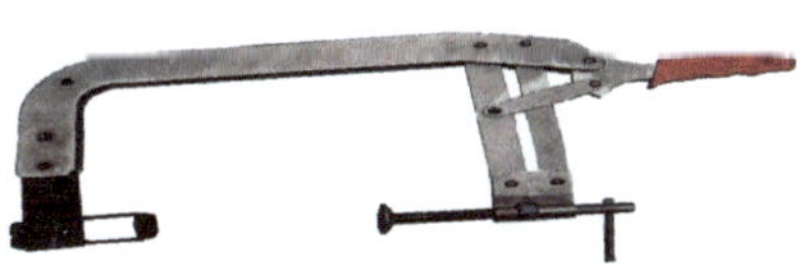	
15		
16		

续表

序号	工具	记录（名称）
17		
18	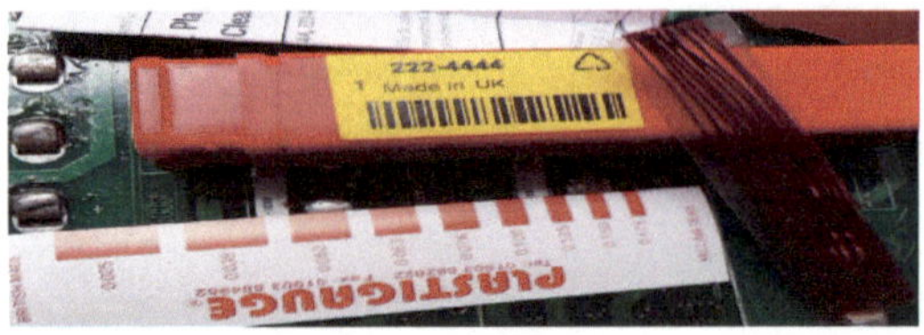	
19	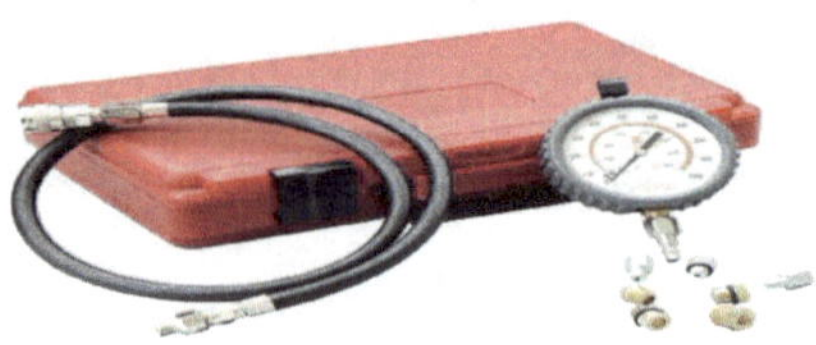	
20	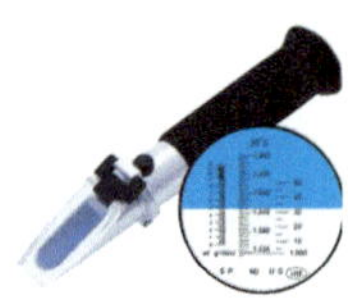	
21		
22		
23		
24		

项目 2

曲柄连杆机构的结构与检测

任务 2.1　机体组的结构与检测

扫码观看
本任务学习视频

任务目标

1. 掌握机体组的组成结构。
2. 掌握气缸盖的拆装与测量方法。
3. 培养严谨的职业素养。

任务准备

曲柄连杆机构的机体组主要由气缸盖罩、气缸盖、气缸垫、缸体及油底壳等组成，如图 2-1 所示。

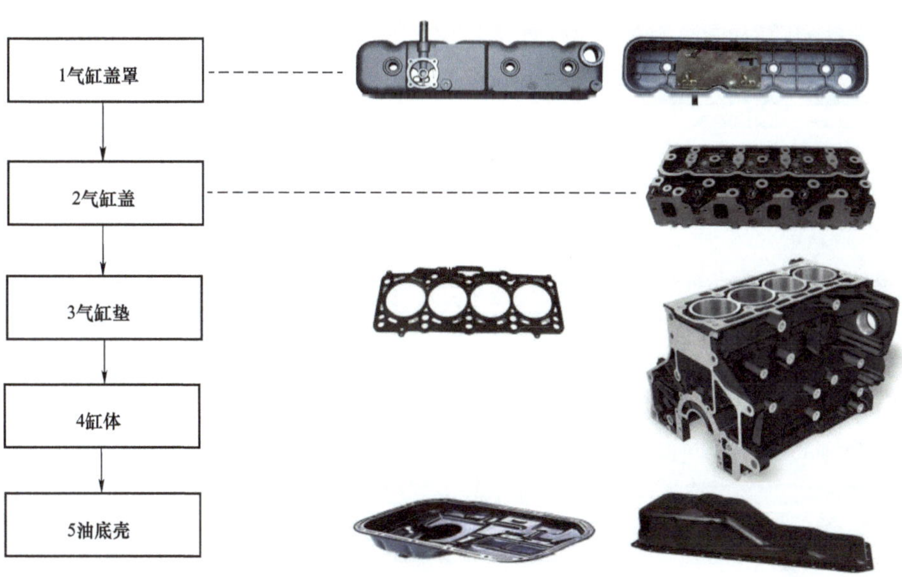

图 2-1　机体组结构（索引图）

1. 气缸盖罩

1）气缸盖罩的材料

气缸盖罩位于气缸盖上部，一般由薄钢板冲压而成。

2）气缸盖罩的功能

气缸盖罩的功能是遮盖并密封气缸盖。气缸盖罩还可以作为传感器安装支座，包括凸轮轴位置和凸轮轴正时传感器。气缸盖罩上设有机油加注口。

2. 气缸盖

1）气缸盖的作用

气缸盖用来封闭气缸的上部，并与活塞顶、气缸壁共同构成燃烧室。

2）气缸盖的材料

气缸盖的材料常为灰铸铁或合金铸铁。目前铝合金气缸盖正在推广，且有取代铸铁气缸盖的趋势。

3）气缸盖的结构

气缸盖内有与气缸体相通的冷却水套、燃烧室、火花塞座孔（汽油机）、进排气道等。为制造和维修方便、减小变形对密封的影响，功率较大的柴油机多采用分开式气缸盖，即 1 缸、2 缸或 3 缸一盖。而汽油机因缸径较小、气缸盖负荷较轻，多采用整体式气缸盖。

3. 气缸垫

1）气缸垫的作用

气缸垫用来保证气缸体与气缸盖接合面间的密封。

2）气缸垫的材料

按所用材料的不同，气缸垫可分为金属石棉气缸垫和全金属气缸垫。金属石棉气缸垫通常由夹有金属丝或金属屑的石棉外覆铜皮组成。近年来，国外一些发动机开始使用耐热密封胶取代传统的气缸垫，这就要求气缸盖和气缸体的接合面有较高的加工精度。

安装气缸垫时，首先要检查气缸垫的质量和完好程度，所有气缸垫上的孔要和气缸体上的孔对齐。要注意气缸垫的安装方向，有安装标记的一面朝上。此外，带有卷边的气缸垫，卷边部位应朝向硬平面或易修整平面。例如：铸铁缸体，铸铁气缸盖，则气缸垫卷边的一面朝上（朝气缸盖，气缸盖易修整）；铸铁缸体，铝合金气缸盖，则气缸垫卷边的一面朝下（铸铁缸体较硬）；全铝合金发动机，则气缸垫卷边的一面朝下（缸体有缸套，较硬）。

4. 缸体

1）缸体的材料

缸体也叫机体，是气缸体与曲轴箱的连铸体。机体一般用高强度灰铸铁或铝合金铸造。最近，在轿车发动机上采用铝合金机体的越来越普遍，如奥迪 A8 发动机。与铸铁机体相比，铝合金机体材质轻、散热性好，但成本高。

2）缸体的结构

在机体的前后壁和缸间横隔板上铸有支承曲轴的主轴承座或主轴承座孔，以及满足润滑需要的纵、横油道。在水冷发动机气缸的外壁铸有冷却水套。气缸体内引导活塞做往复运动的圆柱形空腔称为气缸。

3）缸体的分类

常见气缸排列形式有三种：直列式、V 型和水平对置式（对称式），如图 2–2 所示。

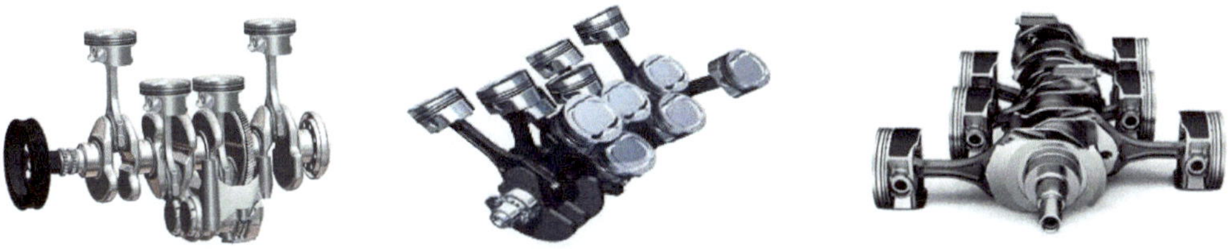

(a) 直列式　　(b) V 型　　(c) 水平对置式

图 2-2　常见气缸排列形式

目前，已经有气缸 W 形排列发动机，例如奥迪 A8 发动机 W12 采用的是新型缸体 W 型发动机，它实际是两个六缸发动机呈 V 形排列，每个六缸发动机又呈小角度 V 形排列。

根据气缸结构形式的不同，可分为无气缸套式、干气缸套式和湿气缸套式。

无气缸套式机体即不镶嵌任何气缸套的机体，在机体上直接加工出气缸。其优点是缩短了气缸中心距，从而使机体的尺寸和质量减小，机体的刚度大，工艺性好。缺点是为了保证气缸的耐磨性，整个机体必须采用耐磨的合金铸铁制造。

为了提高气缸的耐磨性，目前广泛使用的是气缸体内镶入气缸套的结构。气缸套常由片状石墨铸铁并添加微量铬、钼和镍，用离心铸造法制成。它具有使用寿命长、耐磨性好、检修方便及费用低等优点。根据是否与冷却水相接触，气缸套分为干式气缸套和湿式气缸套，如图 2-3 所示。

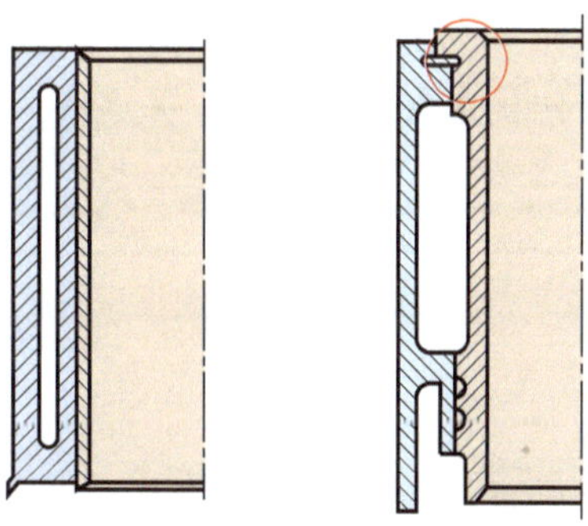

(a) 干式气缸套　　(b) 湿式气缸套

图 2-3　干式气缸套和湿式气缸套

气缸套的外表面不直接与冷却水接触的称为干式气缸套，如图 2-4（a）所示。为保证散热效果和气缸套的定位，气缸套的外表面与气缸体的气缸套座孔内表面必须精确加工，且一般采用过盈配合，壁厚仅为 1～3 mm 的干式气缸套是被压装到气缸中去的。

气缸套的外表面直接与冷却水接触的称为湿式气缸套，如图 2-4（b）所示。其壁厚达 5～9 mm，以微小的装配间隙放入气缸中，通常以上部凸缘的下平面 C 为轴向定位，以外圆表面 B 和 A 为径向定位。为防止漏水，缸套下部 A 处设 1～2 个耐油耐热橡胶密封圈。大多数湿式气缸套装入后，其顶面一般高出气缸体 0.05～0.15 mm，这样在紧固气缸盖螺栓时，可将气缸垫压得更紧，以保证气缸的密封性，防止漏水、漏气。相对而言，湿式气缸套具有散热性好、气缸体铸造方便、易拆卸等优点。

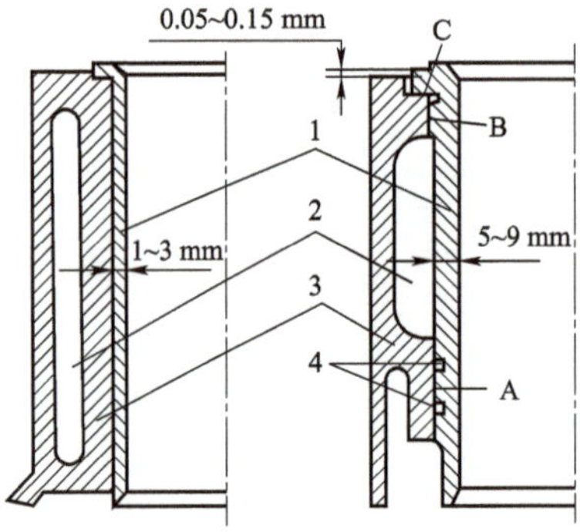

(a) 干式气缸套　　(b) 湿式气缸套

1—气缸套；2—水套；3—气缸体；4—密封圈

图 2-4　气缸套结构示意图

5. 油底壳

1）油底壳的作用

油底壳的作用是储存机油并封闭曲轴箱。油底壳一般为薄钢板冲压而成。

2）油底壳的结构

为保证发动机纵向倾斜时机油泵仍能吸到机油，油底壳中部或后部做得较深，有时在油底壳中还设有挡油板，以减轻油面波动。它的底部装有磁性放油螺栓，以吸附润滑油中的铁屑，减少发动机的磨损。

课堂练习

请分析左侧零部件位于右侧机体组的哪部分，并连线：

机油加注口	气缸盖罩
火花塞	
	气缸盖
燃烧室	
水套	气缸垫
活塞	
	气缸体
曲轴	
磁性放油螺栓	油底壳

任务实施

气缸盖的拆装与测量

1. 使用工具

扭力扳手、套筒、吸棒、精密直尺（刀口直尺）、厚薄规。

2. 原理与步骤

气缸盖螺栓在气缸周围均匀分布，通常为每缸 4～8 个螺栓。

气缸盖螺栓的拆装方法如下：

1）拆卸

（1）工具。使用扭力扳手，选择大小匹配的套筒、吸棒。

（2）气缸盖螺栓拆卸顺序，如图 2-5 所示，由两边向中间，以对角线分多次拧松。原因：使气缸盖能够保持整体的上移，防止由于其他螺栓的拧紧力使其发生翘曲现象。

（3）拆卸时的注意事项。在拆卸前，如果没有技术资料显示其规定力矩，可先用扭力扳手稍微拧紧气缸盖螺栓，以获取气缸盖螺栓的拧紧力矩，方便安装拧紧。螺栓拧松后，用吸棒将各个螺栓吸出并按顺序摆放好。将拆卸下的气缸盖侧放在工作台上，不要让气缸盖上下表面发生刮擦，以免影响其精度。

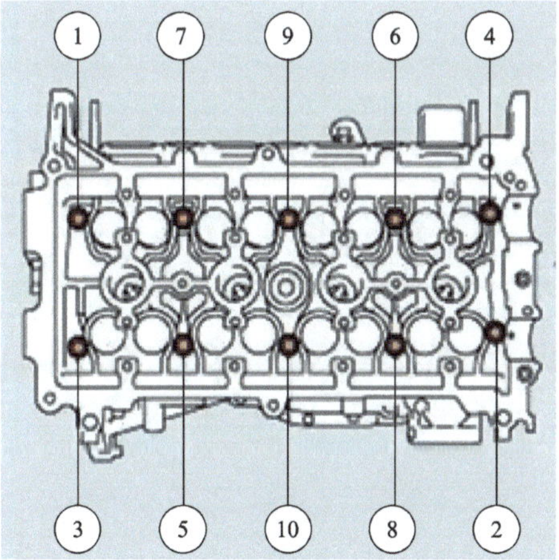

图 2-5　气缸盖螺栓拆卸顺序

2）机体上平面与气缸盖下平面检测

机体上平面与气缸盖下平面翘曲，将导致发动机压缩行程气缸密封不良、漏气。此时可将标准直尺沿机体上平面或气缸盖下平面边缘和过中心交叉放置，用塞尺测量标准直尺与机体上平面之间的间隙。一般轿车发动机平面度标准值为 0.07 mm，使用极限值为 0.1 mm，超过了极限应予以研磨修复或更换。

（1）量具测量前应用干净毛巾清洁。

（2）测量时直尺应倾斜于气缸体一定的角度。

（3）测量气缸盖、气缸体对称线，要求每条线测 5 个点，如图 2-6 所示。

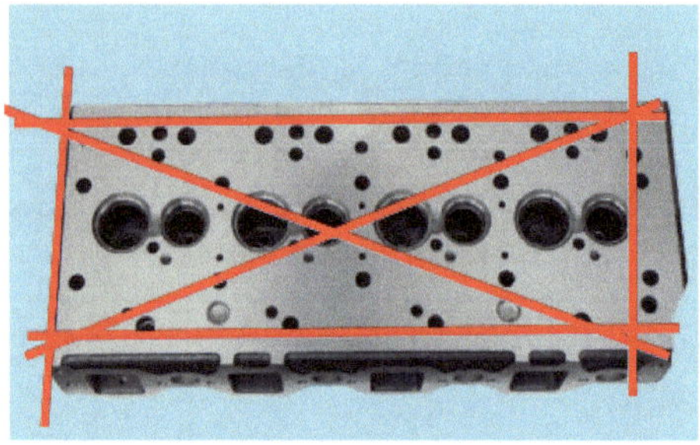

图 2-6　测量位置

3）安装

（1）工具。使用扭力扳手，选择大小匹配的套筒。

（2）气缸盖螺栓安装顺序，如图 2-7 所示，由中间向两边，以对角线分多次按规定力矩拧紧。原因：使气缸盖能够保持整体的下移，防止由于其他螺栓的拧紧力使其发生翘曲现象。如果螺栓不是按照由中间向两边对角线分多次拧紧，很容易造成由于螺栓的拧紧力不同使气缸盖发生密封不良，尤其是在最后拧紧的螺栓处，还会使螺栓发生断裂。

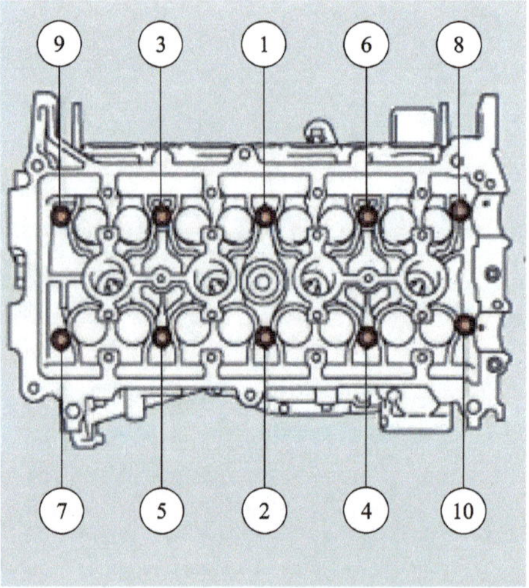

图 2-7　气缸盖螺栓安装顺序

（3）安装时的注意事项。安装时，不要遗落位于气缸盖与气缸体之前的气缸垫。原则上拆卸后的气缸垫要更换新品。在安装气缸垫时，要注意安装标记，将气缸垫标记有“OPEN TOP”的一面朝上。没有安装方向标记的气缸垫，卷边要朝向硬平面或容易修整的平面。此外，还要注意各水、油孔和定位销要对正。

3. 数据记录

（1）气缸盖螺栓的拧紧力矩是（　　　　　　），在维修手册中的位置是（　　　　　　）。

（2）机体上平面翘曲（□是□否）超过使用极限，气缸盖下平面翘曲（□是□否）超过使用极限。

（3）画图，标记出气缸盖螺栓的拆卸和安装顺序。

任务评价

姓名：　　　　　　班级：　　　　　　学号：　　　　　　日期：

序号	作业内容	配分	评判标准	得分
1	前期准备	20	☐ 未按照要求穿着工作服，扣 5 分 ☐ 佩戴尖锐饰物，扣 5 分 ☐ 未穿安全鞋，扣 5 分 ☐ 未检查清点工具，扣 5 分	
2	技术操作	55	☐ 未正确查询资料并记录，扣 5 分 ☐ 气缸盖螺栓拆卸顺序错误，扣 5 分 ☐ 气缸盖螺栓安装顺序错误，扣 5 分 ☐ 气缸垫安装不正确，扣 5 分 ☐ 零件摆放不正确或不整齐，扣 5 分 ☐ 机体与气缸盖检测错误，扣 5 分 ☐ 工具使用错误，扣 5 分 ☐ 气缸盖螺栓未按规定力矩拧紧，扣 10 分 ☐ 数据记录错误，扣 10 分	
3	现场恢复	25	☐ 工具、设备摆放凌乱，扣 5 分 ☐ 工具丢失或脱落，扣 5 分 ☐ 出现肢体碰撞，扣 5 分 ☐ 地面及设备未清洁整理，扣 5 分 ☐ 未清洁工具，扣 5 分	
总分				

任务 2.2　活塞连杆组的拆装与检测

扫码观看
本任务学习视频

任务目标

1. 掌握活塞连杆组的组成结构。
2. 掌握活塞连杆组的拆卸与装配方法。
3. 掌握活塞环三隙的测量方法。
4. 培养 6S 的职业素养。

任务准备

活塞连杆组主要由活塞、活塞环、活塞销和连杆等零件组成，如图 2-8 所示。

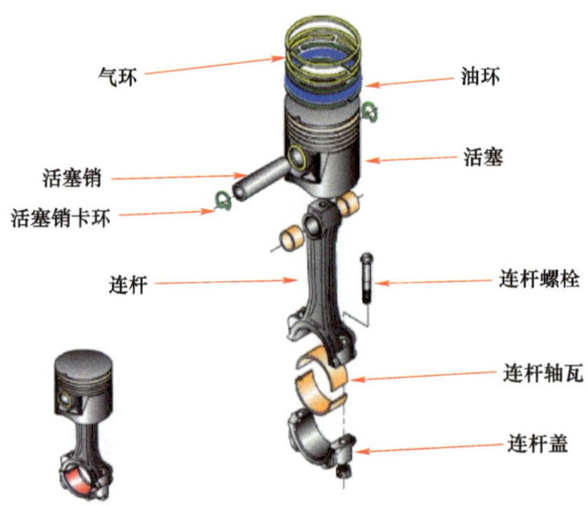

图 2-8　活塞连杆组结构示意图

1. 活塞

1）活塞的作用

活塞的主要作用是承受气缸中的燃烧压力，并将此力通过活塞销和连杆传给曲轴。此外，活塞还与气缸盖、气缸壁共同组成燃烧室。

2）活塞的材料

因为要求活塞材质散热性好且质量轻，所以发动机活塞最常用的材料是铝硅合金。柴油机因其活塞需承受高热、高机械负荷，故也有采用合金铸铁和耐热钢作为活塞材料的。

3）活塞的结构

整个活塞可分为活塞顶、活塞头和活塞裙三部分，如图 2-9 所示。活塞顶是燃烧室的组成部分，因而常制成不同的形状。活塞头切有若干环槽，用以安装活塞环。上面的 2～3 道槽用来安装气环，下面的一道槽用来安装油环。油环槽的底部钻有若干小孔，以使油环从气缸壁上刮下的多余润滑油经此流回油底壳。

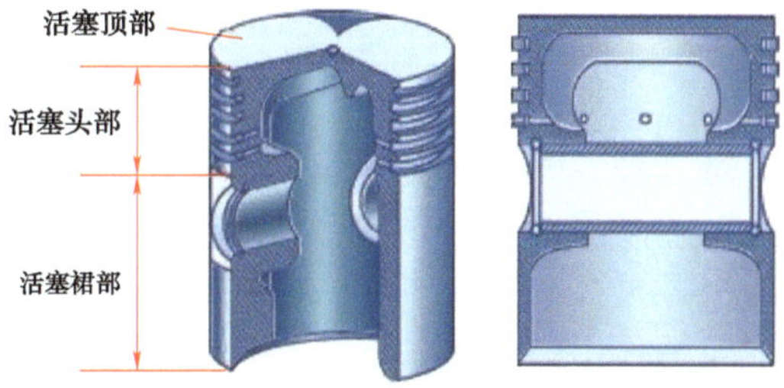

图 2-9　活塞基本结构

2. 活塞环

活塞环可分为气环和油环两种。

1）气环

气环又称压缩环，其作用是保证活塞与气缸壁间的密封，防止气缸中的高温、高压燃气大量漏入曲轴箱，同时还将活塞顶部的热量传导到气缸壁，再由冷却液或空气带走。一般发动机上每个活塞装有 2～3 道气环。气环的断面形式有多种，如图 2-10 所示。

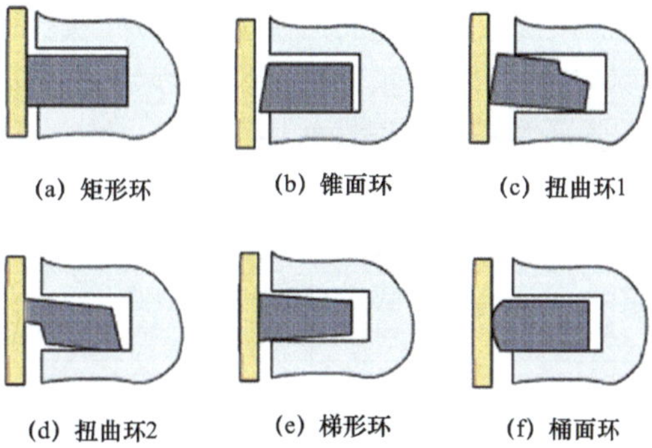

图 2-10　气环的断面形式

矩形环［见图 2-10（a)］结构简单，制造方便，散热性好。采用矩形环断面的气环随活塞做往复运动时，会把气缸壁上的机油不断送入气缸中。这种现象称为“气环的泵油作用”，其泵油原理如图 2-11 所示。活塞下行时，由于气环与气缸壁之间的摩擦阻力，以及气环本

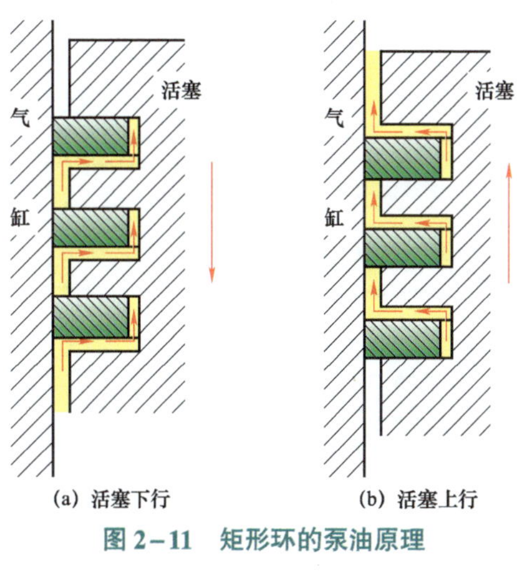

图 2-11　矩形环的泵油原理

身的惯性，气环将压靠在环槽的上端面。气缸壁上的机油就被刮入下边隙与背隙内。当活塞上行时，气环又压靠在环槽的下端面，结果第一道气环背隙里的油就进入气缸中。如此反复，结果就像油泵的作用一样，将气缸壁的机油最后压入燃烧室。

锥面环［见图 2-10（b）］可以改善气环的磨合，这种气环在气缸内向下滑动时刮油，向上滑动时由于斜面的油楔作用，可在油膜上浮起，减少磨损。

为了消除或减少有害的泵油作用，除在气环的下面装有油环外，广泛采用非矩形断面的扭曲环［见图 2-10（c）（d）］。扭曲环是在矩形的内圆上边缘或外圆下边缘切去一部分。将这种气环随同活塞装入气缸时，由于气环的弹性内力不对称作用产生明显的断面倾斜，防止了活塞环在环槽内上下窜动而造成的泵油作用，同时增加了密封性。扭曲环还易于磨合，并有向下刮油的作用。扭曲环在安装时，必须注意气环的断面形状和方向，应将其内圆切槽向上，外圆切槽向下，不能装反。

梯形环［见图 2-10（e）］的主要作用是使得当活塞受侧压力的作用而改变位置时，气环的侧隙相应发生变化，使沉积在环槽中的结焦被挤出，避免了气环被粘在环槽中而引起折断。在做功行程中，作用在梯形环上的燃气作用力的径向分力，加强了气环的密封作用。因此，梯形环即使在弹力丧失一些的情况下，仍能与气缸贴合良好，延长了气环的使用寿命。它的主要缺点是上、下两面的精磨工艺比较复杂。这种气环常用于热负荷较高的柴油机的第一环。

桶面环［见图 2-10（f）］通常在强化柴油机中用作第一环。其特点是活塞环的外圆面为凸圆弧形。当桶面环上下运动时，均能与气缸壁形成楔形空间，使机油容易进入摩擦面，从而使磨损大为减少。桶面环与气缸是圆弧接触，故对气缸表面的适应性和对活塞偏摆的适应性均较好，有利于密封。它的缺点是凸圆弧表面加工较困难。

2）油环

油环用来刮除气缸壁上多余的机油，并在气缸壁布上一层均匀的油膜，这样既可以防止机油窜入气缸燃烧，又可以减小活塞、活塞环与气缸的磨损和摩擦阻力。此外，油环也起到密封的辅助作用。通常发动机有 1～2 道油环。

油环分为普通油环和组合油环两种，如图 2-12 所示。普通油环一般用合金铸铁制造，其外圆面的中间切有一道凹槽，在凹槽底部加工出很多穿通的排油小孔或狭缝。组合油环由上、下刮片和产生径向、轴向弹力作用的衬簧组成。

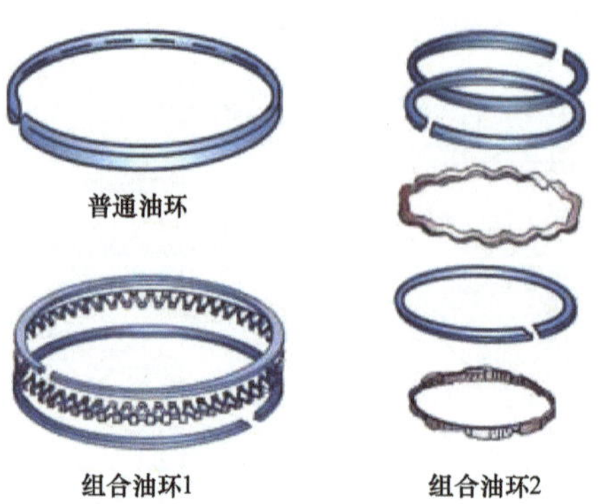

图 2-12　油环的分类

3）活塞环的“三隙”

发动机工作时，活塞、活塞环等机件都会发生热膨胀，为防止环卡死在缸内或胀死于环槽中，安装时活塞环应留有端隙、侧隙和背隙，如图 2-13 所示。

端隙又称开口间隙，是指活塞环装入气缸后，该环在上止点时环的两端头的间隙或活塞环在标准环规内两端头的间隙，一般为 0.25～0.50 mm。

侧隙又称边隙，是指活塞环装入活塞后，其侧面与活塞环槽之间的间隙。第一环因工作温度高，一般为 0.04～0.10 mm，其他环一般为 0.03～0.07 mm。油环的侧隙较小，一般为 0.025～0.07 mm。

背隙是活塞及活塞环装入气缸后，活塞环内圆柱面与活塞环槽底部间的间隙，一般为 0.5～1.0 mm。油环的背隙较气环大，目的是增大存油间隙，以利于减压泄油。

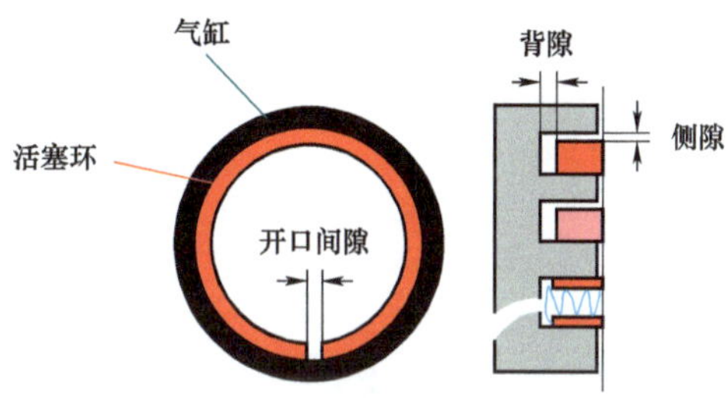

图 2-13　活塞环的“三隙”

3. 活塞销

1）活塞销的作用

活塞销的作用是连接活塞和连杆小头。

2）活塞销的材料

活塞销的材料一般为低合金渗碳钢，对高负荷发动机则采用渗氮钢。

3）活塞销的结构

活塞销的结构是厚壁空心圆柱。活塞销与活塞销座孔和连杆小头衬套孔的连接配合方式有两种，即全浮式和半浮式，如图 2-14 所示。全浮式活塞销能在连杆小头衬套孔和活塞销座孔内做自由转动，可以保证活塞销减少磨损且沿圆周磨损均匀。为防止活塞销轴向窜动而损坏气缸壁，在活塞销座两端装有弹性卡环来限位。半浮式活塞销只在活塞销座孔内转动，在连杆小头孔内不转动。

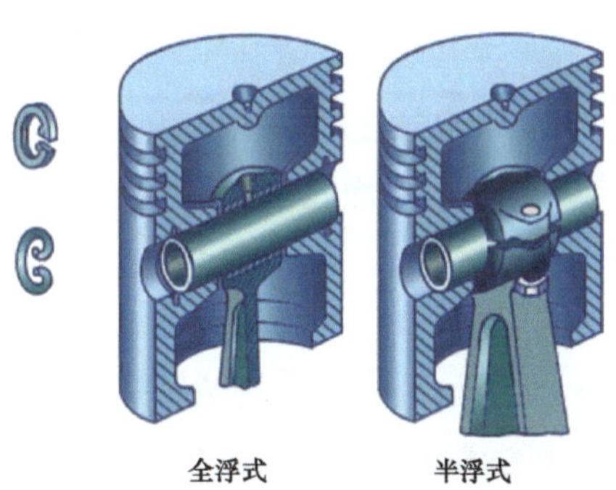

图 2-14　活塞销的连接方式

4. 连杆

1）连杆的作用

连杆的作用是将活塞承受的力传给曲轴，推动曲轴转动，变活塞的往复运动为曲轴的旋转运动。

2）连杆的材料

连杆一般采用 45Cr、40Cr 等中碳钢或中碳合金钢经模锻或辊锻制成，也有少数用球墨铸铁制成。小型发动机的连杆，则常用高强度铝合金。

3）连杆的结构

连杆可分为连杆小头、杆身和连杆大头三部分，如图 2–15 所示。连杆小头用来安装活塞销以连接活塞，在全浮式连接的连杆小头孔内压有减磨的青铜衬套或铁基粉末冶金衬套。为润滑衬套，在连杆小头和衬套上一般铣有积存飞溅润滑油的油槽或油孔。有时，在连杆杆身内钻有纵向的压力油通道，以对连杆小头进行压力润滑。

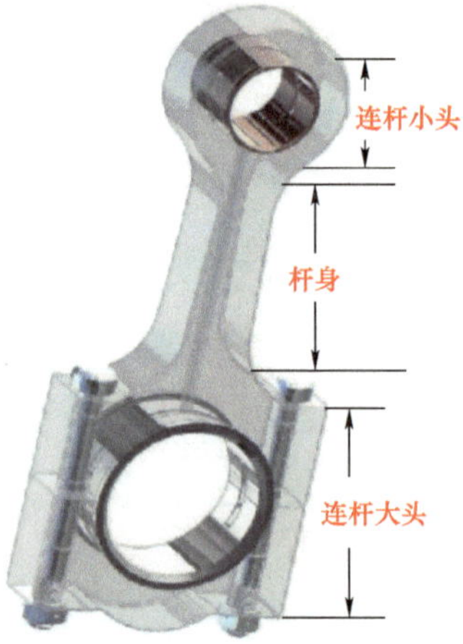

图 2–15　连杆结构

连杆杆身多采用“工”字形断面，从而在质量尽可能小的情况下提高其抗弯刚度。

连杆大头与曲轴的连杆轴颈相连。为便于安装，通常将连杆大头做成剖分式，上半部与杆身为一体，下半部即连杆盖，二者通过连杆螺栓装合。连杆螺栓不仅承受拉伸，而且承受交变的冲击载荷。通常采用挠性螺栓，用优质合金钢（40Cr、35CrMo 等）锻制。为保证连杆螺栓工作可靠，常采用锁止装置，如开口销、双螺母、自锁螺母等。

连杆轴承装在连杆大头孔内，用以保护连杆轴颈（曲柄销）及连杆大头孔。现代发动机用的连杆轴承是由钢背和减磨层组成的分成两半的薄壁轴承，如图 2–16 所示。钢背由厚 1～3 mm 的低碳钢带制成，既有足够的强度以承受近乎冲击性的载荷，又有一定的刚度以便与轴承孔良好贴合。减磨层由厚 0.3～0.7 mm 的薄层减磨合金制成。

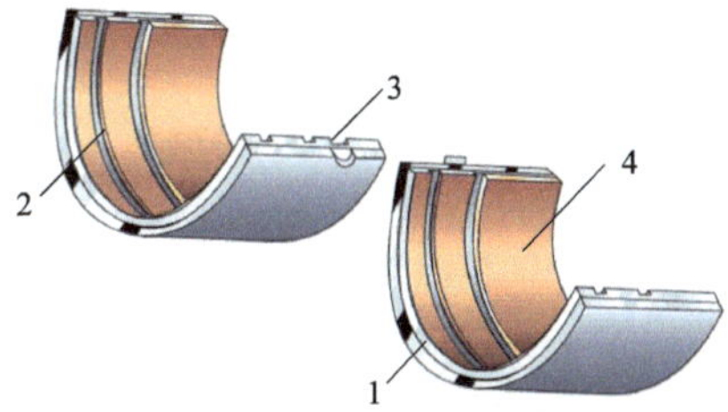

1—钢背；2—油槽；3—定位凸键；4—减磨层

图 2-16　连杆轴瓦

任务实施

活塞连杆组的拆装与检测

1. 活塞连杆组的拆卸（只分解一个缸）

步骤	项目	记录
1. 查询资料（维修手册）	活塞的加热温度	数据：
	活塞的安装标记	数据：
	连杆的安装标记	数据：
	活塞环开口错开角度	数据：
2. 操作	拆卸气环和油环	—
	气环和油环按顺序摆放	—
	拆卸活塞销卡环	使用工具：
	加热活塞并拆卸活塞销	—

2. 活塞环的检测

步骤	项目	记录
1. 查询资料（维修手册）	一环开口间隙磨损极限	数据：
	二环开口间隙磨损极限	数据：
	油环开口间隙磨损极限	数据：
	测量开口间隙需要垂直从上向下把活塞环推至距气缸底部距离	数据：
	一环侧隙磨损极限	数据：
	二环侧隙磨损极限	数据：
	油环侧隙磨损极限	数据：

续表

步骤	项目	记录
2. 端隙的测量	将活塞环置于待配的气缸内，用活塞将其推至气缸下部（下止点位置），并保证活塞环平行于气缸体平面	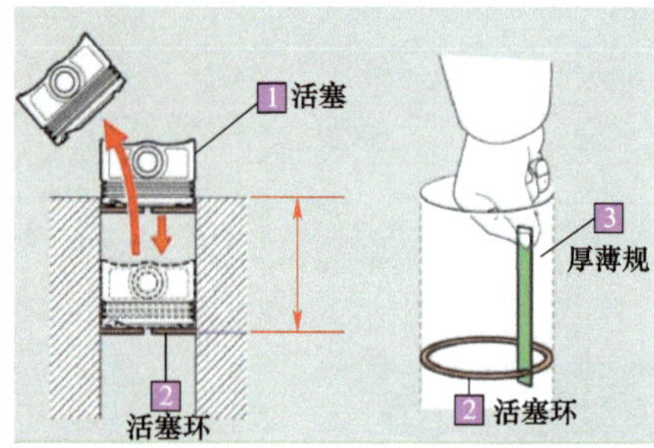
	取出活塞，用塞尺插入开口处测量	端隙的测量值：
3. 侧隙的测量	检查前清洁环槽	—
	将活塞环放入环槽内，围绕环槽滚动一周，活塞环应能自由滚动，既不松动又无阻滞现象	—
	用塞尺测量其间隙	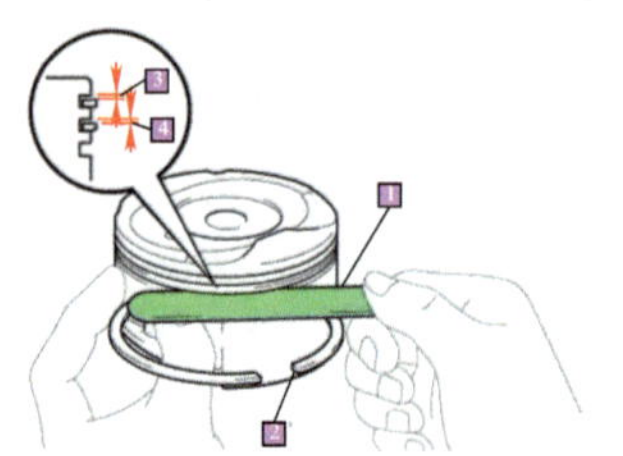 1—塞尺；2—活塞环；3—第一道环侧隙；4—第二道环侧隙
4. 背隙的测量	用游标卡尺测量活塞环槽深	测量数值：
	用游标卡尺测量活塞环径向宽度	测量数值：
	计算背隙值	背隙值：
5. 结果诊断	一环状态判断	□ 正常　□ 需要更换
	二环状态判断	□ 正常　□ 需要更换
	油环状态判断	□ 正常　□ 需要更换

3. 气缸的检测

步骤	项目	记录
1. 查询资料（维修手册）	缸径允许偏差	数据：
	缸径标准值	数据：

续表

步骤	项目	记录
2. 测量准备	清洁气缸筒内部，并检查是否有明显的划痕；清洁工作台，检查工量具	—
	游标卡尺清洁和校零，测量气缸直径。选用合适的替换杆件和调整垫圈，使量杆长度比缸径长 0.5～1.0 mm	—
	将百分表插入表杆上部，预先压紧 0.5～1.0 mm 后固定。百分表表盘方向应与接杆方向平行或垂直。对量缸表进行校零	—
	确定气缸上、中、下三个测量点的位置。测量位置在距气缸套上平面 10 mm 处、气缸套中间位置和距气缸套下端面 10 mm 处三个位置。每处测量位置都要测量其横向和纵向两个方向	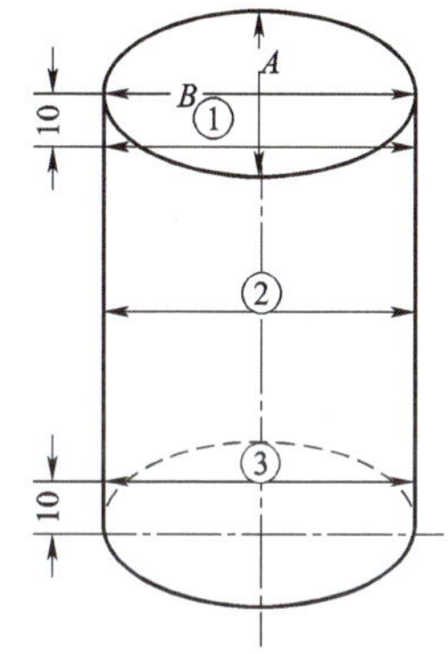
3. 测量记录（提示：一般轿车发动机气缸圆度与圆柱度标准值为 0.02 mm，使用极限值为 0.08 mm）	先将量缸表的活动测头以一定的角度放进气缸中，然后用手压住量缸表的杆身，慢慢地移动杆身使其与气缸的轴线平行。左右（或者上下）移动量缸表寻找最短距离的位置，即气缸内径的最小值。读出指针所指示的最小值	
	读取测量值。实际尺寸=标准尺寸±百分表读数，即：表针在逆时针方向为“+”；在顺时针方向为“－”	—
	计算气缸磨损量（气缸最大直径与标准直径之差为磨损量）	气缸磨损量：
	计算圆度误差（每个横截面所测得最大与最小直径之差的一半即为该截面的圆度误差，对三个截面所测得的圆度误差进行比较，取其最大值作为该气缸的圆度误差）	圆度误差：
	计算圆柱度误差（同一气缸中不同截面所测得的所有直径中最大与最小直径之差的一半即为被测量气缸的圆柱度误差）	圆柱度误差：
4. 结果诊断	气缸状态判断	□ 正常　　□ 需要维修或更换

4. 活塞连杆组的装配

步骤	项目	记录
1. 操作	装配前，应彻底清洗各零件。要特别注意清除油道中的污垢，并用压缩空气吹干净	是否清洗吹干： □是　　□否
	核对活塞、连杆的安装标记	□正确　　□错误
	把活塞加热到规定温度，在活塞销和连杆套内涂抹少许机油，取出活塞后，迅速安装	扳动连杆检查是否有一定阻力： □是　　□否
	安装活塞销锁环	是否漏装： □是　　□否
	安装活塞环时，应注意环的端面结构及安装位置，以及环与环之间开口的错开角度	开口错开角度：
2. 卫生整顿	整理工具和场地卫生	—

任务评价

姓名：　　　　班级：　　　　学号：　　　　日期：

序号	作业内容	配分	评判标准	得分
1	前期准备	20	□ 未按照要求穿着工作服，扣5分 □ 佩戴尖锐饰物，扣5分 □ 未穿安全鞋，扣5分 □ 未检查清点工具，扣5分	
2	技术操作	55	□ 未正确查询资料并记录，扣5分 □ 漏装，扣5分 □ 气缸圆度和圆柱度测量错误，扣5分 □ 气缸磨损量测量错误，扣5分 □ 拆卸、装配顺序和方法错误，扣1～5分 □ 端隙测量错误，扣5分 □ 侧隙测量错误，扣5分 □ 背隙测量错误，扣5分 □ 工具选用和使用错误，扣5分 □ 数据记录错误，扣1～10分	
3	现场恢复	25	□ 工具、设备摆放凌乱，扣5分 □ 工具丢失或脱落，扣5分 □ 安全意识和工作态度差，扣5分 □ 随地吐痰，扣5分 □ 未清洁工具，扣5分	
总分				

任务 2.3　曲轴飞轮组的拆装与检测

扫码观看
本任务学习视频

任务目标

1. 掌握曲轴飞轮组的组成结构。
2. 掌握曲轴飞轮组的拆卸与装配方法。
3. 掌握曲轴的检测方法。
4. 培养 6S 的职业素养。

任务准备

1. 曲轴

1）曲轴的作用

曲轴的主要作用是将活塞连杆组传来的气体压力转变为转矩。

2）曲轴的材料

目前，曲轴多采用优质中碳钢或铬镍钢（18CrNi5）、铬铝钢（34CrAl16）模锻而成，轴颈再经表面淬火或氮化处理，最后进行精加工，以提高耐磨性。

3）曲轴的结构

曲轴的结构示意如图 2－17 所示。一个连杆轴颈和它两端的曲柄及相邻两个主轴颈构成一个曲拐。

在主轴颈、曲柄销和轴承上都钻有径向油孔，通过斜向油道相连以使润滑油进入主轴颈和曲柄销的工作表面。当曲柄销上的油孔与连杆大头上的油孔对准时，润滑油可从中喷出，对配气机构和气缸壁进行飞溅润滑。

曲轴平衡重用来平衡旋转惯性力及其力矩，以使发动机运转平稳，并可减少曲轴主轴承的负荷。平衡重有的与曲轴制成一体，有的单独制成后再用螺栓固定在曲轴上，称为装配式平衡重。曲轴不论有无平衡重，经动平衡试验，对不平衡的曲轴常在其偏重的一侧钻去些质量。

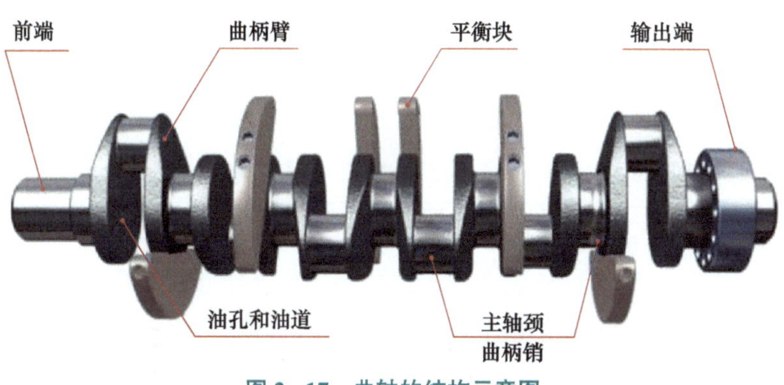

图 2－17　曲轴的结构示意图

曲轴前端是第一道主轴颈之前的部分，装有驱动其他装置的机件（正时齿轮、带轮等），如图 2-18 所示。通常，曲轴正时齿轮依靠半圆键和皮带轮螺栓固定在曲轴前端。皮带轮依靠螺栓直接安装在曲轴前端。曲轴后端是最后一道主轴颈之后的部分，在其后端为安装飞轮的凸缘盘。飞轮依靠螺栓固定在曲轴后端的凸缘盘上。曲轴的轴向定位依靠带翻边的止推轴瓦或止推片。曲轴安装在发动机曲轴箱内时，主轴颈被曲轴箱轴承座孔与主轴承盖包围，利用主轴承盖螺栓固定，如图 2-19 所示。在曲轴与轴承座孔、主轴承盖之间，设置有主轴瓦。

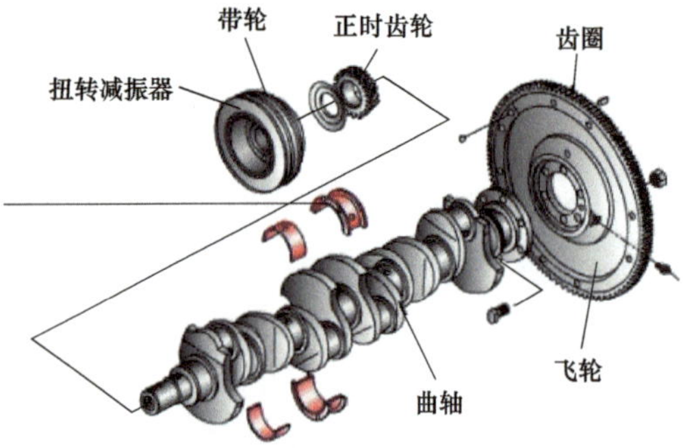

图 2-18　曲轴飞轮组结构示意图

图 2-19　曲轴的固定

2. 飞轮

1）飞轮的作用

飞轮是一个转动惯量很大的圆盘，其主要作用是储存做功行程的一部分能量，以克服各辅助行程的阻力，使曲轴均匀旋转，使发动机具有克服短时超载的能力。此外，飞轮又常作为汽车传动系中摩擦离合器的主动盘。

2）飞轮的结构

飞轮的外缘上镶有齿圈，起动机上的齿轮工作时，供发动机起动用，如图 2-20 所示。飞轮上通常刻有第 1 缸点火正时记号，以便调整和检验点火（喷油）正时。

飞轮应与曲轴装配后一起进行静态和动态平衡校验，通过曲轴上的平衡重和飞轮钻孔达到质量平衡。为保证拆装时不破坏其平衡状态及上述确定位置的标记，飞轮与曲轴的装配采用周向定位装置，如定位销、不对称布置的螺孔或两种不同直径的螺栓等。

图 2-20 飞轮实物图

课堂练习

简答题 1： 活塞与活塞销是如何连接固定的？

简答题 2： 在连杆盖与曲轴连杆轴颈之间，安装的零件是什么？

简答题 3： 在曲轴主轴颈与主轴承盖之间，安装的零件是什么？

简答题 4： 飞轮与曲轴是如何连接固定的？

3. 曲拐的布置与多缸发动机的工作顺序

曲轴的形状及各曲拐的相对位置取决于气缸数、气缸排列形式和发动机的工作顺序。在选择各缸的工作顺序时，应注意以下几点：应使各缸的做功间隔尽量均衡，即发动机每完成一个工作循环，各缸都应发火做功一次。对于缸数为 i 的四冲程发动机，其发火间隔角为 7 200/i。

连续做功的两缸相距尽可能远些，以减轻主轴承载荷和避免进气行程中发生抢气现象。V 型发动机左右两列应交替发火。

1）四冲程直列四缸发动机的曲拐布置与工作循环表

四冲程直列四缸发动机的发火间隔角为 720°/4=180°。四个曲拐在同一个平面内，如图 2–21 所示。发动机的工作顺序为 1–3–4–2 或 1–2–4–3。其工作循环见表 2–1、表 2–2。

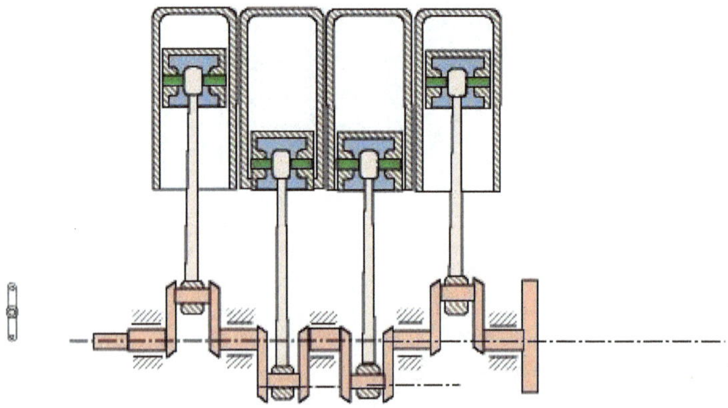

图 2–21　四冲程直列四缸发动机曲拐布置

表 2–1　四冲程直列四缸发动机（工作顺序 1–3–4–2）

曲轴转角/（°）	第一缸	第二缸	第三缸	第四缸
0～180	做功	排气	压缩	进气
180～360	排气	进气	做功	压缩
360～540	进气	压缩	排气	做功
540～720	压缩	做功	进气	排气

表 2–2　四冲程直列四缸发动机（工作顺序 1–2–4–3）

曲轴转角/（°）	第一缸	第二缸	第三缸	第四缸
0～180	做功	压缩	排气	进气
180～360	排气	做功	进气	压缩
360～540	进气	排气	压缩	做功
540～720	压缩	进气	做功	排气

2）四冲程直列六缸发动机的曲拐布置与工作循环表

四冲程直列六缸发动机的发火间隔角为 720°/6=120°。六个曲拐互成 120°，如图 2-22 所示。发动机的工作顺序为 1-5-3-6-2-4 或 1-4-2-6-3-5。其工作循环见表 2-3。

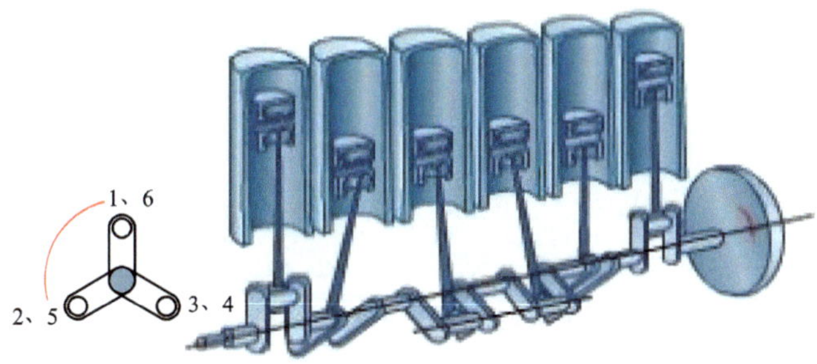

图 2-22　四冲程直列六缸发动机曲拐布置

表 2-3　四冲程直列六缸发动机（工作顺序 1-5-3-6-2-4）

<table>
<tr><th colspan="2">曲轴转角/（°）</th><th>第一缸</th><th>第二缸</th><th>第三缸</th><th>第四缸</th><th>第五缸</th><th>第六缸</th></tr>
<tr><td rowspan="3">0～180</td><td>0～60</td><td rowspan="3">做功</td><td rowspan="2">排气</td><td>进气</td><td>做功</td><td rowspan="2">压缩</td><td rowspan="3">进气</td></tr>
<tr><td>60～120</td><td rowspan="3">压缩</td><td rowspan="3">排气</td></tr>
<tr><td>120～180</td><td rowspan="3">进气</td><td rowspan="3">做功</td></tr>
<tr><td rowspan="3">180～360</td><td>180～240</td><td rowspan="3">排气</td><td rowspan="3">压缩</td></tr>
<tr><td>240～300</td><td rowspan="3">做功</td><td rowspan="3">进气</td></tr>
<tr><td>300～360</td><td rowspan="3">压缩</td><td rowspan="3">排气</td></tr>
<tr><td rowspan="3">360～540</td><td>360～420</td><td rowspan="3">进气</td><td rowspan="3">做功</td></tr>
<tr><td>420～480</td><td rowspan="3">排气</td><td rowspan="3">压缩</td></tr>
<tr><td>480～540</td><td rowspan="3">做功</td><td rowspan="3">进气</td></tr>
<tr><td rowspan="3">540～720</td><td>540～600</td><td rowspan="3">压缩</td><td rowspan="3">排气</td></tr>
<tr><td>600～660</td><td rowspan="2">进气</td><td rowspan="2">做功</td></tr>
<tr><td>660～720</td><td>排气</td><td>压缩</td></tr>
</table>

课后作业

请画出点火顺序为“1–4–2–6–3–5”的四冲程直列六缸发动机工作循环表：

3）四冲程 V8 缸发动机的曲拐布置与工作循环表

四冲程 V8 缸发动机的发火间隔角为 720°/8=90°。以道依茨 1015 系列四冲程 V 型发动机气缸序号为例，如图 2-23 所示，气缸序号从飞轮端算起，左手侧为 A 列，右手侧为 B 列。BF6M1015 发动机的点火工作顺序为 A1-B3-A3-B2-A2-B1。BF8M1015 发动机的点火工作顺序为 A1-B4-A4-B1-B3-A3-B2-A2。

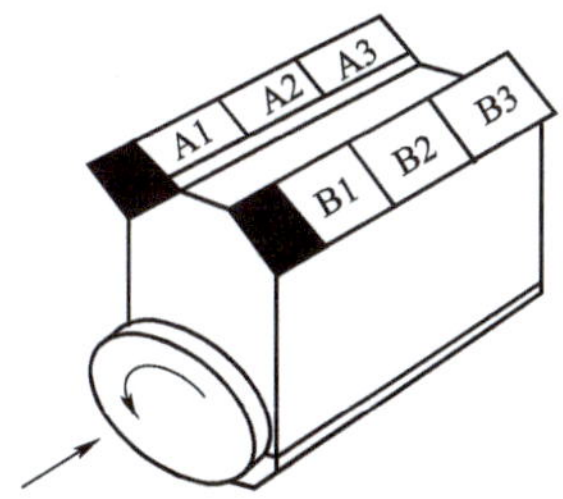

图 2-23　道依茨 1015 系列四冲程 V 型发动机气缸序号

课后作业

请画出 BF6M1015 发动机的工作循环表：

任务实施

曲轴的检测

备注： 只测量一个连杆轴颈和主轴颈。

步骤	项目	记录
1. 查询资料（维修手册）	新轴的轴向间隙与磨损极限	数据：
	新轴的径向间隙与磨损极限	数据：
2. 曲轴的轴向间隙测量	将百分表触及曲轴一端，轴向推动曲轴，观察百分表摆动情况，一般发动机标准值为0.07～0.23 mm，使用极限为0.3 mm，超过极限值应更换曲轴止推垫片	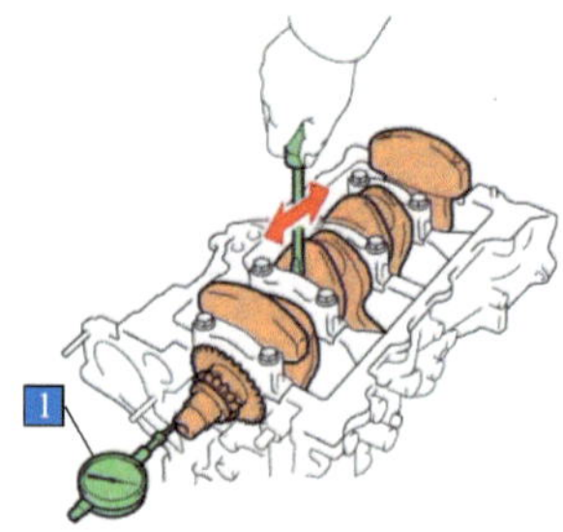 1—百分表
	记录曲轴的轴向间隙	数据：
	判断	□间隙正常　　□超过使用极限
3. 曲轴轴颈的磨损量、圆度值和圆柱度值测量	采用千分尺分别测量每道曲轴的主轴颈与连杆轴颈的最大与最小尺寸，即可以计算出曲轴磨损量、圆度和圆柱度值。一般要求曲轴圆度与圆柱度不大于 0.025 mm，磨损量不大于0.15 mm，超过要求，应进行磨修或更换。磨修后的曲轴应配加大的主轴承	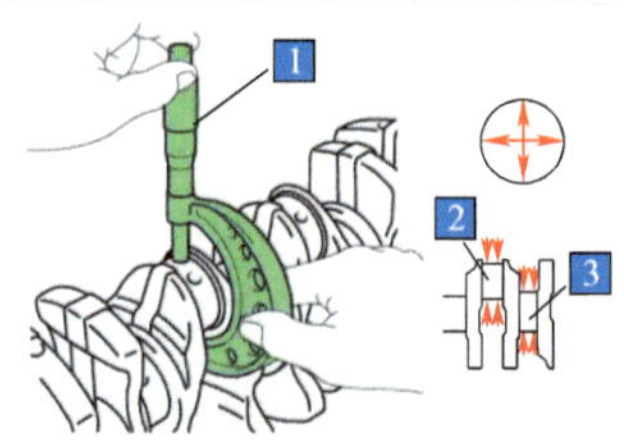 1—外径千分尺；2—连杆轴颈测量位置；3—主轴颈测量位置
4. 曲轴的径向跳动量测量	将曲轴支承于支架上，将百分表触及待测量的曲轴轴颈上，转动曲轴，观察百分表跳动情况。径向跳动量，一般发动机标准值为0.05 mm，使用极限值为0.1 mm	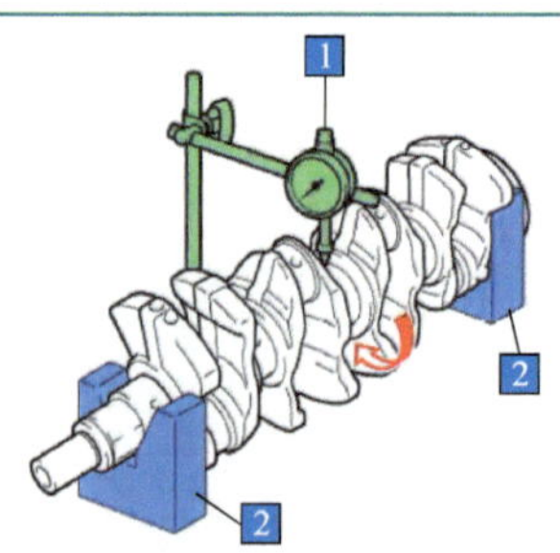 1—外径千分尺；2—V 形块
5. 曲轴连杆轴颈与连杆轴瓦配合间隙测量	可采用内径千分尺和外径千分尺分别测量连杆大端（已经装配轴瓦）内径和曲轴连杆轴颈外径，也可以采用塑料间隙规塞入曲轴连杆轴颈与连杆轴瓦之间测量。一般发动机标准值为0.012～0.052 mm，使用极限值为0.12 mm，超过极限值应进行曲轴磨修，并配加厚的连杆瓦	—

续表

步骤	项目	记录	
6. 曲轴主轴颈与主轴瓦配合间隙测量	测量方式同上，一般发动机标准值为 0.02～0.06 mm，使用极限值为 0.15 mm，超过极限值应进行曲轴磨修，并配加厚的主轴瓦	—	
	记录配合间隙	数据：	
	判断	□间隙正常	□超过使用极限

任务评价

姓名：　　　　班级：　　　　学号：　　　　日期：

序号	作业内容	配分	评判标准	得分
1	前期准备	20	□ 未按照要求穿着工作服，扣 5 分 □ 佩戴尖锐饰物，扣 5 分 □ 未穿安全鞋，扣 5 分 □ 未检查清点工具，扣 5 分	
2	技术操作	55	□ 未正确查询资料并记录，扣 5 分 □ 漏装，扣 5 分 □ 曲轴的轴向间隙测量错误，扣 5 分 □ 曲轴的轴向间隙判断错误，扣 5 分 □ 配合间隙测量错误，扣 5 分 □ 配合间隙判断错误，扣 5 分 □ 工具使用错误，扣 5 分 □ 未按规定拆装顺序操作，扣 5 分 □ 未按规定力矩拧紧螺栓，扣 5 分 □ 数据记录错误，扣 1～10 分	
3	现场恢复	25	□ 工具、设备摆放凌乱，扣 5 分 □ 工具丢失或脱落，扣 5 分 □ 打闹嬉戏，扣 5 分 □ 场地和设备未整理，扣 5 分 □ 未清洁工具，扣 5 分	
总分				

项目 3

配气机构的结构与检测

任务 3.1　配气机构的检测与调整

扫码观看
本任务学习视频

任务目标

1. 掌握配气机构的组成结构。
2. 掌握气门组和凸轮轴的检测方法。
3. 培养严谨的职业素养。

任务准备

如图 3-1、图 3-2 所示，配气机构由气门驱动组、气门传动组和气门组三部分组成。气门驱动组包括：凸轮轴正时齿轮、凸轮轴、凸轮轴轴承和止推装置等零件；气门传动组包括：挺柱、挺杆、摇臂、摇臂轴等零件；气门组包括：气门、气门座、气门导管、气门弹簧、气门弹簧座及锁片等零件。

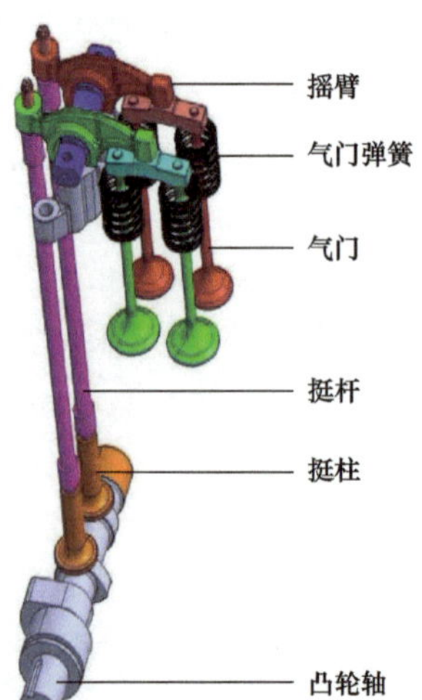

图 3-1　带摇臂与摇臂轴的凸轮轴顶置式配气机构

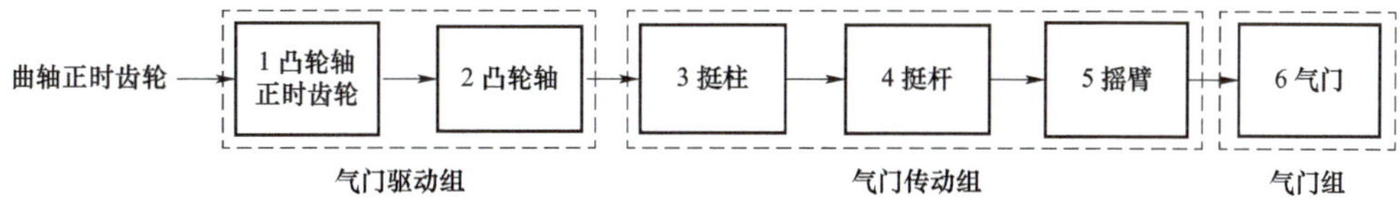

图 3-2　配气机构动力传递路线（索引图）

按凸轮轴的布置位置，可分为凸轮轴下置式（凸轮轴在曲轴箱内）、凸轮轴中置式（凸轮轴在气缸体内）和凸轮轴上置式（凸轮轴在气缸盖内）。

按每缸气门数目，有二气门式（一进一排）、三气门式（二进一排）、四气门式（二进二排）和五气门式（三进二排）。

1. 气门驱动组

1）凸轮轴正时齿轮

曲轴通过齿轮副（也可用链传动和齿形带传动）来驱动凸轮轴正时齿轮，进而驱动凸轮轴旋转。凸轮轴正时齿轮通过紧固螺栓和半圆键固定在凸轮轴轴端，如图 3-3 所示。

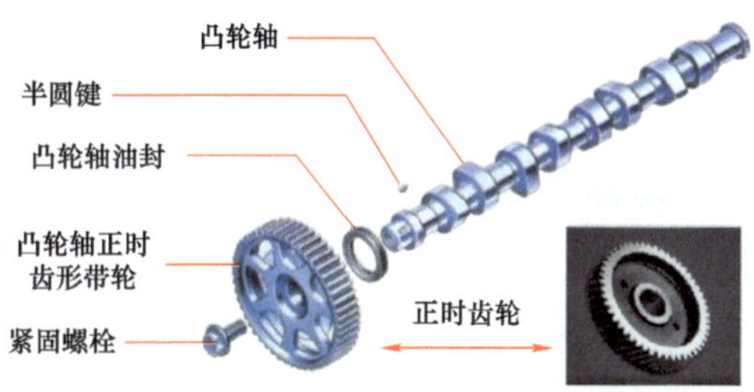

图 3-3　凸轮轴正时齿轮的安装位置

由于曲轴到凸轮轴的传动方式不同，配气机构的传动有齿轮传动、链条传动和齿带传动（如图 3-4 所示）三种。四冲程发动机每完成一个工作循环，曲轴旋转两周，凸轮轴只旋转一周，各缸的进、排气门各开启一次，故曲轴与凸轮轴之比（即传动比）应为 2:1。

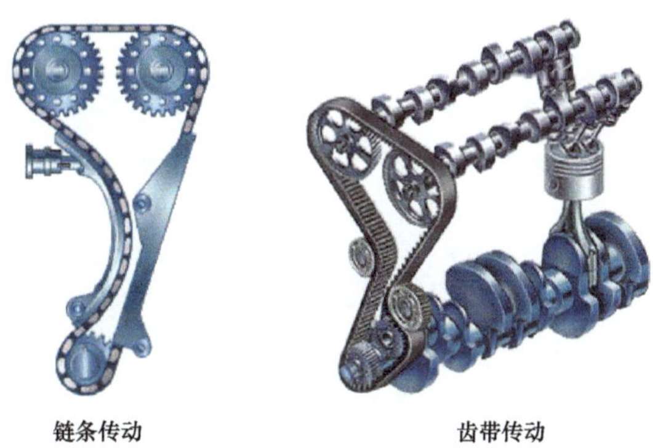

图 3-4　链条传动和齿带传动

2）凸轮轴

凸轮轴上主要配置有各缸进、排气凸轮，可以使气门按一定的工作次序和配气相位及时开闭，并保证气门有足够的升程。凸轮轴上还设置有凸轮轴轴颈，用来安装在气缸盖相应位置处，起支撑作用。为减小系统质量，有些发动机采用了空心凸轮轴，如图 3-5 所示。

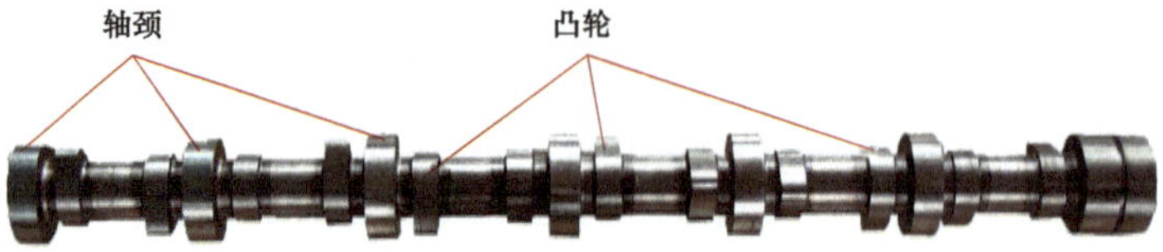

图 3-5　凸轮轴

凸轮轴的轴颈通过凸轮轴轴承盖（如图 3-6 所示，轴承盖上有装配标记），安装在气缸盖凸轮轴轴承座位置，在凸轮轴轴承盖与气缸盖轴承座孔之间可能安装有凸轮轴轴瓦（外形似曲轴轴瓦）。

图 3-6　凸轮轴轴承盖

2. 气门传动组

1）挺柱

（1）机械挺柱。

机械挺柱的功能是将凸轮的推力传给挺杆或气门，如图 3-7 所示。

（2）液力挺柱。

在配气机构中预留气门间隙将使发动机工作时配气机构产生撞击和噪声。为了消除这一弊端，有些发动机尤其是汽车发动机采用液力挺柱，借以实现零气门间隙。气门及其传动件因温度升高而膨胀，或因磨损而缩短，都会由液力作用来自行调整或补偿。当前汽车用汽油发动机均采用了液力挺柱，如图 3-8 所示。

图 3-7　机械挺柱

图 3-8　液力挺柱

2）挺杆

挺杆处于挺柱和摇臂之间，其功能是将挺柱传来的运动和作用力传给摇臂，如图 3-9 所示。

图 3-9　挺杆

3）摇臂

摇臂的功能是将挺杆和凸轮传来的力改变方向，作用到气门杆端以推开气门。摇臂是一个双臂杠杆，以摇臂轴为支点，两臂不等长。短臂端加工有螺纹孔，用来拧入气门间隙调整螺钉。长臂端加工成圆弧面，是推动气门的工作面。摇臂内还钻有润滑油道和油孔。

在摇臂的短臂一端装有用以调节气门间隙的调节螺钉及锁紧螺母，螺钉的球头与挺杆顶端的凹球座相接触，如图 3-10 所示。

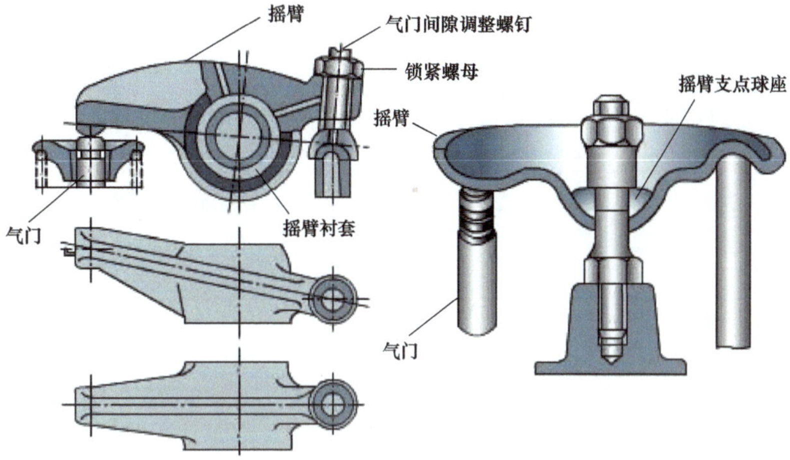

图 3-10　摇臂

摇臂通过衬套空套在摇臂轴上，而后者又支承在支座上，摇臂上还钻有油孔。摇臂轴为空心管状结构，机油从支座的油道经摇臂轴内腔和摇臂中的油道流向摇臂两端进行润滑。为了防止摇臂的窜动，在摇臂轴上每两摇臂之间都装有定位弹簧，如图 3-11 所示。

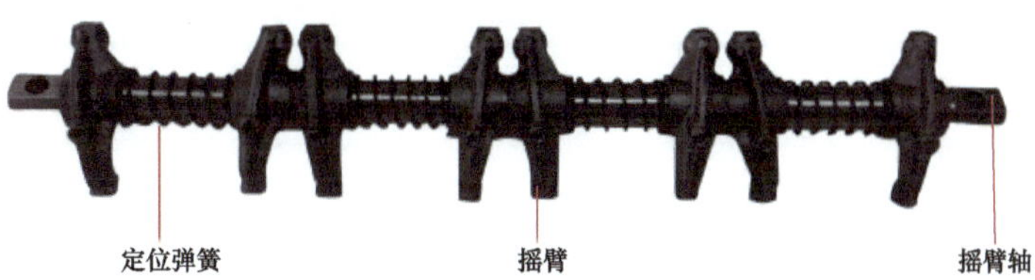

图 3-11　摇臂轴

3. 气门组

气门组包括气门、气门座、气门弹簧座、气门导管、气门弹簧及锁片等零件，如图 3-12 所示。

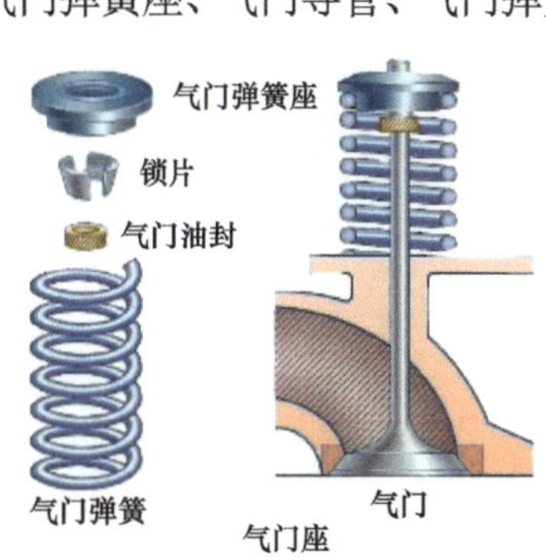

图 3-12　气门组的结构

1）气门

气门由头部和杆部两部分组成。头部用来封闭气缸的进、排气通道，杆部则主要为气门的运动导向。

因为废气温度高，因此排气门接触较高的温度，为了避免排气门高温膨胀变形，排气门通常比进气门尺寸小，如图 3–13 所示。

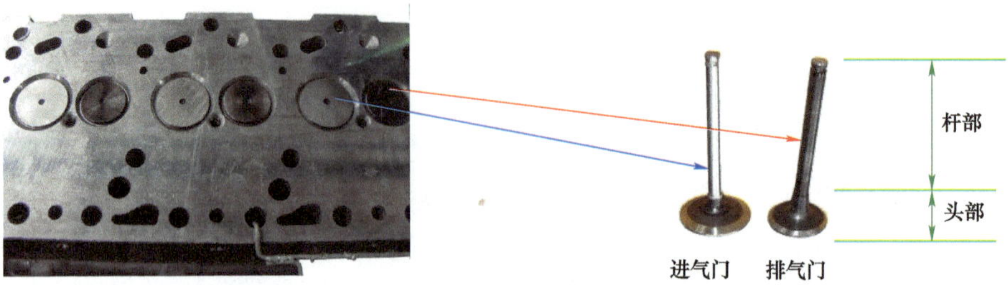

图 3–13　进气门与排气门

气门头部与气门座接触的工作面，是与杆部同心的锥角。通常将这一锥面与气门顶平面的夹角称为气门锥角，一般做成 45°。有的发动机进气门的锥角做成 30°，如图 3–14 所示。为保证良好密合，装配前应将气门头与气门座二者的密封锥面互相研磨，研磨好的零件不能互换。

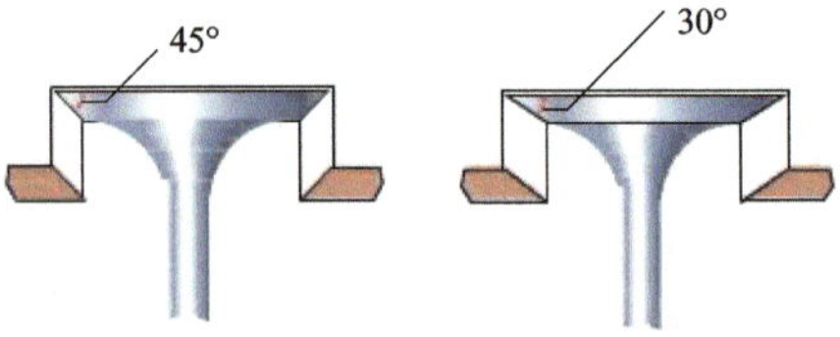

图 3–14　气门锥角

2）气门座

气门座与气门头部共同对气缸起密封作用，并接受气门传来的热量。气门座在高温条件下工作，磨损严重，故有不少发动机的气门座用较好的材料（合金铸铁、奥氏体钢等）单独制作，然后镶嵌到气缸盖上。采用铝合金气缸盖的发动机，由于铝合金材质较软，气门座必须镶嵌气门座圈，如图 3–15 所示。

图 3–15　气门座圈

3）气门弹簧座

气门杆端的形状取决于气门弹簧座的固定方式，如图 3–16 所示。常用的结构是用剖分或两半的锥形锁片来固定气门弹簧座。这时，气门杆的端部可切出环槽来安装锁片。有的发动机的气门弹簧座用锁销来固定，气门杆端有一个用来安装锁销的径向孔。

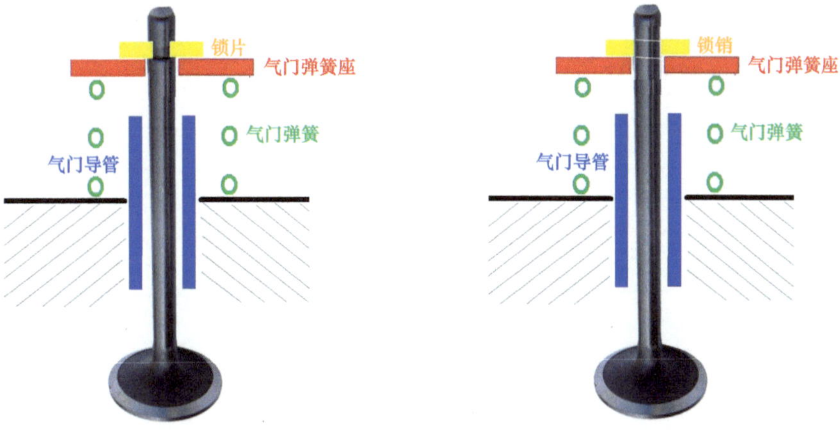

(a) 锁片固定　　(b) 锁销固定

图 3-16 气门弹簧座的固定方式

4）气门导管

气门导管（如图 3-17 所示），是气门在其中做直线运动的导套，以保证气门与气门座正确贴合。此外，气门导管还在气门杆与气缸盖之间起导热作用。气门导管一般用耐磨的合金铸铁或粉末冶金材料制造，然后以一定的过盈量压入气缸盖的导管孔内。气门杆与气门导管之间一般留有 0.05～0.12 mm 的间隙，使气门杆能在气门导管中自由运动。气门杆在气门导管中运动时，依靠配气机构飞溅出来的机油进行润滑。

图 3-17 气门导管

5）气门油封

有的发动机进气管中的真空度较高，气门室的机油会通过气门杆与气门导管之间的间隙被吸入气缸内。为此，在发动机的气门杆上安装气门油封（如图 3-12 所示），以减少机油的消耗和燃烧室积碳的产生。

6）气门弹簧

气门弹簧的弹力足以克服气门及其传动件的运动惯性力，使气门能迅速关闭，并保证气门紧压在气门座上。气门弹簧应具有足够的刚度和安装预紧力。

气门弹簧一端支承在气缸盖或缸体上，另一端压靠在气门弹簧座上。为防止弹簧折断，有些发动机采用同心安装的内、外两根弹簧。气门弹簧在工作时，当其工作频率与自然振动频率相等或成某一倍数时，将会发生共振。为了防止这一现象的发生，在安装弹簧时，应使两根弹簧的旋向相反；或采用不等螺距的圆柱弹簧，这种弹簧在工作时，螺距小的一端逐渐叠合，有效圈数逐渐减小，自然频率逐渐提高，可避免共振现象发生。

4. 气门直压式配气机构

当前，很多发动机采用无摇臂的凸轮轴顶置式配气机构，也称气门直压式配气机构，如图 3–18 所示。也就是说，凸轮轴的凸轮直接作用在液压挺柱上，通过液压挺柱来直接驱动气门。

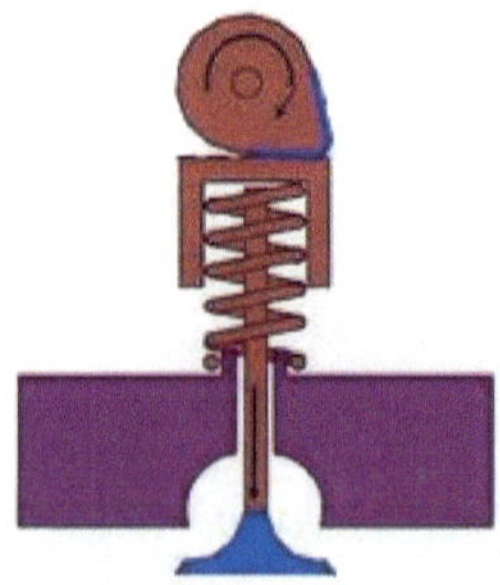

图 3–18　气门直压式配气机构

对于气门直压式配气机构来说，配气机构的动力传递路线更加简单，如下所示：

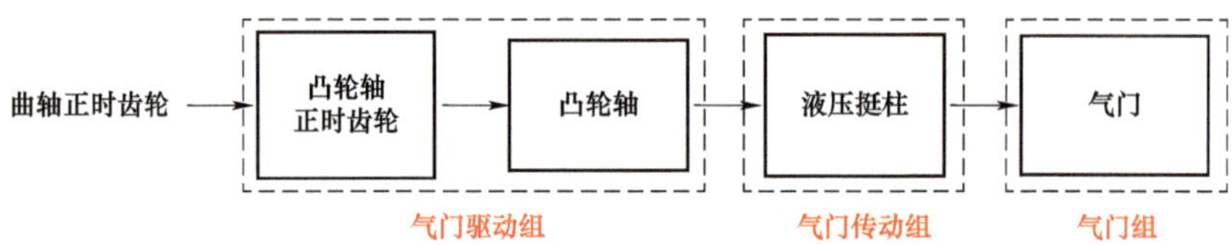

课堂练习

案例分析：某发动机，在长时间停放后起动时，会在起动初冒大量的蓝烟，起动后蓝烟消失。熄火后短期内再次起动发动机，则没有蓝烟。请从配气机构的角度进行故障原理分析。

提示：(1) 发动机排气管冒蓝烟是燃烧室内烧机油造成的。

(2) 气门杆与气门导管之间间隙随着发动机的使用，磨损可能会变大。

故障原因分析：

____

____

____

____

____

____

任务实施

（一）凸轮轴的检测

步骤	项目	记录
1. 查询资料（维修手册）	凸轮轴磨损极限	数据：
	径向跳动最大值	数据：
2. 凸轮轴轴颈圆度和圆柱度误差的检测	用外径千分尺测量凸轮轴轴颈尺寸，计算圆度和圆柱度误差。若凸轮轴轴颈尺寸的测量值小于磨损极限时，应更换新的凸轮轴	
	判断	□正常　　□超过使用极限
3. 凸轮轴弯曲的检查	将凸轮轴两端轴颈置于平台上的 V 形垫块上，使用百分表测量凸轮轴中间支承的径向跳动。用百分表触头与中间轴颈的表面接触（应有 1 mm 的压缩量），并缓转凸轮轴一圈，百分表指针的读数差即为凸轮轴的径向跳动值	径向跳动值：
	判断	□正常　　□超过使用极限
4. 凸轮轴凸轮尺寸检测	用检视法检查凸轮表面擦伤和疲劳剥落、麻点等损伤	□正常　　□有损伤
	用千分尺测量各个齿轮的高度值，与标准值对比，小于规定值即为磨损	
5. 凸轮轴的轴向间隙检测	凸轮轴的轴向间隙由凸轮前端的止推片厚度决定，止推片用两个螺栓固定在缸体上，止推片与凸轮轴第一轴颈端面的距离，即是凸轮轴的轴向间隙。间隙过大，则加厚止推片；反之，则减少止推片。测量该间隙时，可用撬棍拨动凸轮轴做轴向移动，用塞尺或百分表测量	—

备注：当前凸轮轴基本为顶置式。汽车凸轮轴基本取消了凸轮轴轴瓦，凸轮轴直接安装在气缸盖的轴承座孔和凸轮轴轴承盖之间。凸轮轴整体的磨损量较小，在实际发动机大修作业中其尺寸基本不进行测量，不予以更换。因此本项目中的凸轮轴检测实际应用并不多。

（二）气门组的检测

步骤	项目	记录
1. 气门组的拆卸	使用气门弹簧压缩器（气门弹簧钳）拆下气门组。将气门弹簧钳一端安装在气门上，一端安装在气门弹簧座上，气门弹簧钳与气门和气门弹簧座在同一直线上。用气门弹簧钳压缩气门弹簧座，拆卸两片锁片（或一个锁销）。松开气门弹簧钳，拆卸下气门、气门弹簧座及气门弹簧	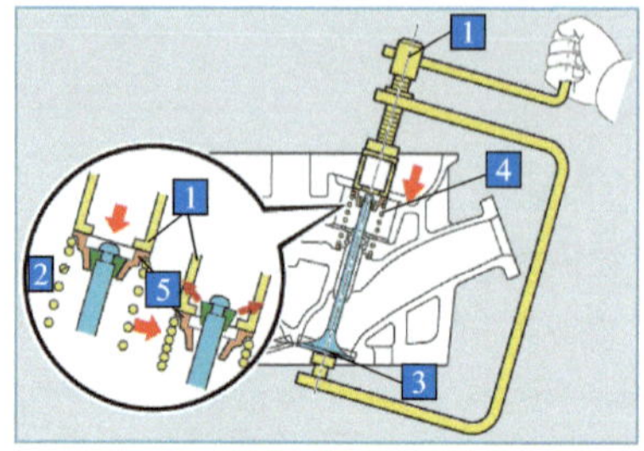 1—气门弹簧钳；2—锁片；3—气门； 4—气门弹簧；5—气门弹簧座
2. 气门组的检查	目测检查气门底部粘附了多少积碳，并且检查是否通过活塞环或者气门导管漏油。如果积碳粘附在气门下表面，便会发生通过活塞环的漏油，因此需要检查活塞间隙和活塞环。如果粘附在气门的上表面，便会发生通过气门导管漏油，因此需要检查气门导管的油封	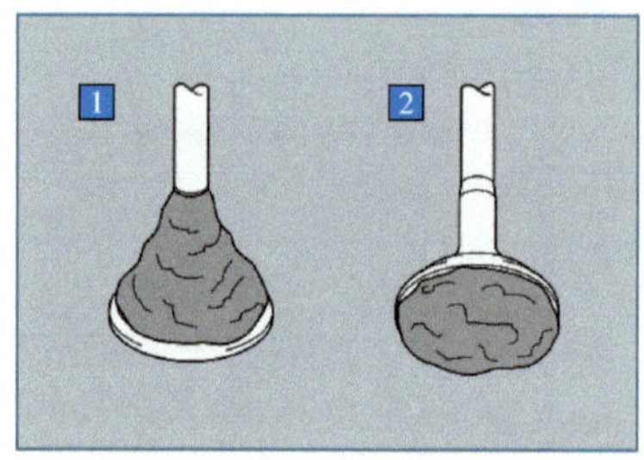 1—通过气门导管漏油；2—通过活塞环漏油
	检查气门和气门座之间的接触面：在气门表面周围薄薄地涂抹普鲁士蓝（或铅白）；将气门推入气门座；检查粘贴在气门表面的普鲁士蓝（或铅白）。检查接触宽度和接触位置。如果气门座上的接触宽度太大，积碳将很容易粘附在气门上并降低密封性。相反，如果气门座上的接触宽度太小，将会导致不均匀的磨损从而在气门周围形成一个坡度。气门密封性不好，则需要研磨或更换气门和气门座	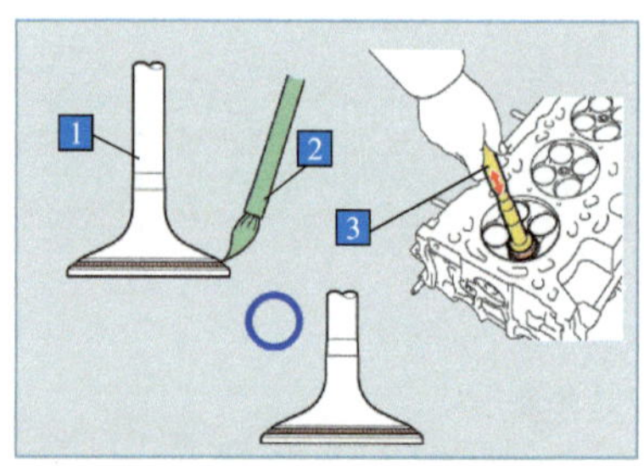 1—气门；2—普鲁士蓝或铅白； 3—手工研磨
3. 气门组的安装	组装气门、气门弹簧座及气门弹簧，将气门弹簧钳一端安装在气门上，一端安装在气门弹簧座上，用气门弹簧钳压缩气门弹簧座，安装两片锁片（或一个锁销），松开气门弹簧钳	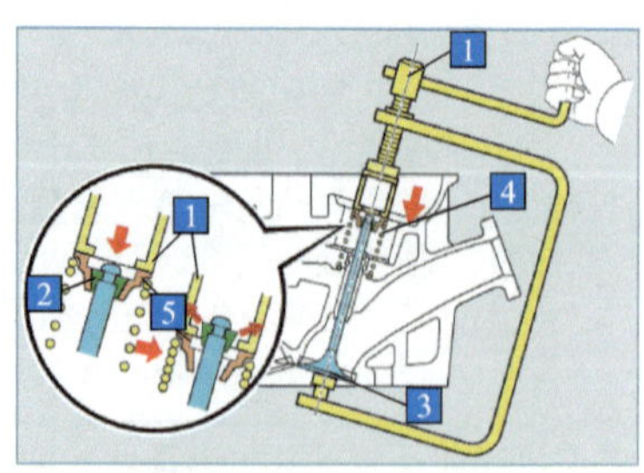 1—气门弹簧钳；2—锁片；3—气门； 4—气门弹簧；5—气门弹簧座

任务评价

姓名：　　　　　　　　班级：　　　　　　　　学号：　　　　　　　　日期：

序号	作业内容	配分	评判标准	得分
1	前期准备	20	□ 未按照要求穿着工作服，扣 5 分 □ 佩戴尖锐饰物，扣 5 分 □ 未穿安全鞋，扣 5 分 □ 未检查清点工具，扣 5 分	
2	技术操作	55	□ 未正确查询资料并记录，扣 5 分 □ 零件互换，扣 5 分 □ 组装未涂机油，扣 5 分 □ 凸轮轴磨损测量或判断错误，扣 5 分 □ 凸轮轴弯曲情况测量或判断错误，扣 5 分 □ 未目视检查凸轮表面，扣 5 分 □ 漏装零件，扣 5 分 □ 零件掉落，扣 5 分 □ 工具使用错误，扣 5 分 □ 数据记录错误，扣 1～10 分	
3	现场恢复	25	□ 工具、设备摆放凌乱，扣 5 分 □ 工具丢失或脱落，扣 5 分 □ 场地未清洁整顿到位，扣 5 分 □ 打闹嬉戏，扣 5 分 □ 未清洁工具，扣 5 分	
总分				

任务 3.2　配气相位与气门间隙调整

扫码观看
本任务学习视频

任务目标

1. 理解什么是配气相位。
2. 掌握工程机械和铁路大型养路机械用柴油机的气门间隙检测和调整方法。
3. 培养 6S 的职业素养。

任务准备

1. 配气相位

配气相位就是用曲轴转角表示的进、排气门的实际开闭时刻和开启的持续时间。用曲轴转角的环形图来表示配气相位，这种图称为配气相位图，如图 3-19 所示。

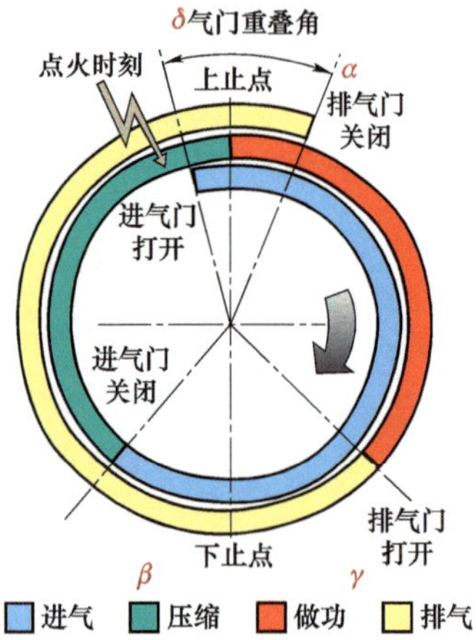

图 3-19 配气相位图

理论上四冲程发动机的进气门应当在活塞处在上止点时开启，当活塞运动到下止点时关闭；排气门则应当在活塞处于下止点时开启，在上止点时关闭。进气时间和排气时间各占 180° 曲轴转角。但是实际发动机的转速很高，进气和排气时间过短，造成发动机充气不足或排气不干净，从而使发动机功率下降。因此，现代发动机都采取延长进、排气时间的方法，即：气门的开启和关闭的时刻并不正好是活塞处于上止点和下止点的时刻，而是分别提前及延迟一定曲轴转角，以改善进、排气状况。

1）进气门的配气相位

在排气行程接近终了，活塞到达上止点前，进气门便开始开启，即曲轴转到活塞处于上止点位置还差一个角度 α，称为进气提前角。直到活塞过了下止点重又上行，即曲轴转到超过活塞下止点位置以后一个角度 β 时，进气门才关闭，称为进气迟后角。进气提前角，一般为 10°～30°；进气迟后角，一般为 40°～80°。这样，整个进气过程中，进气门开启持续时间的曲轴转角，即进气持续角为 $180°+\alpha+\beta$。

进气门早开晚关的目的，是为了保证进气行程开始时进气门已有一定开度，在进气行程中获得较大进气通道截面，使新鲜气体能顺利地充入气缸。当活塞到达下止点时，气缸内压力仍低于大气压力，在压缩行程开始阶段，活塞上移速度较慢的情况下，仍可以利用气流较大的惯性和压力差继续进气，因此进气门晚关是利于充气的。发动机转速越高，气流惯性越大，进气迟后角应取大值，以充分利用进气惯性充气。

2）排气门的配气相位

在做功行程接近终了，活塞到达下止点前，排气门便开始开启，提前开启的角度 γ，称为排气提前角，一般为 40°～80°。经过整个排气行程，在活塞越过上止点后，排气门才关闭，排气门关闭的延迟角 δ 称为排气迟后角，一般为 10°～30°。这样，整个排气过程中，排气门开启持续时间的曲轴转角，即排气持续角为 $180°+\gamma+\delta$。排气门早开的目的是利用压差排气，当做功行程接近下止点时，气缸内的气体仍有 300～500 kPa 的压力，但就活塞做功而言作用不大，这时若稍开启排气门依靠差压可迅速排气。排气迟后关闭主要是利用排气气流惯性排出更多的废气。

3）气门重叠

由于进气门在上止点前即开启，而排气门在上止点后才关闭，这就出现了在一段时间内排气门与进气门同时开启的现象，这种现象称为气门重叠，重叠的曲轴转角 $\alpha+\delta$ 称为气门重叠角。由于新鲜气流和废气流的流动惯性比较大，在短时间内保持原来的流动方向，因此只要气门重叠角选择适当，就不会产生废气倒流入进气管或新鲜气体随同废气排出的可能性，这将有利于换气。

2. 气门间隙

所谓气门间隙（如图 3-20 所示）就是指：发动机在冷态时，在气门传动机构中，留有一定的间隙，以补偿气门及传动机构受热后的膨胀量。

发动机工作时，气门将因温度升高而膨胀。如果气门及其传动件之间，在冷态时无间隙或间隙过小，则在热态下，气门及其传动件的受热膨胀势必会将气门自动顶开引起气门关闭不严，造成发动机在压缩和做功行程中漏气，而使功率下降，严重时发动机甚至不易起动。为消除上述现象，通常在发动机冷态装配时，在气门与其传动机构中，留有适当的间隙，以补偿气门受热后的膨胀量。

气门间隙视配气机构的总体结构形式而定，同时这一间隙也可进行调整。气门间隙的大小一般由发动机制造厂根据试验确定。通常在冷态时，进气门的间隙为 0.25～0.30 mm，排气门的间隙为 0.30～0.35 mm。如果间隙过小，发动机在热态下可能发生漏气，导致功率下降，严重时将使气门烧坏。如果间隙过大，则将使传动零件之间、气门和气门座之间产生撞击、响声，而加速磨损，同时也使气门开启的持续时间减短。

采用液力挺柱的发动机，挺柱的长度能自动变化，随时补偿气门的热膨胀量，故不需要预留气门间隙。

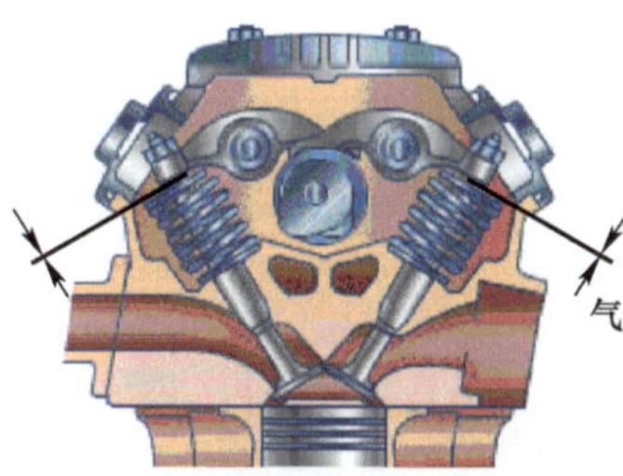

图 3-20　气门间隙

任务实施

气门间隙的调整

1. 闭调开不调

气门在完全关闭的情况下，才能调整气门间隙，即挺柱（或摇臂）必须落在凸轮的基圆上才可调整。即正在进气、将要进气、进气刚结束的进气门不能调整；正在排气、将要排气、排气刚结束的排气门不能调整。

教师讲解“双排不进法”，记录“双排不进法”：

2. 确定一缸处于压缩上止点位置

摇手柄转动曲轴或撬动飞轮，使一缸处于压缩上止点位置，此时正时记号应该是对齐的。从气门处看：当盘动发动机使得一缸的气门都处于关闭的状态时，则为压缩行程。

3. 运用“双排不进法”检查气门间隙

测量值	1 缸	2 缸	3 缸	4 缸	5 缸	6 缸	7 缸	8 缸
进气门								
排气门								
是否正常								

4. 气门间隙的调整

先旋松锁紧螺母，用厚度符合规定间隙的塞尺插入气门杆端面与摇臂之间，同时旋转调整螺钉，直至拉动塞尺感到稍有阻力后，用锁紧螺母锁紧调整螺钉，如图 3-21 所示。调整完毕后，应再用塞尺复查一次，如有变化需重新调整。

图 3-21　调整气门间隙

备注：采用液压挺柱的配气机构不需要留气门间隙。当前，轿车用汽油机均采用了液压挺柱，因此对气门间隙的调整往往只针对柴油机。

任务评价

姓名：　　　　　　　　班级：　　　　　　　　学号：　　　　　　　　日期：

序号	作业内容	配分	评判标准	得分
1	前期准备	20	□ 未按照要求穿着工作服，扣 5 分 □ 佩戴尖锐饰物，扣 5 分 □ 未穿安全鞋，扣 5 分 □ 未检查清点工具，扣 5 分	
2	技术操作	55	□ 未正确查询资料并记录，扣 5 分 □ 一缸压缩上止点判断错误，扣 5 分 □ 锁紧螺母锁未松开，扣 5 分 □ 工具使用错误，扣 5 分 □ 锁紧螺母锁未拧紧，扣 5 分 □ 测量方法错误，扣 5 分 □ 测量结果记录错误，扣 5 分 □ 零件掉落，扣 5 分 □ 测量结果判断错误，扣 5 分 □ 调整后未复查，扣 1～10 分	
3	现场恢复	25	□ 工具、设备摆放凌乱，扣 5 分 □ 工具丢失或脱落，扣 5 分 □ 场地未清洁整顿到位，扣 5 分 □ 打闹嬉戏，扣 5 分 □ 未清洁工具，扣 5 分	
总分				

项目 4

汽油机燃料供给系统的结构与检测

任务 4.1 汽油供给路线与燃油压力测试

扫码观看
本任务学习视频

任务目标

1. 掌握汽油的供给路线。
2. 掌握燃油压力测试的方法。
3. 培养严谨的工作态度。

任务准备

1. 汽油供油路线

供油路线如图 4-1 所示。

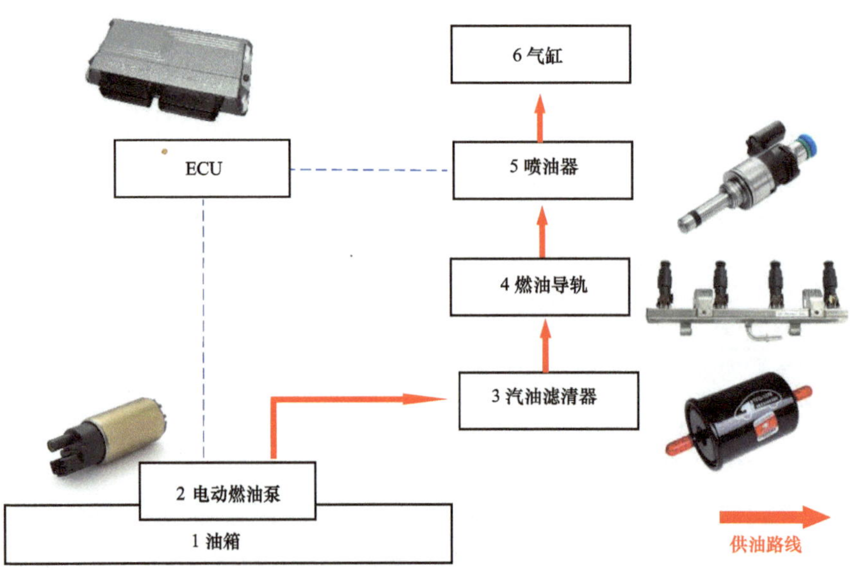

图 4-1 供油路线（索引图）

1）油箱

油箱是用来储存汽油的，其形状随车型不同而各异，这主要是为了适应在车上的布置安装。传统的油箱采用薄钢板冲压焊接制成，现代轿车油箱多数采用耐油硬塑料制成。

一般汽车油箱的续航里程（一次性加满汽油行驶的里程）为 200～600 km。通常，微型、小型车油箱容积在 35～55 L 之间，紧凑型、中型车在 55～70 L 之间，个别大型全尺寸 SUV 会突破 100 L。

2）电动燃油泵

电动燃油泵为燃料供给系统输送充足的燃油并维持足够的压力。现在绝大多数轿车的电动燃油泵安装在油箱内。

只要发动机工作，电动燃油泵就一直工作，其过程是：电动燃油泵通电，电动机工作，带动泵体转动，吸入汽油。汽油通过泵体、电动机、单向阀，由出油口泵出。其中单向阀的作用是防止汽油倒流。当发动机停机时，电动燃油泵也停止工作，使汽油管路和燃油导轨内保存一定残余压力的汽油，以便发动机下次容易起动，并可防止由于温度较高而产生的气阻现象。

电动燃油泵总成如图 4-2 所示。通常，电动燃油泵端盖上有三根油管、四根电线。三根油管分别是供油管、回油管与排蒸气管。四根电线分别是油泵电机电源正极线、油泵电机电源负极线，剩余两根线是油量传感器信号线。油量传感器是一个典型的滑动变阻器结构，浮子漂浮在油面上，浮子的位置随油箱内油量变化而变化，在浮子机构的带动下，滑动变阻器的电阻值发生改变，最终将油箱内的燃油量反映在仪表盘的燃油表上。过滤网安装在燃油泵吸油口，对燃油进行过滤。燃油泵的润滑依靠燃油自身。如果此过滤网堵塞，将会造成燃油泵供油量不足，甚至因为缺少燃油造成燃油泵电机空转烧坏。

3）汽油滤清器

电动燃油泵将汽油从油箱中泵出，经供油管，来到汽油滤清器。汽油滤清器的作用是将汽油中的杂质滤去，防止燃油系统堵塞，减少机件的磨损，确保发动机稳定工作，提高可靠性。汽油滤清器外壳上的箭头指示安装方向（也就是汽油的流动方向）。汽油滤清器的内部结构主要是纸质的滤芯，汽油在穿过滤芯的过程中，杂质被隔离出来，如图 4-3 所示。

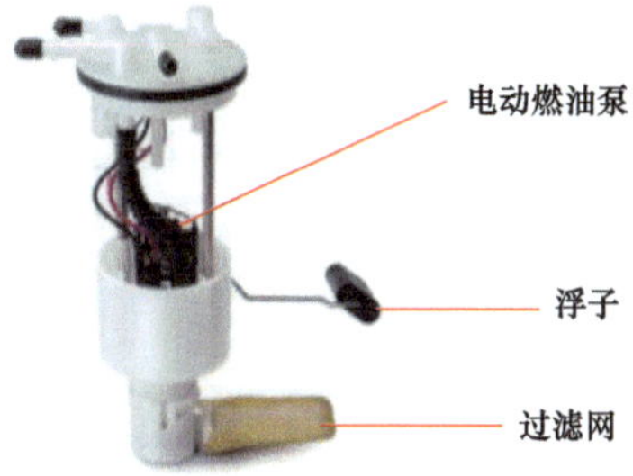

图 4-2　电动燃油泵总成

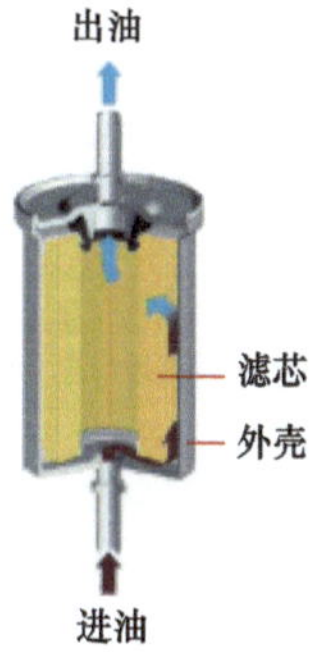

图 4-3　汽油滤清器内部结构

4）燃油导轨

燃油导轨，也称燃油分配管。燃油导轨总成上安装有喷油器、油压调节器等，如图 4-4 所示。

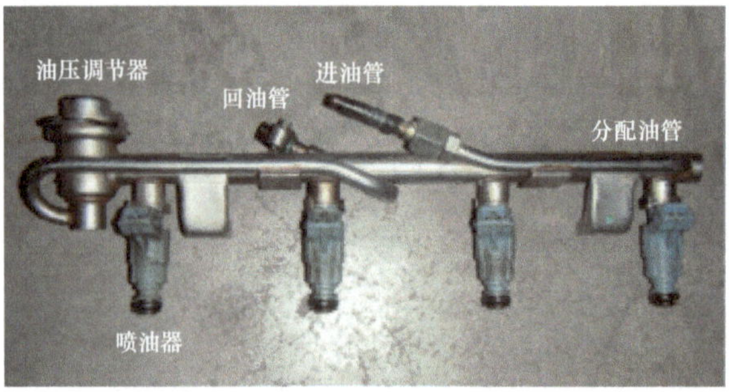

图 4-4　燃油导轨总成

5）喷油器

喷油器结构如图 4-5 所示。它是一个电磁阀，由发动机电子控制单元（ECU）控制。分配油管的压力汽油进入喷油器，在复位弹簧的作用力下，针阀处于关闭状态，喷油器不能喷油；当 ECU 控制喷油器的电磁线圈通电后，电磁线圈产生的磁场带动衔铁、针阀上移、打开，喷油器喷油。一般喷油器针阀升程约为 0.1 mm。

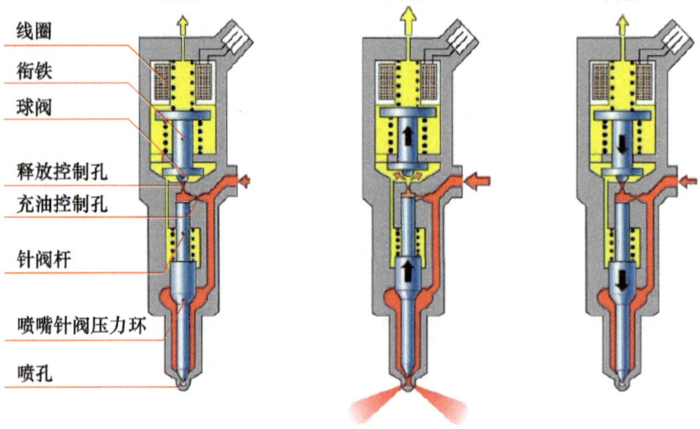

图 4-5　喷油器结构与工作原理

喷油器控制电路原理如图 4-6 所示。喷油器电磁线圈引出两根线：一根线是电源线，在打开点火钥匙后供给 12 V 电压；另一根线是由 ECU 控制的搭铁回路。当喷油器需要打开喷油时，ECU 通过三极管控制此线搭铁，电磁线圈内有电流通过，喷油器打开喷油。每次 ECU 控制喷油器电磁线圈通电的时间被称为喷油脉宽，为 2～10 ms 范围内。

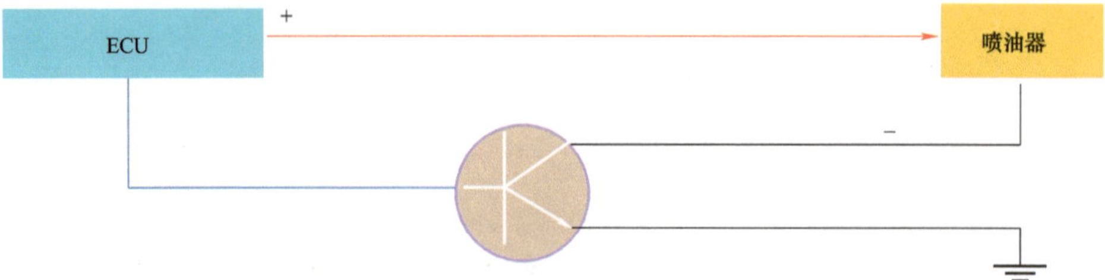

图 4-6　喷油器控制电路

6）气缸

喷油器将油喷射在进气道（缸外喷射）或者直接喷射在气缸内（缸内直喷）。目前，缸内直喷是主流技术。缸内直喷就是将喷油器安装于气缸内，直接将燃油喷入气缸内与进气混合，形成可燃混合气。

2. 汽油回油路线

供油、回油和蒸气路线如图 4–7 所示。

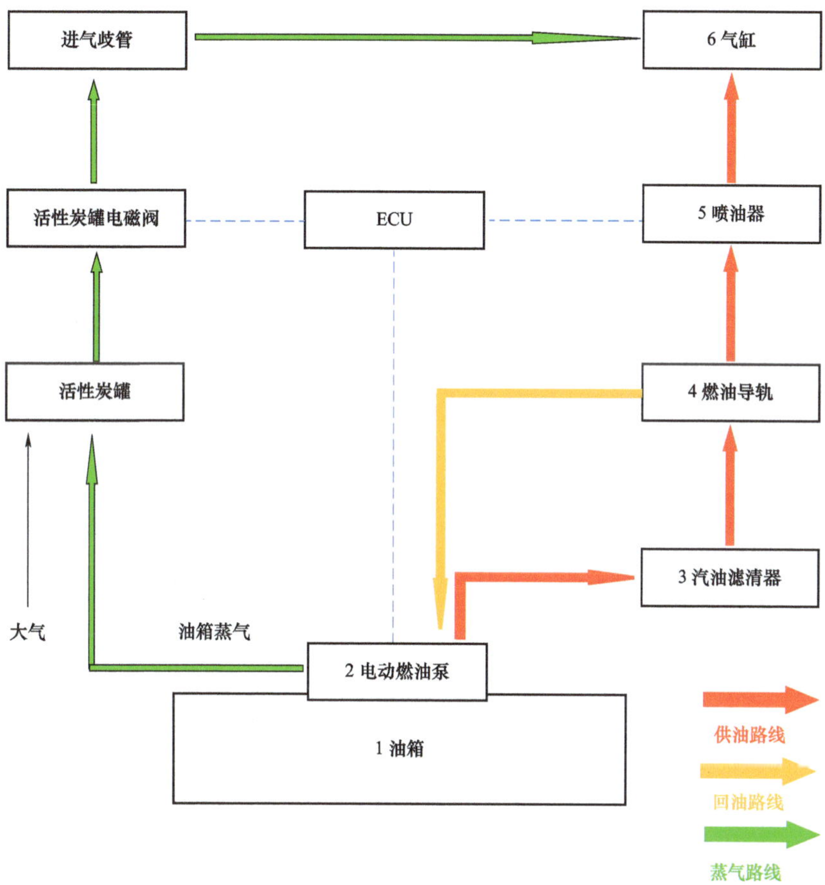

图 4–7　供油、回油和蒸气路线（索引图）

在燃油导轨上控制回油的元件是真空式燃油压力调节器。真空式燃油压力调节器一般安装在燃油导轨的一端，其作用是根据进气歧管内的绝对压力的变化来调节系统油压，保持喷油器的喷油绝对压力恒定，使喷油器的燃油喷射量只取决于喷油器的开启时间。一般系统油压在 250～300 kPa 之间。

真空式燃油压力调节器的结构如图 4–8 所示。它具有金属壳体，其内部由橡胶膜片分为弹簧室（上腔）和燃油室（下腔）两部分。弹簧室内有一个带预紧力的螺旋弹簧，作用在膜片上。在膜片上安装一个阀，控制回油。另外，还通过一根真空管与进气歧管相连。

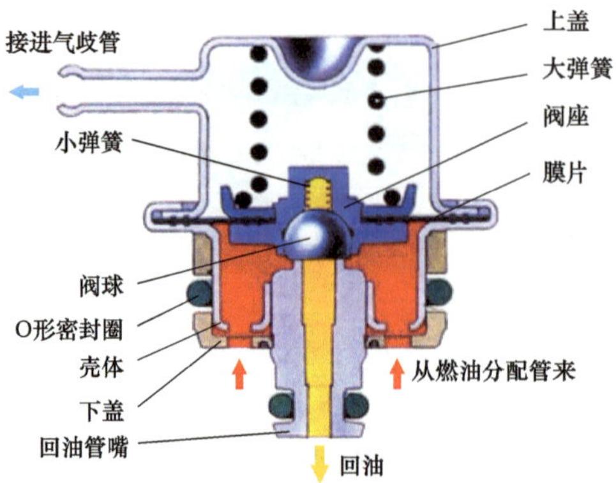

图 4-8　真空式燃油压力调节器的结构

当系统油压超过规定值时，汽油压力克服弹簧压力，将膜片向下压，打开阀门，与回油通道接通，系统压力降低，回到规定值。如果进气歧管真空度变大，为了维持燃油导轨内部与进气歧管内部的压力差恒定，就必须降低系统油压。把进气歧管真空度引入弹簧室，能够减少膜片上螺旋弹簧的作用力，进而减少打开阀门的压力，使系统油压下降到规定值；反之亦然。当电动燃油泵停止工作时，在膜片和螺旋弹簧力的作用下使阀关闭，保持油路中的残余压力。

3. 汽油蒸气路线

本书所指的汽油蒸气路线是由燃油蒸发排放控制装置来实施完成的，目的是降低油箱压力，节能减排。活性炭罐是指内部充装活性炭的罐子，用来吸附发动机关闭时油箱内产生的汽油蒸气。发动机起动时，在进气歧管的真空抽力作用下，大气从活性炭罐下方被吸入，将活性炭上吸附的汽油蒸气分子带走，途经活性炭罐电磁阀，进入进气歧管，最终进入气缸参与气缸内的燃烧。在活性炭罐与进气歧管之间，设置有活性炭罐电磁阀。活性炭罐电磁阀的开启与关闭由发动机计算机控制。活性炭罐实物如图 4-9 所示。

图 4-9　活性炭罐

课 堂 作 业

案例分析：某发动机 1 年多没有使用。当起动时，成功起动，发动机运转正常。约 5 min 之后，发动机自动熄火。再起动，则无法起动。经维修人员检查，电动燃油泵断路，诊断结果为油泵烧坏。更换新油泵后，再次起动发动机，顺利起动，发动机运转正常。短暂运转之后又自动熄火。经过测量，电动燃油泵又烧损。请从油泵的结构角度分析故障原因和解决办法。

提示：(1) 汽油长时间存放可能会产生大量的胶质沉淀。
(2) 电动燃油泵过滤网的功能。
(3) 电动燃油泵的润滑。

故障原因分析：

____

____

____

____

解决办法：

____

____

____

____

拓展知识

气缸内喷射燃油供给系统

气缸内喷射燃油供给系统主要组成部件如图 4-10 所示。

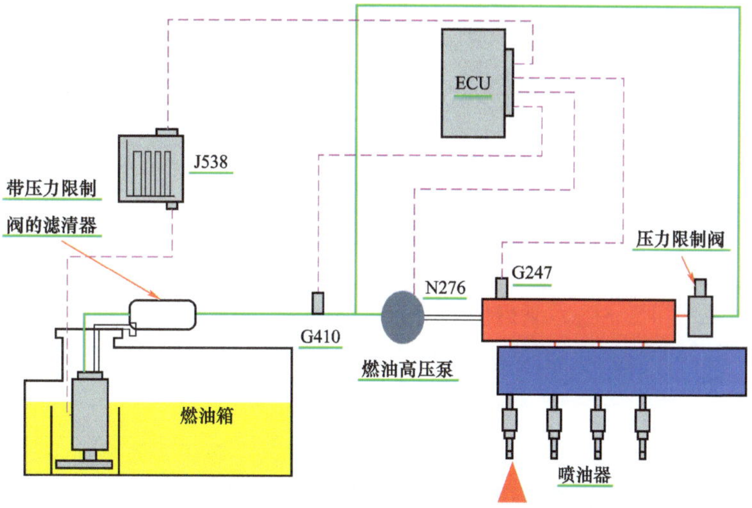

J538—燃油泵控制单元；G410—低压燃油压力传感器；N276—燃油压力调节阀；G247—高压燃油压力调节器

图 4-10　气缸内喷射燃油供给系统主要组成部件

1. 气缸内喷射发动机的优点

（1）燃油消耗率低。

（2）热效率高。

（3）废气再循环率高。

（4）压缩比高。

（5）具有优化的超速切断效果。

2. 气缸内喷射燃油供给系统工作过程

气缸内喷射燃油供给系统由低压系统和高压系统两部分构成。

低压系统中，电动燃油泵把 0.3～0.6 MPa 的燃油经滤清器供应给高压燃油泵，从高压燃油泵来的回油直接进入燃油箱。低压系统中，发动机正常工作时的工作压力为 0.3 MPa 左右，起动时达到 0.6 MPa 左右。发动机一般是以单柱塞高压泵将从低压系统中过来的低压燃油加压到 10～15 MPa，然后送入燃油导轨，由燃油导轨再把燃油分配到各个高压喷油器。燃油导轨设计得足够大，以至于可以补偿在喷油时产生的轻微的压力波动。

为了能在较短的时间内喷出大量的燃油，发动机使用高达 90 V 的直流电压来控制高压喷油器。

3. 高压泵

高压泵产生约 150 bar（1 bar=100 kPa）的压力，高压泵活塞被凸轮轴通过圆柱挺杆驱动，这样可减小摩擦也可减小链条受力，使发动机运转更平顺，燃油经济性更好。高压泵如图 4-11 所示。

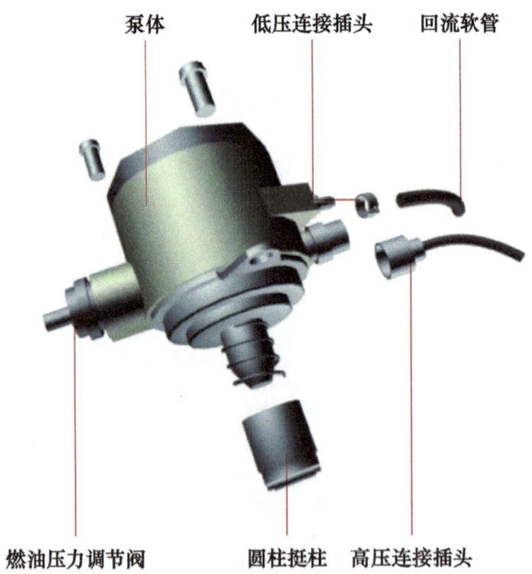

图 4-11　高压泵

1）进油

在进油过程中，进油阀在针阀弹簧力的作用下打开。在高压泵活塞向下运动的过程中，泵腔的容积不断增大，泵腔内的燃油压力近似于低压系统内的压力，燃油流入泵腔，如图 4-12（a）所示。

2）供油

ECU 计算供油始点，给燃油压力调节阀 N276 发送指令使其工作，针阀将克服针阀弹簧的作用力向左运动。同时进油阀在弹簧作用力下被关闭，高压泵活塞向上运动，泵腔内建立起油压。当泵腔内的油压高于油轨内的油压时，出油阀被开启，燃油被泵入燃油导轨内，如图 4-12（b）（c）所示。

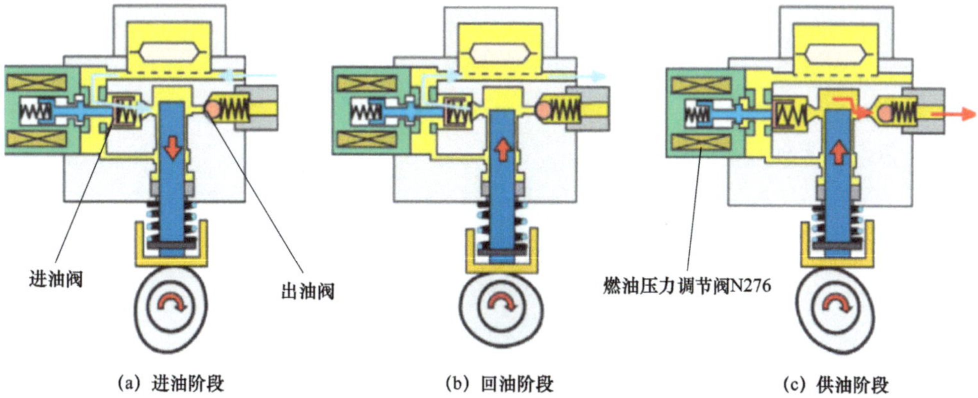

图 4-12　高压泵工作过程

4. 低压燃油压力传感器

低压燃油压力传感器将燃油压力转换成电信号传给 ECU，ECU 再向燃油泵控制单元输入脉宽调制信号，燃油泵控制单元控制燃油泵转速，达到调节低压油路供油量的目的。

5. 高压燃油压力传感器

燃油导轨内的压力保持恒定对减少排放、降低噪声和提高发动机功率有重要意义。高压燃油压力传感器（如图 4-13 所示）将燃油压力转换成电信号传给 ECU，ECU 再向高压燃油压力调节器 G247 输送控制信号，调节高压泵向燃油导轨输入的供油量。传感器的核心是钢膜，在钢膜上镀有应变电阻。待测压力经压力接口作用到钢膜的一侧时，由于钢膜弯曲，就引起应变电阻的阻值发生变化。传感器内有一套电子分析机构。

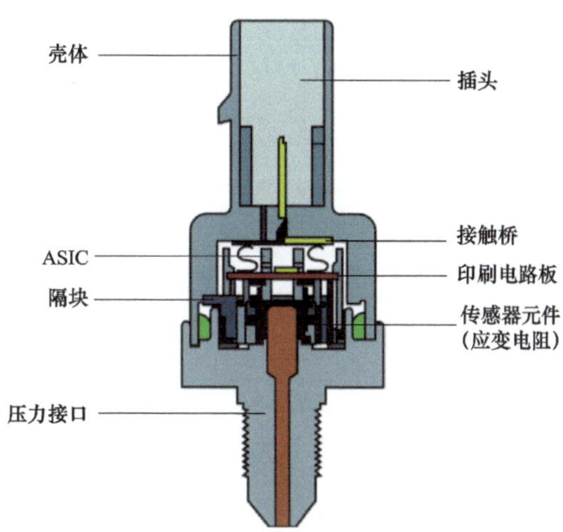

图 4-13　高压燃油压力传感器

6. 燃油泵控制单元

燃油泵控制单元J538安装在电动油泵的上面。其作用主要是通过脉宽调制信号来控制电动燃油泵，使低压燃油系统的油压达到50～500 kPa。在冷热起动时，使低压燃油系统的压力达到650 kPa左右。

7. 高压喷油器

高压喷油器如图4-14所示，主要作用是使燃油形成细雾，正确计量出燃油量，将燃油准确地喷到燃烧室内相应区域，在正确的时刻使燃油被直接压入燃烧室。单孔高压喷油器燃油喷束角为70°，喷束倾角为20°。

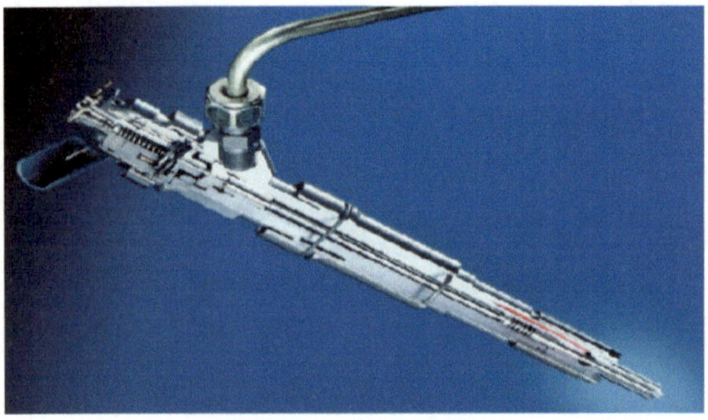

图4-14　高压喷油器

任务实施

燃油压力测试

1. 安全泄压

汽油压力测试使用的工具是燃油压力表，测量时需要将燃油压力表用三通接头接在燃油压力调节器和喷油嘴之间的管路上，如图4-15所示。因此，涉及燃油系统的拆解，目前很多企业是直接拆燃油系统管路，对于管路中的残余油，使用抹布捂。这是不安全的操作方式，而是应该安全泄压。

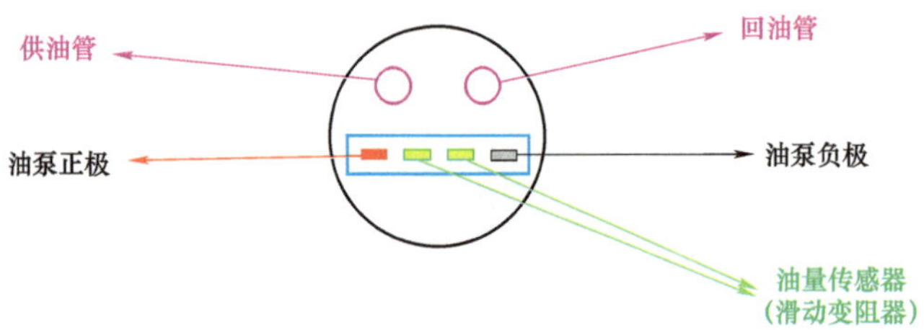

图4-15　油泵端面线路

安装燃油压力表前的燃油系统卸压方法：起动发动机，拔下电动汽油泵继电器或汽油泵保险丝或油泵电源插头。待发动机自行熄火后，再起动发动机2～3次，即可释放燃油压力。关闭点火开关，装上电动汽油泵继电器（如图4-16所示）或电源插头，拆下蓄电池负极搭铁线。将量程为1 MPa左右的燃油压力表和三通接头一起安装在燃油泵的出油管接头上。

图 4-16 继电器位置

2. 燃油压力测量

打开点火开关，起动发动机，保持怠速状态，标准的燃油压力值不应低于允许值，通常为 250 kPa。踩下加速踏板，节气门全开时，燃油压力值应不低于允许值，通常为 300 kPa。拔掉燃油压力调节器上的真空管，燃油压力值应上升。把燃油压力调节器上的真空管插回原处，燃油压力值马上下降。关闭发动机，系统残压不应低于规定值（通常热机为 300 kPa，冷机为 220 kPa）。关闭发动机 30 min 后，燃油的保持压力不应下降。

3. 数据记录

项目	怠速油压	残余油压	断真空管油压
数据值			

任务评价

姓名： 班级： 学号： 日期：

序号	作业内容	配分	评判标准	得分
1	前期准备	20	□ 未按照要求穿着工作服，扣 5 分 □ 佩戴尖锐饰物，扣 5 分 □ 未穿安全鞋，扣 5 分 □ 未检查清点工具，扣 5 分	
2	技术操作	55	□ 未正确查询维修手册，扣 5 分 □ 未拔下电动汽油泵继电器或汽油泵保险丝或油泵电源插头，扣 5 分 □ 未起动发动机直至熄火以泄压，扣 5 分 □ 燃油压力表安装不正确，扣 5 分 □ 怠速油压测量错误，扣 5 分 □ 残余油压测量错误，扣 5 分 □ 断真空管油压测量错误，扣 5 分 □ 拆卸燃油压力表未泄压，扣 10 分 □ 漏油，扣 5 分 □ 数据记录错误，扣 5 分	

续表

序号	作业内容	配分	评判标准	得分
3	现场恢复	25	□ 工具、设备摆放凌乱，扣 5 分 □ 工具丢失或脱落，扣 5 分 □ 地面和设备未清洁整理干净，扣 5 分 □ 随地吐痰，扣 5 分 □ 未清洁工具，扣 5 分	
总分				

任务 4.2　空气供排路线及气缸压力测试

扫码观看
本任务学习视频

任务目标

1. 掌握空气供给与排气路线。
2. 掌握气缸压力的测量方法。
3. 培养诚实守信的工作习惯。

任务准备

1. 进气路线

进气路线如图 4-17 所示。

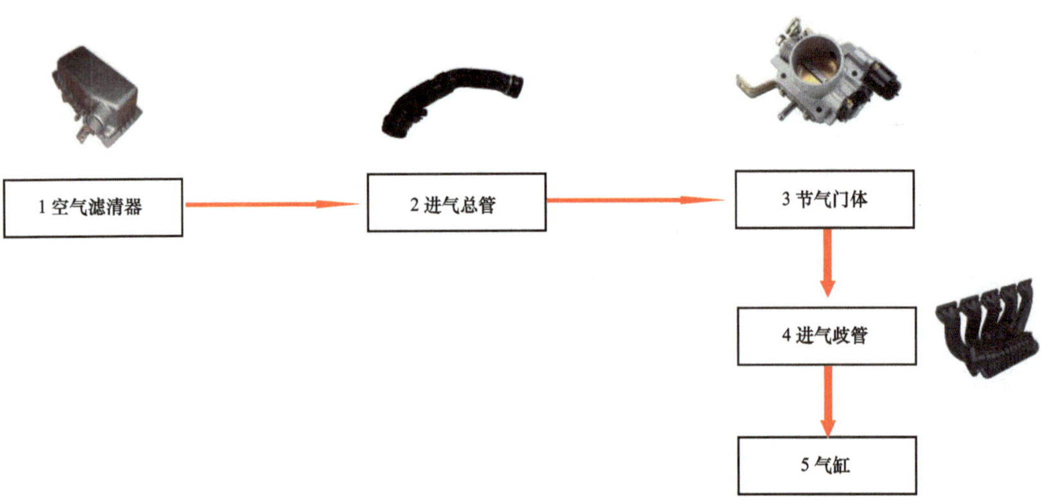

图 4-17　进气路线（索引图）

1）空气滤清器

空气滤清器的主要作用是过滤流向进气道的空气，防止空气中灰尘进入气缸，减少气缸、活塞、活塞环等零件的磨损，延长发动机的使用寿命。

空气滤清器的内部主要是滤芯，常用的种类是纸质干式空气滤清器，它是采用树脂处理的纸质滤芯，如图 4–18 所示。在空气流经空气滤清器的过程中，大颗粒的杂质被隔离留在空气滤清器内，防止其流入进气道。

2）进气总管

进气总管的一头通过卡箍连接在空气滤清器上，另一头通过卡箍连接在节气门体上。卡箍在拆装的时候使用螺丝刀，如图 4–19 所示。

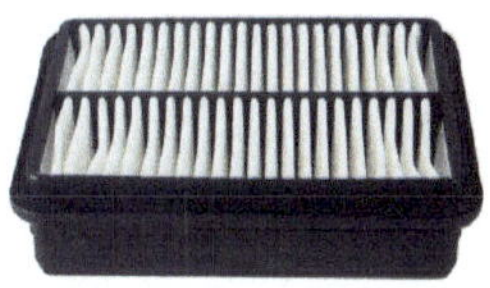

图 4–18　空气滤清器滤芯

图 4–19　卡箍

3）节气门体

节气门主要的作用就是控制进入气缸的混合气量大小。那么它是怎么控制进气量的呢？人们开车时踩油门踏板的深浅，其实就是控制节气门开度的大小。油门踏板踩得越深，节气门开度就越大，混合气进入量就越大，发动机的转速就会上升。

传统拉线油门是通过钢丝一端与油门踏板相连，另一端与节气门相连，如图 4–20 所示。而现在的电子节气门（电子油门），是通过位置传感器（滑动变阻器原理），将踩踏油门踏板动作的力量、幅度等数据传输到 ECU 进行分析，然后总结出驾驶者踩油门的意图，再由 ECU 计算实际节气门开合度并发出指令控制节气门电机工作，从而实现对节气门的精准控制。

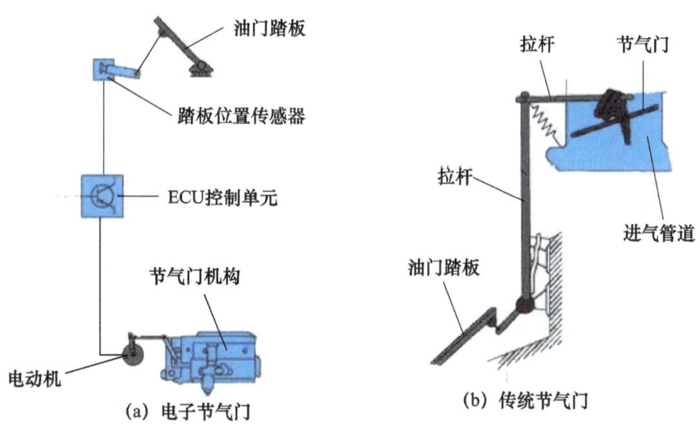

图 4–20　节气门控制方式

4）进气歧管

进气歧管的作用是将可燃混合气或新鲜空气送到各个气缸。进气歧管多数由铝合金或铸铁制造，有些也采用复合塑料制造。

有的发动机进气歧管上采用了可变进气系统，如图 4–21 所示。在进气歧管内安装控制阀，通过其打开和关闭，可以将进气歧管分为两段，从而改变它的有效长度。改变进气歧管的长度有什么作用呢？主要是为了提高发动机在不同转速时的进气效率，从而提升发动机在各个转速下的动力性能。当发动机低速运转时，控制阀关闭，气流被迫从长歧管流入气缸，可以增加进气的气流速度和压强，使汽油和空气更好地混合，燃烧更充分（这个有点像把水流不急的水管捏扁后，水流速度会变急的原理一样）。当发动机转速升高时，控制阀门打开，气流绕开下端管道直接进入气缸，这时能更快吸入更多的空气，增大发动机高转速的进气量。

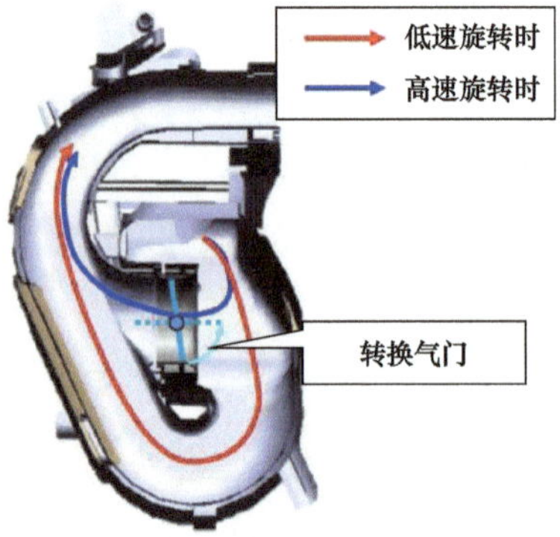

图 4-21　可变进气系统

5）气缸

对于缸内直喷发动机而言，在气缸燃烧室内，空气与燃油在此相遇形成可燃混合气。汽油机点火系统点火后，可燃混合气燃烧做功。

2. 排气路线

排气路线如图 4-22 所示。

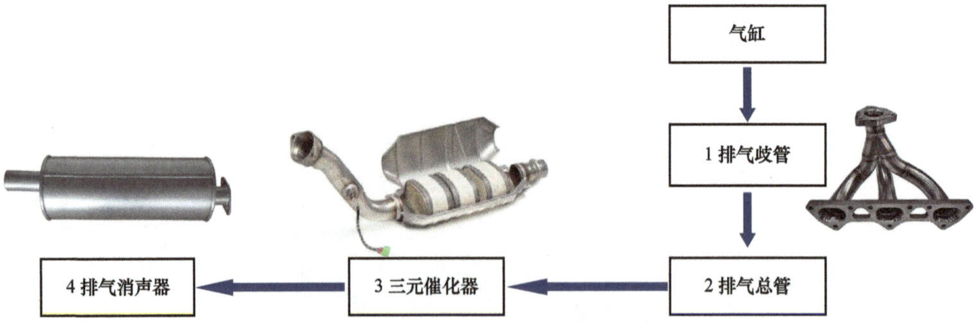

图 4-22　排气路线（索引图）

1）排气歧管

气缸内可燃混合气燃烧生成的废气，经过排气歧管汇集。排气歧管多数采用铸铁制造。为了便于对进气歧管预热，有些发动机进、排气歧管安装在同一侧。

2）排气总管

排气总管安装在排气歧管与排气消声器之间。有的排气总管中间设置有排气波纹管，又称排气管软管，使整个排气系统呈挠性连接，从而起到减振降噪、方便安装和延长排气消声系统寿命的作用。排气波纹管如图 4-23 所示。

图 4-23 排气波纹管

3）三元催化器

三元催化器是安装在排气系统中最重要的机外净化装置，它可将尾气排出的 CO、HC 和 NO_x 等有害气体通过氧化和还原作用转变为无害的 CO_2、H_2O 和 N_2。当高温的尾气通过净化装置时，三元催化器中的净化剂将增强 CO、HC 和 NO_x 三种气体的活性，促使其进行一定的氧化-还原化学反应，其中 CO 在高温下氧化成为无色、无毒的 CO_2；HC 化合物在高温下氧化成 H_2O 和 CO_2；NO_x 还原成 N_2 和 O_2。三种有害气体变成无害气体，使尾气得以净化。

4）排气消声器

排气消声器的作用是降低排气噪声，并消除废气中的火星及火焰。排气消声器有吸收式、反射式两种基本的消声方式。吸收式消声器是通过废气在玻璃纤维、钢纤维和石棉等吸声材料上的摩擦而减少其能量；反射式消声器则是多个串联的谐调腔与长度不同的多孔反射管相互连接在一起，废气在其中经过多次反射、碰撞、膨胀、冷却而降低压力，减轻振动。汽车上实际使用的排气消声器，多数是综合利用不同的消声原理组合而成的。

3. 其他气路路线

其他气路路线如图 4-24 所示。

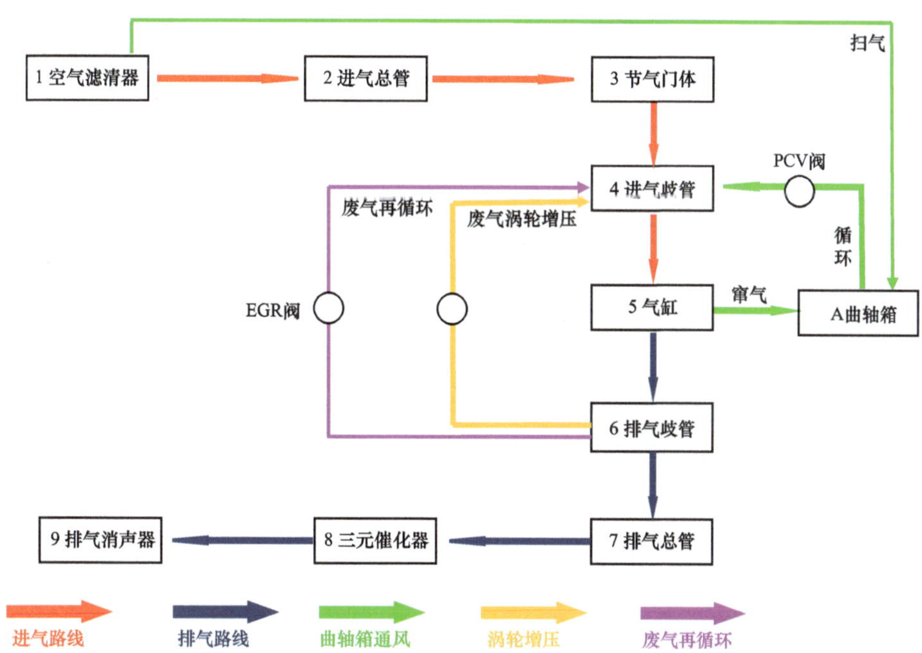

图 4-24 其他气路路线（索引图）

1）曲轴箱强制通风装置

PCV 是英文 positive crankcase ventilation 的缩写，中文意思是曲轴箱强制通风系统。

窜气：在发动机做功燃烧过程的末端，一些未燃混合气在高压下从活塞环漏入曲轴箱内，这就是窜气。窜气的气体进入曲轴箱，将会稀释、污染机油。因此，窜气是有害的。

循环：在曲轴箱内，窜气与机油蒸气组成了“混合气”。利用通气道将曲轴箱内的“混合气”导入进气歧管，进而引入气缸燃烧室，使“混合气”中的可燃 HC、CO 等成分参与燃烧做功，与此同时将“混合气”中的废气成分排入正常的排气通道，使其最终进入三元催化器进行尾气净化。在将“混合气”从曲轴箱导入进气歧管的途中设置有 PCV 阀，PCV 阀由真空度来控制，可调节曲轴箱通风系统的“混合气”进入进气系统的流量。发动机高速运转时的流量要比低速时要高，同时当发动机发生回火时，PCV 阀能切断通风防止曲轴箱爆炸。

扫气：为了更好实现曲轴箱通风换气，在发动机曲轴箱与空气滤清器之间建立了通气道，将清洁的空气引入发动机，利用清洁的空气驱赶、清扫有害的“混合气”，如图 4–25 所示。

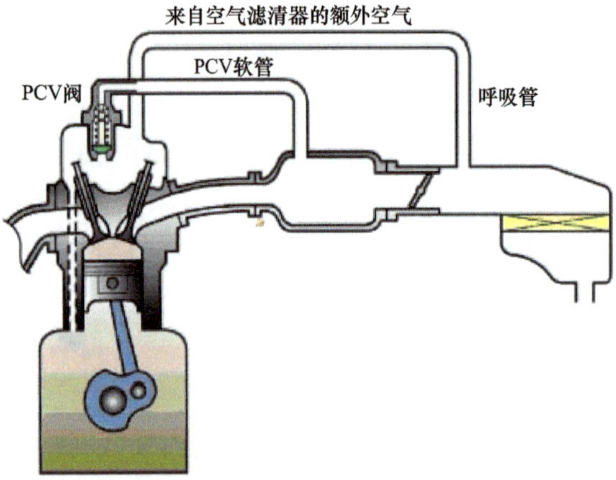

图 4–25　曲轴箱强制通风装置

2）废气涡轮增压系统

废气涡轮增压以发动机的排气作为动力，驱动位于排气道内的涡轮做高速旋转，同时带动同轴上的位于进气道内的叶轮旋转，对燃烧所需的空气进行预压缩。这样，在发动机排量和转速不变的情况下，增加了流入发动机的空气量，提高了进气效率，因而可提高发动机的功率，降低尾气排放污染。

废气涡轮增压系统基本组成包括同轴的涡轮与叶轮，如图 4–26 所示。涡轮与压气机叶轮上有很多叶片，从气缸排出的废气直接进入涡轮，并推动涡轮旋转，带动叶轮旋转，把吸入的空气增压，送入气缸。

废气涡轮增压也有不利影响：① 经过废气涡轮增压后的空气温度较高，使进气密度减小，对提高进气效率不利。② 高温容易燃烧产生 NO_x。

因此，需要在压缩空气出口到进气歧管之间安装冷却器，其作用：① 冷却压缩空气，提高其密度，提高进气效率。② 减少 NO_x 生成量。

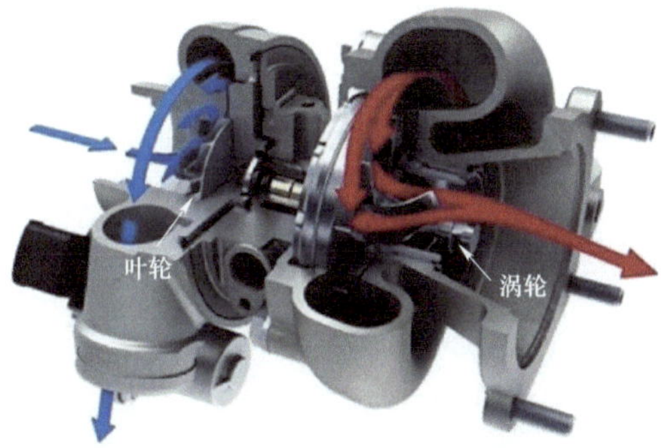

图 4-26　废气涡轮增压器

3）废气再循环装置

废气再循环（简称 EGR），是在发动机部分负荷工况下将燃烧后已经排出气缸的部分废气导入燃烧室，参与燃烧。

产生 NO_x 的主要影响因素是高温和富氧，废气相对于燃烧室内的温度来说算是“温度相对较低”，且废气中的氧含量低，因此废气再循环能够减少 NO_x 的产生，降低发动机的排放，这是废气再循环装置的主要作用。

过度的废气参与再循环将会影响混合气的点火性能，从而影响发动机的动力性，特别是在发动机怠速、低速、小负荷及冷机时，再循环的废气会明显影响发动机性能。因此当发动机在怠速、低速、小负荷及冷机时，ECU 通过 EGR 阀控制废气不参与再循环；当发动机超过一定的转速、负荷并达到一定的温度时，ECU 通过 EGR 阀控制少量废气参与再循环。

任务实施

气缸压力测试

气缸压力是指当活塞运行到压缩上止点时，气缸的最大压力。测量气缸压力使用的工具是气缸压力表，如图 4-27 所示。

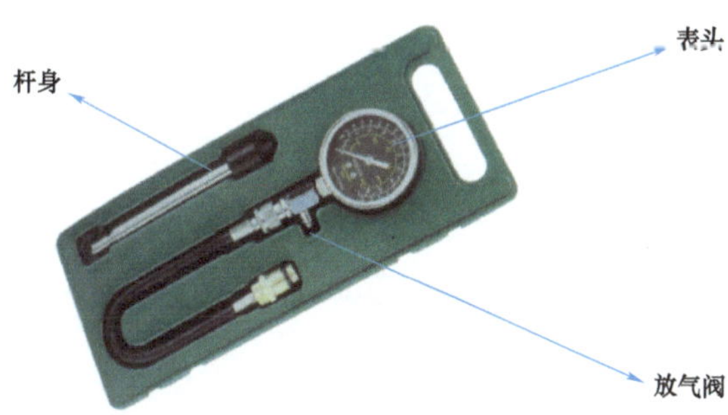

图 4-27　气缸压力表

1. 气缸压力的检测条件

（1）发动机达到正常工作温度 80～90 ℃。

（2）转速达到 150 r/min 以上。

（3）进气通畅。

2. 方法与步骤

（1）发动机正常运转，使水温达 80～90 ℃。

（2）停机后，拆下空气滤清器上盖，如图 4–28 所示。

图 4–28　拆下空气滤清器上盖

（3）卸下全部火花塞，拔下全部喷油器插头。如果不拆喷油器，也可以用断掉油泵保险的方式来实现断油，否则在测量过程中起动发动机喷油将会影响三元催化器。

（4）对于汽油发动机，有分电器的还应把分电器中央电极高压线拔下并可靠搭铁，以防止电击和着火。

（5）将气缸压力表的橡胶接头插在被测缸的火花塞孔内，扶正压紧。如选用带螺纹的接头，则需要在火花塞螺纹处拧紧。

（6）节气门置于全开位置，起动发动机 3～5 s（保证转速不低于 150 r/min）。

（7）待压力表头指针指示并保持最大压力后停止转动。记下读数，按下放气阀使压力表指针回零。

（8）按上述方法依次测量各缸，每缸测量次数不少于两次。

（9）将记录的各缸数据取平均值，并与维修手册的参考值比较。汽油机 440～780 kPa，柴油机不低于 2 MPa。各缸压力差，汽油机不超过各缸平均压力的 8%。

3. 数据记录

以四缸发动机为例，记录数据并填写在下表中。

气缸编号	1	2	3	4
第一次测试值				
第二次测试值				
平均值				
判断结果				

任务评价

姓名：　　　　　　班级：　　　　　　学号：　　　　　　日期：

序号	作业内容	配分	评判标准	得分
1	前期准备	20	□ 未按照要求穿着工作服，扣 5 分 □ 佩戴尖锐饰物，扣 5 分 □ 未穿安全鞋，扣 5 分 □ 未检查清点工具，扣 5 分	
2	技术操作	55	□ 未热机，扣 5 分 □ 拆卸空气滤清器上盖错误，扣 5 分 □ 未卸下全部火花塞，未断油，扣 5 分 □ 气缸压力表安装不正确，扣 5 分 □ 气缸压力表测量错误，扣 5 分 □ 每缸测量次数不足，扣 5 分 □ 未查维修手册比对，扣 5 分 □ 判断结果错误，扣 5 分 □ 漏油，扣 5 分 □ 数据记录错误，扣 5 分	
3	现场恢复	25	□ 工具、设备摆放凌乱，扣 5 分 □ 工具丢失或脱落，扣 5 分 □ 地面和设备未清洁整理干净，扣 5 分 □ 打闹嬉戏，扣 5 分 □ 未清洁工具，扣 5 分	
总分				

项目 5

柴油机燃料供给系统的结构与检测

任务 5.1　柴油机燃料供给系统的检测

扫码观看
本任务学习视频

任务目标

1. 掌握机体组的组成结构。
2. 掌握缸盖的拆装与测量方法。
3. 培养严谨的职业素养。

任务准备

柴油机燃料供给系统一般由油箱、柴油粗滤器、输油泵、柴油精滤器、喷油泵、调速器、喷油器及油管等部件组成。其中喷油泵是柴油机燃料供给系统中的关键部件。目前，柴塞式喷油泵和分配式喷油泵是柴油机燃料供给系统中广泛应用的两种形式的喷油泵。本任务以柱塞式喷油泵为主进行介绍。柴油机油路如图 5–1 所示。

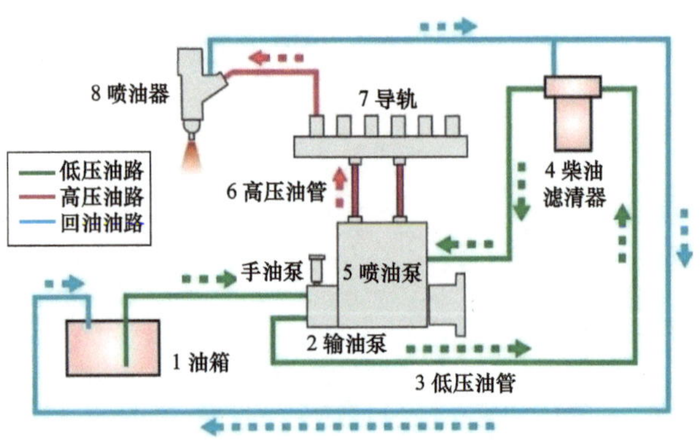

图 5–1　柴油机油路（索引图）

1. 油箱

柴油机油箱是储存柴油的装置。由于柴油比汽油黏度大、蒸发性差，所以在柴油机工作时，必须采用高压喷射的方法在压缩行程接近上止点时，将柴油以雾状喷入燃烧室，直接在气缸内部形成可燃混合气，并借助气缸内空气的高温自行发火燃烧。

柴油的使用性能指标主要是发火性、蒸发性、黏度和凝点。

1）发火性

发火性是指柴油的自燃能力。柴油机工作时，柴油被喷入燃烧室后，并非立即着火燃烧，而要经过一段时间的物理和化学准备，这个准备时间称为备燃期。备燃期过长，在燃烧开始前燃烧室内积存的柴油过多，致使燃烧开始后气缸内压力升高过快，使柴油机工作粗暴；反之，备燃期短，会使发动机工作柔和，而且可在较低温度下发火，有利于起动。柴油的发火性用十六烷值表示，十六烷值越高，发火性越好。但十六烷值过高的柴油喷入燃烧室后，还来不及与空气充分混合就着火，使柴油在高温下裂解分离出大量的游离碳，造成油耗、烟度上升。因此，一般汽车用柴油的十六烷值应在 40～50 范围内。

2）蒸发性

蒸发性是指柴油气化的特性，是通过蒸馏试验来确定的，需要测量馏程为 50%、90%及 95%的馏出温度。同一相对蒸发量的馏出温度越低，越有利于可燃混合气的形成与燃烧，越有利于起动，但同时也会使柴油机工作粗暴；反之，若燃料中重馏分含量过多，则会造成雾化不良，气化缓慢，使燃烧不完全而产生严重的积碳现象。

3）黏度

黏度决定柴油的流动性。黏度过大的柴油，流动阻力也过大，难以沉淀、滤清，影响喷雾质量；反之，黏度过小的柴油，将增加精密偶件工作表面间的柴油漏失量，并加剧这些表面的磨损。因此应选用黏度合适的柴油。

4）凝点

凝点是表示柴油冷却到开始失去流动性的温度。柴油的凝点应比柴油机最低工作温度低 3～5 ℃以上。凝点过高将造成油路堵塞。

柴油按其所含重馏分的多少分为重柴油和轻柴油。汽车用柴油机都是高转速的，因此，应采用轻柴油。轻柴油的牌号（+10、0、−10、−20、−35、−50）是根据凝点编定的，如 10 号、0 号和−35 号轻柴油的凝点分别为 10 ℃、0 ℃和−35 ℃。

2. 输油泵

输油泵的功能是保证低压油路中柴油的正常流动，克服柴油滤清器和管路中的阻力，并以一定的压力向喷油泵输送足够量的柴油。输油量应为全负荷最大耗油量的 3～4 倍。

输油泵的结构形式很多，常见的有活塞式、转子式、滑片式和齿轮式等几种。活塞式输油泵工作可靠，目前应用广泛，外观如图 5−2 所示。

图 5−2　输油泵外观

1）活塞式输油泵的组成结构

活塞式输油泵主要由活塞、活塞回位弹簧、进油止回阀、出油止回阀、手油泵、滚轮机构等组成。

2）活塞式输油泵的工作原理

（1）活塞上行。

如图 5-3 所示，在喷油泵凸轮轴驱动下，当凸轮离开滚轮时，在活塞回位弹簧的作用下，活塞向上移动，活塞下方空间的容积增大，产生真空吸力。在此真空吸力的作用下，出油止回阀关闭，进油止回阀打开。柴油经进油止回阀进入活塞下方空间。这是输油泵进油的过程。

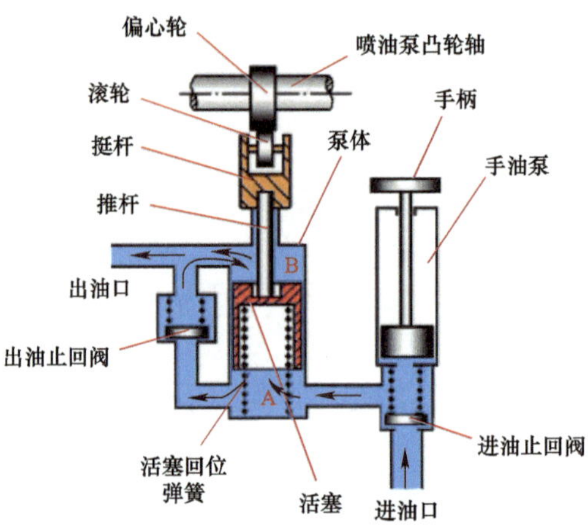

图 5-3　输油泵工作原理

与此同时，活塞上方空间的容积减小，其内的油被压缩。带有压力的柴油经过出油口流向喷油泵方向。因为此时出油止回阀是关闭的，因此柴油不能通过出油止回阀进入活塞下方空间。这是输油泵的压油过程。

（2）活塞下行。

在喷油泵凸轮轴驱动下，当凸轮接近滚轮时，活塞将要克服回位弹簧的阻力向下移动。活塞下方空间的容积变小，其内的柴油压力增大。在此压力的作用下，出油止回阀开启，进油止回阀关闭。柴油从活塞下方空间经进油止回阀进入活塞上方空间。这是输油泵压油准备的过程。

（3）手油泵的工作。

输油泵外侧装有手油泵，柴油机起动前，或柴油机供给系统维修后，为了使低压油路充满柴油，便于起动，或为了排出低压油路中的空气，使柴油机能够平稳地运转，可使用手油泵泵油或排气。使用前，先旋松手油泵手柄，反复抽动手柄使手油泵工作。

输油泵不用时，应将手柄拧紧，以免空气进入。当油管中缺少燃油时，例如长期停放造成没有油压、产生气阻，此时，将手油泵的手柄旋开，高频率压缩手柄，则可实现人工输油。手油泵手柄打开，手油泵内的活塞向上弹起时，其下方的空间容积变大，产生真空度，进而打开了进油止回阀。

当向下压缩手油泵手柄时，手油泵活塞下方空间的容积变小，其内的油被压缩，此时进油止回阀关闭，柴油从手油泵流入输油泵活塞下方空间，继而打开出油止回阀，向喷油泵方向供油，并压缩、驱赶油路中的空气。通常，在柴油机喷油泵、柴油机滤清器处设置有配合放气的螺钉，以便能够将空气排出油路，解决气阻现象。

3. 低压油管

从油箱到喷油泵之间的柴油管路都属于低压油管，柴油压力范围通常在 0.15～0.30 MPa，这个压力是由输油泵建立的。因此，输油泵也称为低压油泵。

4. 柴油滤清器

有的柴油机设置有两个柴油滤清器，一个安装在油箱与输油泵之间，是粗滤器；另一个安装在输油泵与喷油泵之间，是精滤器。柴油粗滤器用来清除柴油中颗粒较大的杂质，滤芯有金属缝隙式、片式、网式、纸质式等几种。纸质滤芯由于具有滤清效果好、成本低、使用寿命长等优点，因而得到广泛的应用。柴油精滤器一般安装在输油泵之后，用来清除柴油中的微小杂质，滤芯有毛毡式、金属网式和纸质式等。目前，很多柴油机中设有两级滤清器（如图 5-4 所示），也有的只设有单级滤清器。柴油中的水分大，需要油水分离器。很多车上的油水分离器与柴油滤清器一体，如图 5-5 所示。

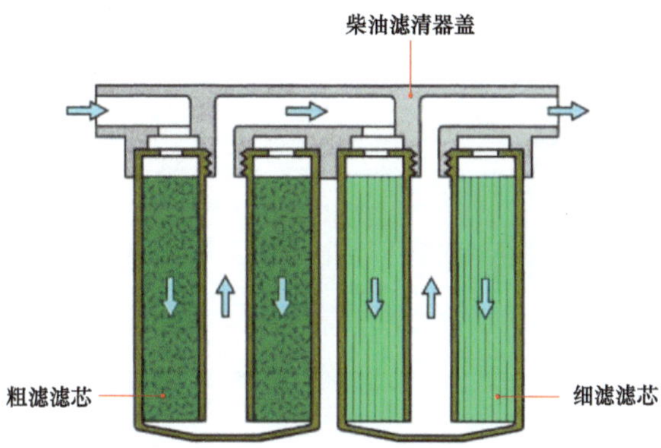

图 5-4　两级式柴油滤清器

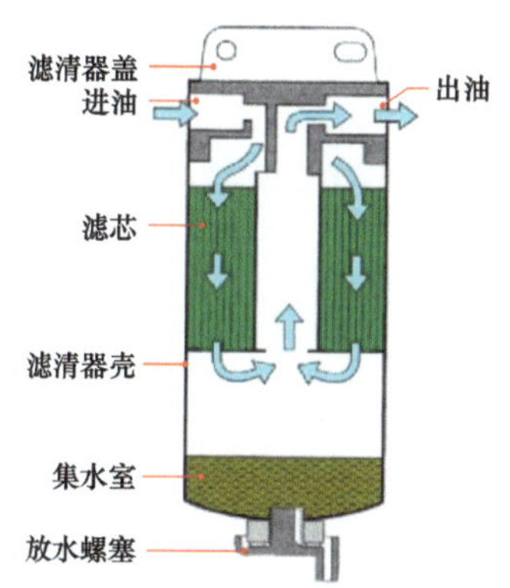

图 5-5　油水分离器与柴油滤清器一体

5. 喷油泵

喷油泵的功能是按照柴油机的运行工况和气缸工作顺序，以一定的规律，定时定量地向喷油器输送高压燃油。

多缸车用柴油机的喷油泵应满足下列要求：

第一，各缸供油量相等。在标定工况下各缸供油量相差不超过 3%～4%。喷油泵的供油量应随柴油机工况的变化而变化，为此喷油泵必须有供油量调节机构。

第二，各缸供油提前角相同，误差小于 0.5°～1° 曲轴转角。供油提前角也应随柴油机工况的变化而变化，为此应装设喷油提前器。

第三，各缸供油持续角一致。

第四，能迅速停止供油，以防止喷油器发生滴漏现象。

喷油泵的润滑有独立润滑和压力润滑两种。独立润滑是指单独向喷油泵壳体和调速器壳体加注润滑油。压力润滑是指将喷油泵、调速器和柴油机润滑系统连接起来。喷油泵种类很多，在汽车柴油机上得到广泛应用的有直列柱塞式喷油泵和转子分配式喷油泵，此外，还有单体泵等，如图 5-6 所示。

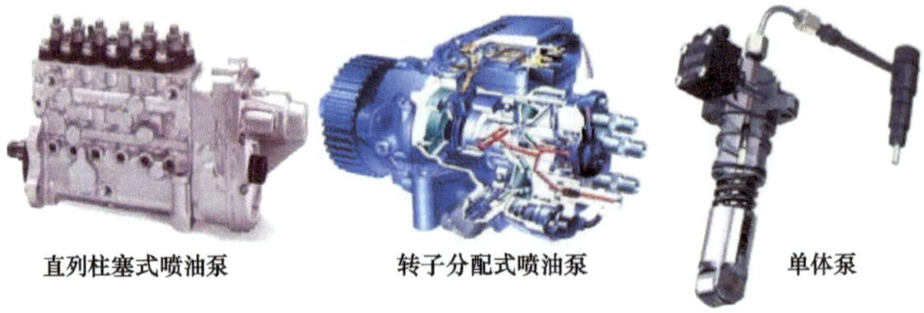

图 5-6　喷油泵的类型

柱塞式喷油泵能够将柴油压力提高至 10 MPa 以上。这种喷油泵应用的历史较长、性能良好、工作可靠，为目前大多数汽车柴油机所采用。

柱塞式喷油泵由分泵、油量调节机构、分泵驱动机构、泵体（壳体）等部分组成。

1）分泵

分泵由柱塞、柱塞套筒、柱塞回位弹簧、弹簧座、出油阀、出油阀座、出油阀弹簧、出油阀压紧螺帽等零件组成，如图 5-7 所示。

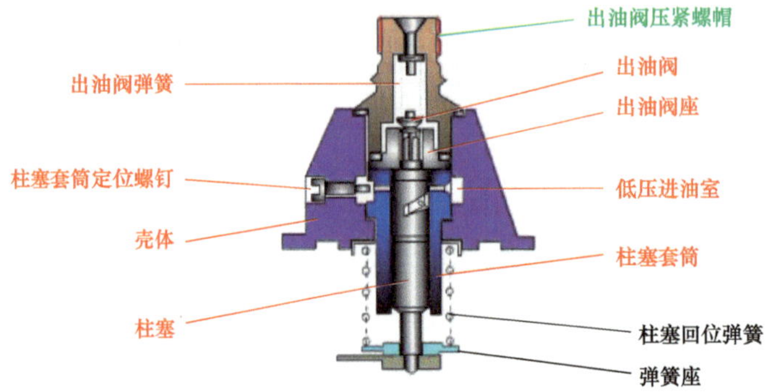

图 5-7　分泵的组成

（1）柱塞副。

① 柱塞副的结构。

如图 5-8 所示，柱塞为一光滑的圆柱体，在其上部铣有螺旋槽或斜槽，并利用直切槽或中心孔（轴向孔和径向孔）使槽和柱塞上端的泵油室相通。柱塞的下部有安装弹簧座的圆柱体和十字凸块（或压入调节臂），以便使柱塞能往复运动，调节供油量。

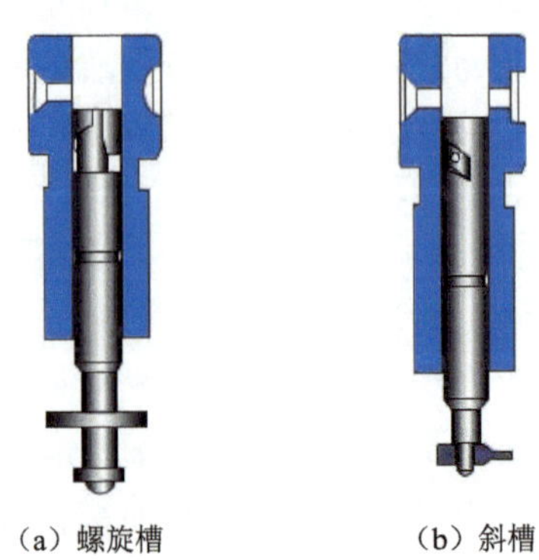

图 5-8　常用柱塞副的结构

柱塞套筒为光滑的圆柱形长孔，套筒上部开有一个进油和回油用的小孔，或开有两个径向孔，两孔进油、一孔回油，它们与壳体上的低压进油室相通。

柱塞套筒装在壳体座孔内，并用定位螺钉和定位孔来固定，以防止柱塞套筒转动。

柱塞和柱塞套筒是一对精密的偶件，不能互换。柱塞副用耐磨性高的优质合金钢（轴承钢）制成，并进行热处理和时效处理。

② 柱塞的进油、压油、回油过程。

柱塞的进油、压油、回油过程如图 5-9 所示。

进油过程：柱塞从下止点至进油孔以下时，燃油在真空吸力及输油泵的压力下充满泵油室。

压油过程：当柱塞从下止点向上移动到将进油孔关闭时，泵油室内的燃油压力将骤然升高，推开出油阀，将高压油压入高压油管。

回油过程：当柱塞上移到螺旋槽线或斜槽上线高出进油孔的下沿时，高压油通过柱塞上的直槽或中心孔高速流回低压油室。由于泵油室内的油压急剧下降，出油阀在弹簧和残余压力的作用下迅速回位，油泵停止供油。柱塞继续上升，直到上止点为止，都是回油过程。

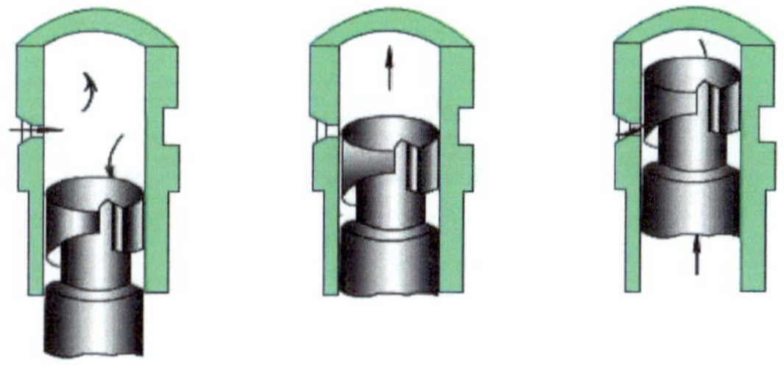

（a）进油　　（b）压油　　（c）回油

图 5-9　柱塞的进油、压油、回油过程

柱塞在向上运动的全行程中，包括预备行程、减压带行程、有效行程和剩余行程。驱动示意如图 5-10 所示。

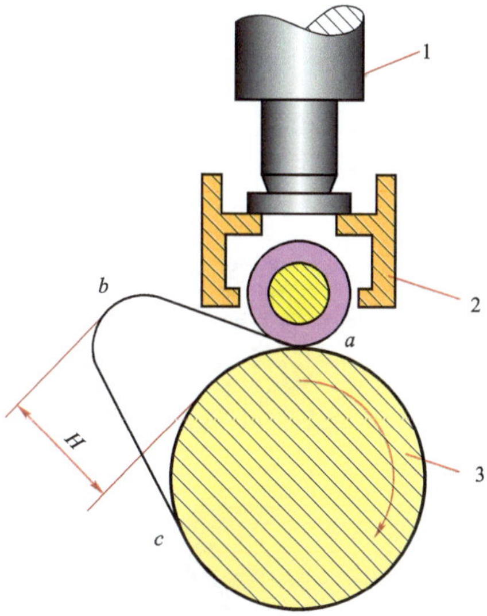

1—柱塞；2—滚轮体；3—凸轮；*H*—凸轮和柱塞的升程；*ab*—凸轮的升弧（工作面）；*bc*—凸轮的降弧

图 5-10　柱塞的驱动示意图

预备行程：柱塞从下止点上升到其上端面将进油孔完全关闭时所移动的距离称为预备行程。

减压带行程：柱塞从预备行程结束到出油阀开启（减压带开始离开阀座的导孔）时所移动的距离称为减压带行程。

有效行程：柱塞从出油阀开启到柱塞的螺旋线或斜槽上线打开回油孔时移动的距离称为有效行程。

剩余行程：柱塞从有效行程结束（开始回油）上升到上止点时移动的距离称为剩余行程。

③ 供油量的调节。

转动柱塞可使有效行程和每一循环的供油量发生变化，从而进行供油量的调节，如图 5-11 所示。

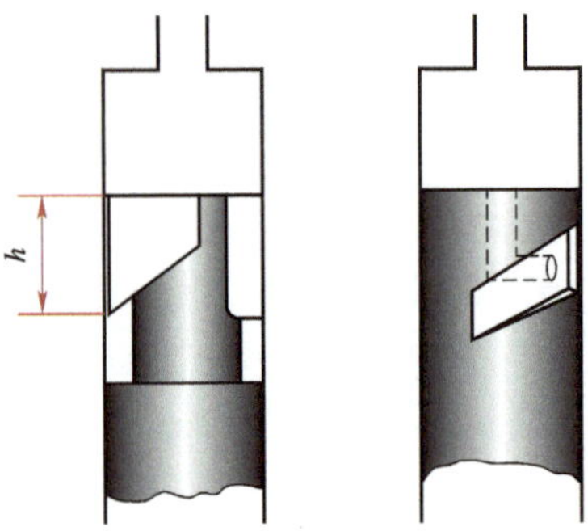

图 5-11　供油量的调节

发动机在各种工况时，柱塞的螺旋线或斜槽上线相对于回油孔的位置，具体如下：

熄火位置——螺旋槽的直切槽对正回油孔，供油量等于零。

怠速位置——螺旋线或斜槽上线的上部对正进回油孔。

中等负荷位置——螺旋线或斜槽上线的中部对正进回油孔。

全负荷位置——螺旋线或斜槽上线的下部对正进回油孔，有效行程达额定值。

留有余地的位置——额定供油量的位置不是在螺旋线或斜槽上线的最下端，而是偏上一些。

（2）出油阀的构造。

出油阀和阀座是精密偶件，采用优质合金钢制造，其导孔、上下端面及座孔经过精密的加工和研磨，配对以后不能互换，如图 5-12 所示。

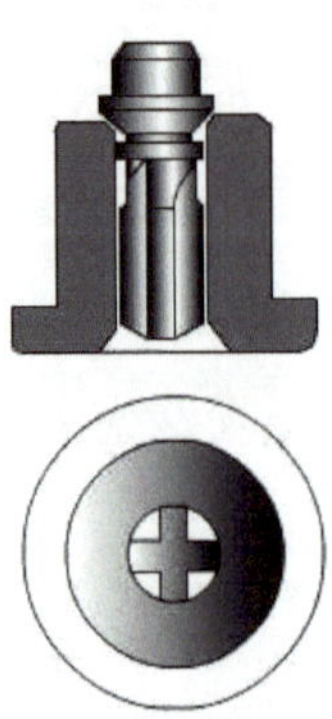

图 5-12　出油阀的构造

出油阀的圆锥部是阀的轴向密封锥面，阀的锥部在导孔中滑动配合起导向作用。尾部加工有切槽，形成十字形断面，以便使燃油通过。出油阀中部的圆柱面叫减压带，它与密封锥面间形成了一个减压容积。

阀座的下端面和柱塞套筒的上端面精密加工、严密贴合，是通过压紧螺帽以规定的扭紧力矩来压紧的。压紧螺帽与阀座之间有一定厚度的铜制高压密封垫圈。出油阀压紧螺帽和壳体，上端面间还有低压密封垫圈。

在出油阀压紧螺帽内腔装有带槽的减容器，以减小内腔空间的容积，促进喷停迅速，限制出油阀最大升程。

出油阀的作用：

第一，防止喷油前滴油，提高喷射速度：喷油泵供油时，待油压高于出油阀弹簧的预紧力和高压油管内的残余压力后，出油阀升起，其密封锥面离开阀座。必须等到出油阀上的减压带完全离开阀座的导向孔时，泵油室的燃油才能进入高压油管。

第二，防止喷油后滴油，提高关闭速度：停止供油时，出油阀减压带的下沿一进入导管时，高压油管与泵室的通路便被切断。当出油阀完全座落后下降了一段距离，因而高压油管的容积增大，使油压迅速下降 1～2 MPa，断油迅速干脆，防止了因油压的波动和“管缩油涨”而产生喷后滴油。

第三，防止燃油倒流，使高压油管内保持一定的残余压力。

2）油量调节机构

（1）油量调节机构的作用。

具体是执行驾驶员或调速器的指令，转动柱塞改变各分泵的供油量，以适应柴油机负荷和转速变化的需要，并通过它来调整各缸供油的均匀性。

（2）油量调节机构的型式。

① 拨叉式油量调节机构。

该机构由调节臂、拨叉、供油拉杆组成，如图 5-13 所示。驾驶员或调速器轴向移动供油拉杆时，拨叉带动调节臂相对柱塞套转动，从而调节供油量。当各缸供油量不等时，可松开固定螺钉改变拨叉在供油拉杆上的位置予以调整。

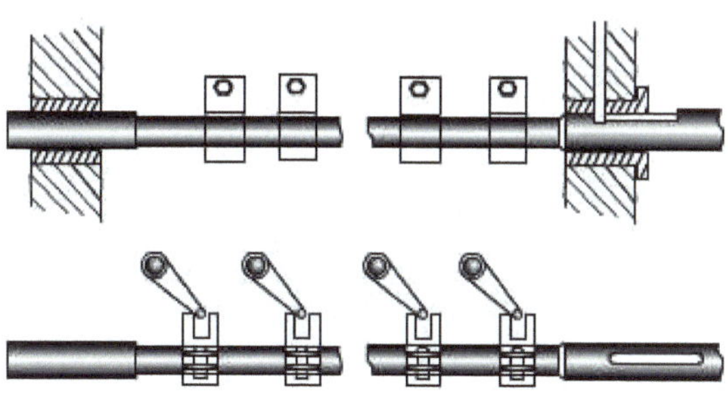

图 5-13　拨叉式油量调节机构

② 齿杆式油量调节机构。

该机构由齿杆、齿扇和传动套等组成，如图 5-14 所示。齿杆的轴向位置由驾驶员或调速器控制，齿扇通过传动套带动柱塞套筒相对于柱塞套筒转动，便可调节供油量。各缸供油均匀性的调整，可通过改变齿扇与传动套圆周方向的相对位置来实现。

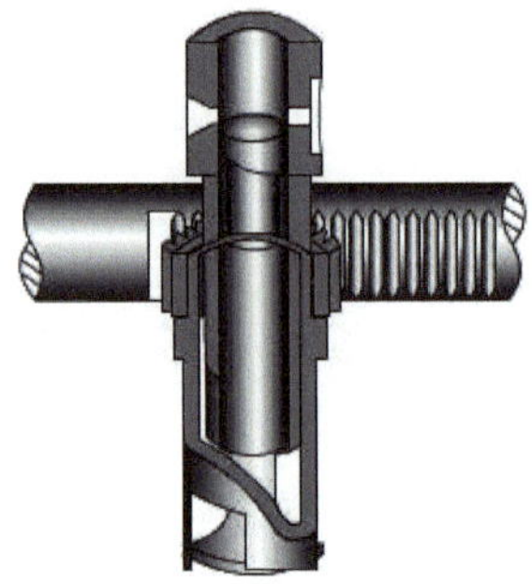

图 5-14 齿杆式油量调节机构

3）分泵驱动机构

分泵驱动机构的作用是推动柱塞往复运动，完成进油、压油、回油过程，保证供油正时。

分泵驱动机构的组成如下：

（1）凸轮轴。

凸轮轴的功能是传送推力使柱塞运动，产生高压油。同时保证各分泵按柴油机的工作顺序和一定的规律供油。

凸轮轴上的凸轮数目与缸数相同，排列顺序与柴油机的工作顺序相同。四冲程柴油机曲轴转两周，喷油泵的凸轮轴转一周，各分泵都供一次油。凸轮轴大多加入中间传动齿轮，喷油泵凸轮轴的旋转方向与曲轴相同。相邻工作两缸凸轮间的夹角称为供油间隔角，角度的大小与配气机构凸轮轴同名凸轮的排列相同，四缸柴油机为 90°，六缸柴油机为 60°。

不少凸轮轴的外形对称，凸轮在轴上的距离相等，轴两端尺寸相同。图 5-15 所示，为凸轮轴的构造。

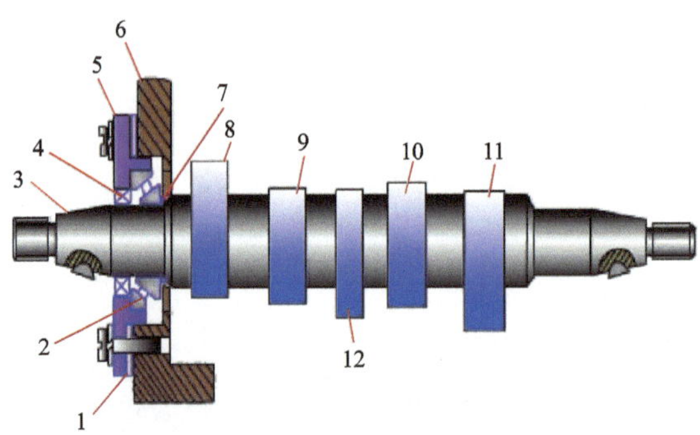

1—密封调整垫；2—锥形滚柱轴承；3—连接锥面；4—油封；5—前端盖；6—壳体；7—调整垫；8、9、10、11—凸轮；12—输油泵偏心轮

图 5-15 凸轮轴的构造

（2）滚轮体传动件。

滚轮体传动件的功能是变凸轮的旋转运动为自身的直线往复运动，推动柱塞上行供油，调整各分泵的供油提前角和供油间隔角。

① 调整垫块式滚轮体。

如图 5-16 所示，带有滑动配合衬套的滚轮体松套在滚轮轴上，滚轮轴也松套在滚轮架的座孔中，因此相对运动发生在三处，相对滑动的相应降低，减轻了磨损，且磨损均匀。

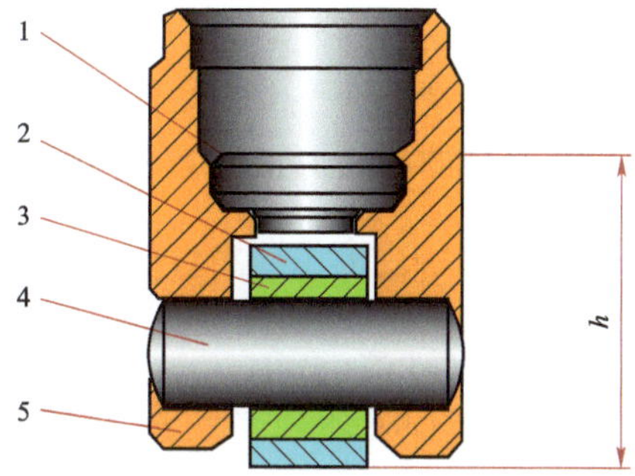

1—调整垫块；2—滚轮；3—滚轮衬套；4—滚轮轴；5—滚轮架

图 5-16　调整垫块式滚轮体

滚轮体的周向定位方法：一是在滚轮体圆柱面上开轴向孔，用定位螺钉插入槽中防止转动；二是利用加长滚轮轴，使其一端插入壳体导孔一侧的滑槽中。

调整垫块安装在滚轮架的座孔中，用耐磨材料制成，磨损后可翻转使用。不同厚度的垫块，厚度差为 0.1 mm，相应凸轮轴转角为 0.5°，反映到曲轴上为 1°。

② 调整螺钉式滚轮体。

如图 5-17 所示，在滚轮架上端有工作高度可调节的调整螺钉，拧出调整螺钉，*h* 值增大，供油提前角即增大；拧入螺钉，*h* 值减小，供油提前角即减小。

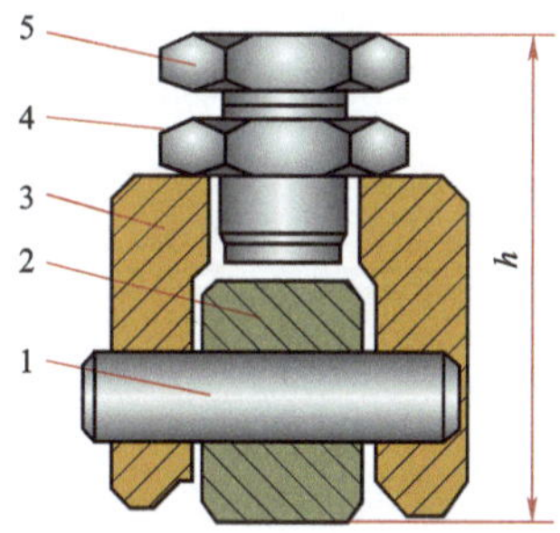

1—滚轮轴；2—滚轮；3—滚轮架；4—锁紧螺母；5—调整螺钉

图 5-17　调整螺钉式滚轮体

若柱塞下端、垫块、滚轮和凸轮磨损，则滚轮体的工作高度变小，供油提前角减小，供油起始角减小，凸轮与滚轮的接触点（供油始点）即上移，喷油始点压力、喷油持续时间长短、每一循环供油量的多少将发生变化，因此必须定期对供油提前角进行检查和调整。

喷油泵供油时刻的表示方法包括供油起始角、柱塞的预行程。供油起始角是指第一缸分泵柱塞开始供油时，相应凸轮的中心线与滚轮体中心线的夹角。利用量具测量柱塞预行程的大小。

喷油泵的供油起始角与柴油机的供油提前角完全不是一回事，二者的角度含义不同。一个是凸轮轴的转角，一个是曲轴的转角。

4）泵体

泵体是喷油泵的基础件，多用铝合金铸成。泵体分为组合式和整体式两种。组合式有上下两部分，用螺栓连接在一起，上体安装分泵，下体安装驱动件和油量调节件。整体式泵体可使刚度加大，在较高的喷油压力下工作而不变形，但分泵和驱动件等零件的拆装较麻烦。

6. 高压油管

高压油管用无缝钢管制成，材质为优质合金纲。如果高压油管长度不一致，就会造成各缸喷油时间上的差异，因此同一柴油机的高压油管长度应相同。

7. 导轨

喷油泵将高压柴油送至导轨，导轨再将高压柴油送至各个缸的喷油器中。

8. 喷油器

喷油器是柴油机燃料供给系统的又一个重要部件，燃油的雾化质量和混合气的良好形成，均与喷油器有直接关系。

喷油器应满足以下要求：喷油器应具有一定的喷射压力和射程，以及合适的喷雾锥角和喷雾质量；停止喷油要迅速，不发生燃油的滴漏，以免恶化燃烧过程；最好的喷油特性是在每一循环的供油量中，开始喷油少、中期喷油多、后期喷油少。

1）喷油器的分类

喷油器按结构形式可分为开式和闭式两大类。目前，中小功率高速柴油机绝大多数采用闭式喷油器。这种喷油器在不喷油时，其针阀封闭喷孔，使喷油器的油腔与燃烧室隔开。常见的形式有两种：孔式喷油器和轴针式喷油器，如图 5-18 所示。

孔式喷油器喷孔数目一般为 1～8 个，喷孔直径为 0.2～0.8 mm。它可以喷出一个或几个锥角不大、射程较远的油束。喷孔越多，则孔径越小、雾化越好、分布越均匀。但小孔径使用中易积碳堵塞，同时需要较高的喷油压力。

轴针式喷油器，其构造、工作原理与孔式喷油器基本相同。不同点是针阀下端的密封锥面以下还延伸出一个倒锥形或圆柱形的轴针，轴针伸出喷孔外，使喷孔成为圆环状的狭缝。这样，喷油时，油雾将呈空心的锥状或柱状。喷孔通过截面与喷注锥角的大小取决于轴针的形状与升程。轴针式喷油器一般只有一个喷孔（孔径为 1～3 mm）。喷孔与轴针之间有微小的间隙（0.02～0.06 mm）。轴针式喷油器由于喷孔直径较大，孔内又有轴针上下移动，故喷孔不易积碳，且可以自行清除积碳。

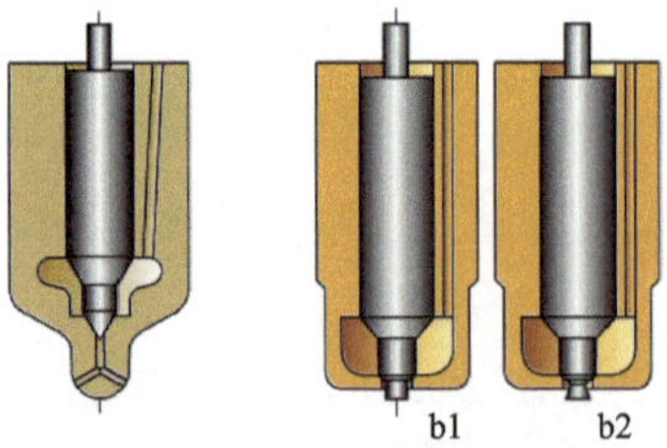

(a) 孔式　　(b) 轴针式

图 5-18　孔式喷油器和轴针式喷油器

2）喷油器的结构与工作原理

以孔式喷油器为例，如图 5-19 所示，喷油器主要由针阀、针阀体、顶杆、调压弹簧及喷油器体等零件组成。针阀中部的锥面位于针阀体的环形油腔内以承受油压，称为承压锥面；针阀下端的锥面与针阀体上相应的内锥面配合，起密封作用，称为密封锥面；调压弹簧通过顶杆，将针阀的密封锥面压紧在针阀体的内锥面上，使喷孔关闭。

柴油机工作时，喷油泵供给的柴油经进油管接头、油道进入针阀体下部的环形油腔内。

当油压升高到作用在针阀承压锥面上的轴向力大于调压弹簧的预紧力时，针阀开始向上移动，喷油器喷孔被打开，高压柴油通过喷孔喷入燃烧室。当喷油泵停止供油时，油压突然下降，针阀在调压弹簧的作用下及时回位，将喷孔关闭。喷油器的喷油压力与调压弹簧的预紧力有关，预紧力越大，喷油压力越高。调压弹簧的预紧力可通过调压螺钉来调整。

喷油器工作时，会有少量柴油从针阀和针阀体的配合表面之间的间隙漏出。这部分柴油对针阀起密封作用，并沿顶杆周围的空隙上升，最后通过回油管螺栓进入回油管，流回柴油箱。

针阀和针阀体是喷油器中最关键的零件，两者合称为针阀偶件。为保证喷油压力且能自由滑动，两者的配合间隙要求很严格，应控制在 0.002～0.003 mm 之间。针阀偶件是经过研磨配对的，拆装和维修过程中应特别注意，不能互换。

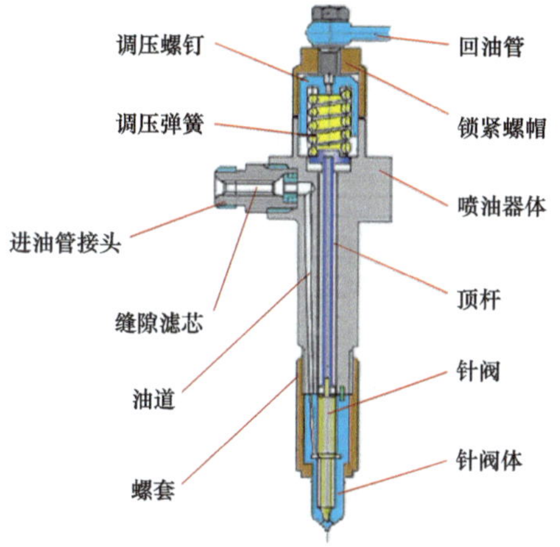

图 5-19　柴油机机械式喷油器结构

拓展阅读

调　速　器

调速器的作用是根据柴油机负荷的变化，自动调节喷油泵的供油量，以保证柴油机在各种工况下稳定运转。

喷油泵的一个显著特点是在油门踏板位置一定时，其循环供油量会随曲轴转速的变化而变化。当曲轴转速增加时，循环供油量增加；反之，循环供油量减少。这个特点对工况多变的汽车柴油机是非常不利的。为保证柴油机工作转速基本上能自动稳定，车用柴油机一般都装有调速器，根据负荷的变化自动调节供油量，以达到稳定怠速、限制超速，或保证发动机在工作转速范围内的任一选定的转速下稳定工作的目的。

目前，在车用柴油机上应用最广泛的是机械离心式调速器。按其调节作用的范围不同，可分为两速调速器和全速调速器。

两速调速器：不仅能保持柴油机在怠速时不低于某一转速，从而防止发动机自动熄火，而且能限制柴油机不超过某一最高转速，从而防止发动机超速。至于中间转速时，调速器不起作用，柴油机的工作转速由驾驶员通过操纵油量调节机构来调整。

全速调速器：不仅能保持柴油机的最低稳定转速和限制最高转速，而且能根据负荷的大小保持和调节在任一选定的转速下稳定工作。

1. 两速调速器

RQ 型两速调速器的结构如图 5–20 所示。凸轮轴后端与套筒固接，套筒上装有两个支承杆，两个飞锤套在杆上，飞锤通过活动杠杆、调速杠杆及滑动轴与喷油泵齿杆相连接。在飞锤内装有三个调速弹簧，外弹簧为较软的怠速弹簧，一端支承在外弹簧座上，另一端压在飞锤内孔端面上，将飞锤压向套筒。两个内弹簧较硬，为高速弹簧，其内端支承在高速弹簧内座上。三个弹簧安装时都有预紧力，用螺帽进行调整。拧进螺母，预紧力增大，额定转速升高；反之则降低。由于外弹簧刚度较小，调整时须用调整垫片来配合。高速弹簧内座自由地套在支承杆上，并利用杆的凸台来支承，因而它与飞锤内端面有一定的间隙。在支承杆上旋有限位螺母，飞锤的最大位移量受限位螺母的限制。

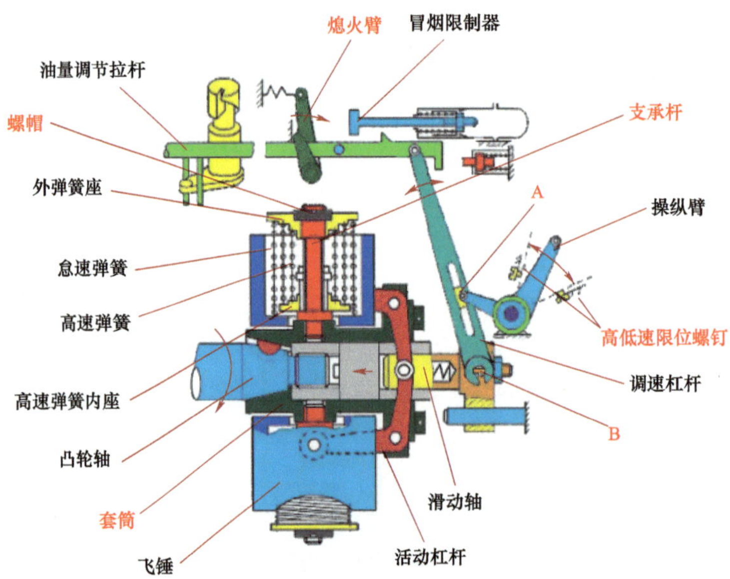

图 5–20 RQ 型两速调速器的结构

工作时，飞锤相对于套筒做径向移动，并通过活动杠杆推动滑动轴做轴向移动。调速杠杆的上端与油量调节拉杆相连，下端与滑动轴端铰接。操纵臂的滑销可以在调速杠杆的销空处上下滑动。调速杠杆又可绕着 B 点摆动，使得供油拉杆移动，改变供油量。当滑动轴在离心力的作用下轴向移动时，又可使调速杠杆以 A 点为支点摆动，自动调节供油量。

1）稳定怠速

怠速时，飞锤在凸轮轴后端轴和高速弹簧内座之间移动，高速弹簧不起作用。怠速转速升高，飞锤外张，油量调节拉杆后移，减油。怠速转速降低，飞锤收拢，油量调节拉杆前移，加油。

2）限制超速

当转速超过最高额定转速时，飞锤继续外张，同时压缩高速弹簧和怠速弹簧，油量调节拉杆向减油的方向移动，使转速降低。调速器全负荷位置如图 5–21 所示。

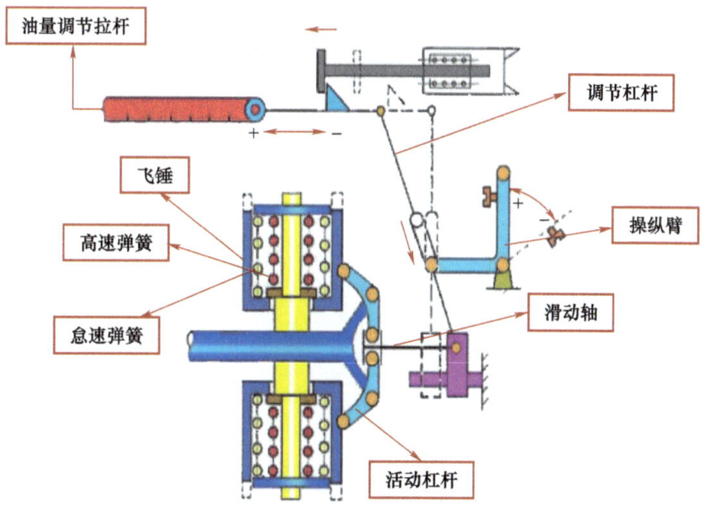

图 5–21　RQ 型两速调速器全负荷位置

3）工作转速

飞锤与高速弹簧内座相抵，不能将高速弹簧压缩，调速器不起作用。

2. 全速调速器

1）起动

如图 5–22 所示，起动开始，飞锤收拢，油门踏板踩到底，调速杠杆抵高速限位螺钉，调速弹簧拉伸，起动弹簧使起动杠杆上端和调速套筒左移到极限位置，并在张力杠杆凸起销和起动杠杆之间出现间隙 *A*，油量调节套筒左移至最大供油量位置。

2）怠速

如图 5–23 所示，调速杠杆抵怠速限位螺钉，调速弹簧无张力，起动弹簧被压缩，飞锤离心力与怠速弹簧弹力相互作用。怠速转速升高，张力杠杆上端压缩怠速弹簧右移，油量调节套筒左移，供油量减少。反之，相应零件运动方向相反。

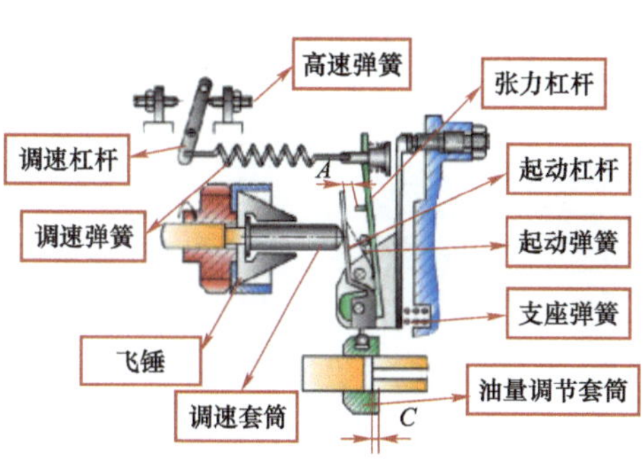

图 5–22　轴向压缩式分配泵调速器起动工况

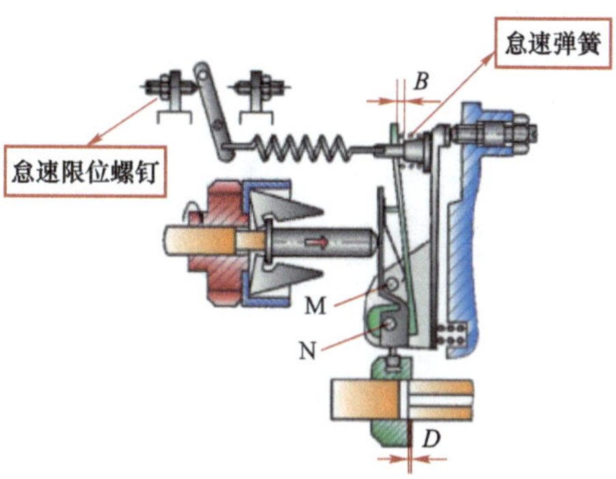

图 5–23　轴向压缩式分配泵调速器怠速工况

3）中速和高速

如图 5–24 所示，调速杠杆抵高速限位螺钉，转速升高，飞锤离心力增大，调速套筒右移，同时推动起动杠杆、张力杠杆顺时针摆动，油量调节套筒左移，供油量减少，转速不再升高。反之亦然。

4）超速

如图 5-25 所示，在调速杠杆处于高速位置时，如果负荷突然减小，则转速迅速升高，此时飞锤离心力迅速增大，调速套筒右移，推动起动杠杆、张力杠杆以 N 点为轴顺时针转动，油量调节套筒左移，供油量减少，从而防止柴油机飞车。

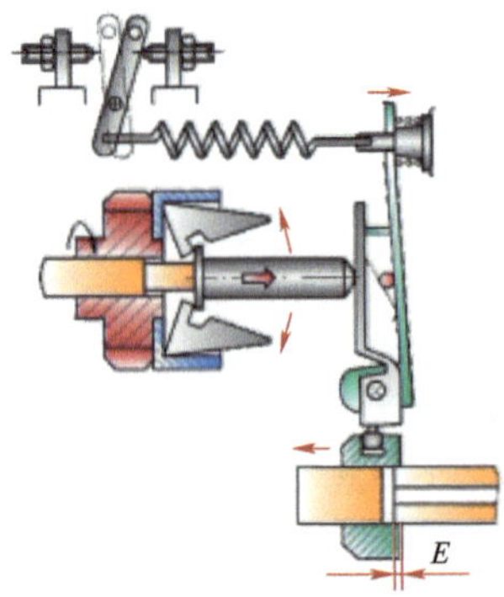

图 5-24　轴向压缩式分配泵调速器高速工况

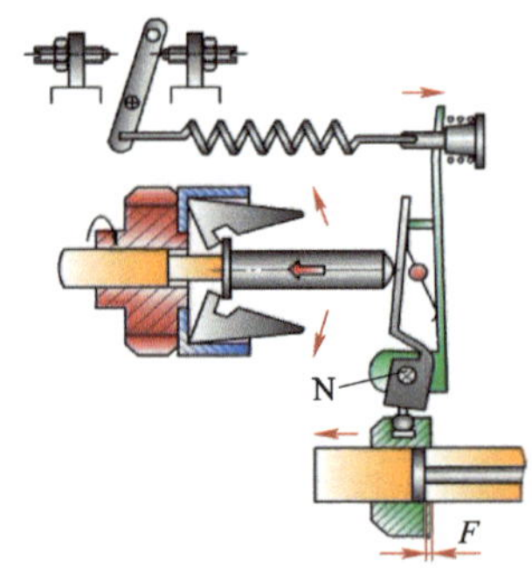

图 5-25　轴向压缩式分配泵调速器超速工况

任务实施

（一）喷油器的检测

1. 喷油压力的检查

检查时，将喷油器上的调压弹簧调整螺钉的锁母旋松，将喷油器装到测试仪器上（如图 5-26 所示），放气并将连接部位螺母的锁母旋松，将喷油器装到试验台夹紧。快速按下试验台手柄若干次，待空气完全排出后，再缓慢地按动手柄（以 60～70 次/min）并观察压力表。当读数开始变化时，即为喷油技术条件。若喷油压力过高或不足，可采取调节调压弹簧的方法，调整螺钉旋入，则喷油压力升高；调整螺钉旋出，则喷油压力降低。有的喷油器无调整螺钉，可改变垫片的厚度来调整喷油压力。

图 5-26　喷油器测试仪器

（a）良好　（b）不良　（c）不良

图 5-27　孔式喷油器的喷油测试

2. 喷雾质量的检查

以 30～60 次/min 的速度连续按下试验台手柄，检查喷油器的喷雾质量。孔式喷油器各喷孔应形成一个雾化良好的小锥状油束，各油位间隔角应符合原厂规定，如图 5-27（a）所示。轴针式喷油器要求喷雾为圆锥形，不得偏斜，油雾细小均匀，如图 5-28（a）所示。

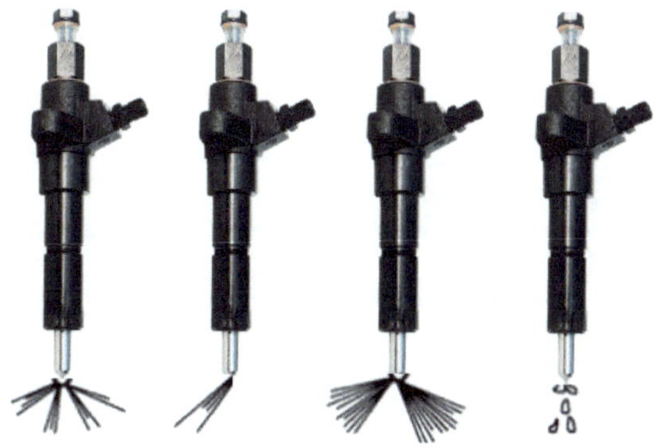

(a) 良好　(b) 不良　(c) 不良　(d) 不良

图 5-28　轴针式喷油器的喷油测试

3. 喷油干脆程度检查

每次喷油时，伴随针阀的开启应有明显、清脆的爆裂声，雾化锥均符合规定，不得有后期滴油的现象。如喷雾质量达不到要求或有后期滴油现象，应重新清洗喷油器或更换偶件。

4. 密封性检查

检查阀座密封性时，可操纵压油手柄，使喷油器试验器的油压保持在比开始喷油压力标准值小 2 MPa 的位置 10 s，这时喷油嘴端部不应有油滴流出（稍有湿润是允许的）；且油压从 19.6 MPa 下降到 17.6 MPa 的时间在 10 s 以上。如时间过短，可能是油管接头处漏油、针阀体与喷油器体平面配合不严、密封锥面封闭不严、导向部分磨损造成间隙过大等原因。

5. 其他项目检查

（1）针阀和针阀座的配合表面不得有烧伤或腐蚀等现象。

（2）针阀的轴针不得有变形或其他损伤。

（3）针阀偶件的配合检验。将针阀体倾斜 60° 左右，针阀拉出 1/3 行程（如图 5-29 所示），放开后，针阀应能靠其自重平稳地滑入针阀座之中。重复进行上述动作，每次转动针阀在不同位置，如针阀在某位置不能平稳下滑，则应更换针阀偶件。

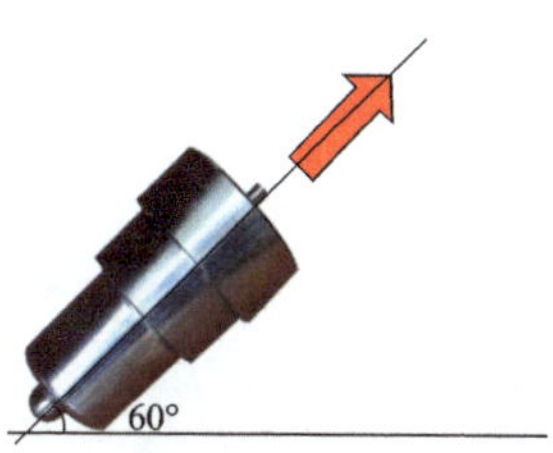

图 5-29　针阀偶件的配合检验示意图

测试结果

姓名：　　　　　　　　班级：　　　　　　　　学号：　　　　　　　测试日期：

序号	检测项目	检测结果记录	判断
1	喷油压力检查		□正常　　□异常
2	喷雾质量检查		□正常　　□异常
3	喷油干脆程度检查		□正常　　□异常
4	阀座密封性检查		□正常　　□异常
5	针阀和针阀座的表面视检		□正常　　□异常
6	针阀偶件的配合检验		□正常　　□异常

（二）柴油系统排气

柴油车在使用过程中，有时会出现起动机运转正常但起动困难，或者起动后转速不稳、熄火等故障现象。造成这些故障的原因，多数是因为低压或高压油路进入空气，导致燃油中有气泡，供油不连续，这时需要排出燃油油路中的空气。排气时，一般先排低压油路中的空气，后排高压油路中的空气。空气排出后发动机即可正常起动，故障得到排除。

什么情况下需要排气？因放气螺钉或油管接头松动造成油路中进入空气时；油箱燃油用尽重新加油后；更换高低压油管、燃油滤清器、输油泵（低压油泵）、喷油泵（高压泵）等零部件后。

1. 低压油路排气

1）准备工作

（1）检查油箱开关是否打开，检查油箱的油量，如油量过少应先添加柴油。

（2）检查油箱至输油泵之间的各油管接头是否松动，如有松动应拧紧。

2）从柴油滤清器上排气

（1）拧松柴油滤清器上的放气螺钉。

（2）按压输油泵上的泵油手柄。

（3）观察已拧松的放气螺钉处，排出的燃油带有气泡，持续按压输油泵上的泵油手柄，直到燃油不含气泡时停止泵油，然后拧紧柴油滤清器上的放气螺钉。

3）从喷油泵低压油道上排气

（1）点火开关置于 ON 挡，断油电磁阀处于开通状态。

（2）拧松喷油泵上的放气螺钉。

（3）按压输油泵上的泵油手柄，观察喷油泵上已拧松的放气螺钉处，排出的燃油带有气泡，这时持续按压泵油手柄，直到燃油不含气泡时停止泵油，然后拧紧喷油泵上的放气螺钉。

2. 高压油路排气

高压油路是指从喷油泵高压油管接头至喷油器之间的油路。高压油路排气步骤如下：

（1）拧松 2～3 个喷油器高压油管接头。

（2）起动点火开关，让起动机带动曲轴旋转，这时可以看到松开的喷油器高压油管接头处喷出带气泡的柴油，直到高压柴油无气泡时停止转动，然后拧紧喷油器高压油管接头。

高压油路排气应注意，使用副起动开关起动发动机，每次持续时间不宜超过 30 s，每次间隔时间至少 2 min，以免损坏蓄电池和起动机。

任务评价

姓名：　　　　　　班级：　　　　　　学号：　　　　　　日期：

评价分数	（一）喷油器的检测：	（二）柴油系统排气：
鉴定评语		

项目 6

汽油机点火系统的结构与检测

任务 6.1　汽油机点火系统的检测

扫码观看
本任务学习视频

任务目标

1. 掌握点火系统的组成结构、工作原理。
2. 掌握点火系统的基本检测方法。
3. 培养 6S 工作习惯。

任务准备

1. 点火系统基本结构

1）蓄电池

一种免维护蓄电池实物如图 6–1 所示。起动前，向所有的用电设备供电；起动时，向起动机和点火装置供电；起动后，发电机电压低于用电设备所需的电压时，向点火系统及其他的设备供电；当同时接入的设备过多，发电机超载时，协助发电机供电；当蓄电池存电不足，而发电机负载又较少时，将发电机的多余电能转变为化学能存储起来。

图 6–1　免维护蓄电池实物图

2）点火开关

汽车点火开关有 START、ON、ACC、LOCK 4 个挡位，如图 6–2 所示。LOCK 挡锁死汽车，一般的车钥匙放到这个挡位就等于锁死了方向盘，方向盘不能有太大的活动。ACC 挡给全车通电，收音机、车灯等可以正常使用，不可以使用空调。ON 挡除了起动机，其余的基础设备都是开着的，可以为方向盘解锁，可以使用空调，但空调无制冷效果，因为此时压缩机未起动，只有鼓风机运转，吹出来的是自然风。正常行车时钥匙处于 ON 挡，这时全车所有电路都处于工作状态。START 挡起动汽车，起动发动机，耗油，空调开始制冷。START 挡是发动机起动挡位，起动后会自动恢复正常状态，也就是 ON 挡。

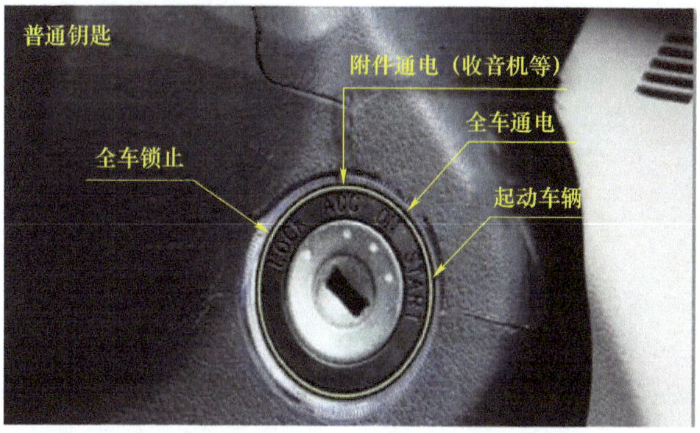

图 6-2　普通钥匙点火开关 4 个挡位

目前，新车型设置了一键起动，如图 6-3 所示。一键起动的按钮或旋钮必须在感应到智能钥匙的存在时才能起作用，这种感应距离一般在 50 cm 左右。一般情况下，智能钥匙中也有通常所说的带有锯齿或凹槽的钥匙，它的作用是在一键起动功能发生故障时，可利用机械起动方式进行起动。

图 6-3　一键起动

3）点火线圈

通常的点火线圈里面有两组线圈，即初级线圈和次级线圈，初级线圈所在的电路为初级电路，次级线圈所在的电路为次级电路。初级线圈用较粗的漆包线，通常用导体标称直径 0.5～1 mm 的漆包线绕 200～500 匝。次级线圈用较细的漆包线，通常用导体标称直径 0.1 mm 左右的漆包线绕 15 000～25 000 匝。点火线圈相当于是一个变压器，将电源 12 V 的低压电变成 15～20 kV 的高压电。当初级电路断路时，按照线圈匝数比，次级线圈将会感应出万伏以上的高压电，实现点火。

4）分电器

分电器将点火线圈产生的高压电按气缸的工作顺序送至各缸火花塞，如图 6-4 所示。

5）高压线

连接点火线圈（次级线圈）与分电器（配电器）的高压线，叫中央高压线；连接分电器与火花塞的高压线，叫分缸高压线，如图 6–5 所示。

图 6–4　分电器

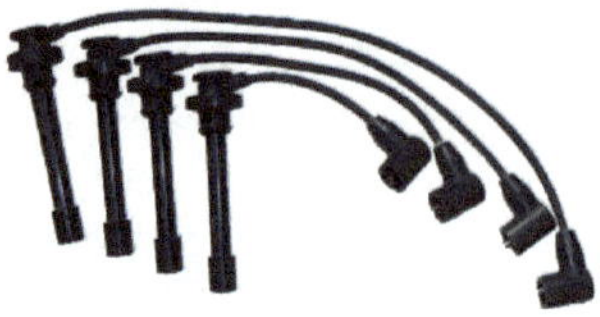

图 6–5　分缸高压线

6）火花塞

火花塞主要零件是绝缘体、主体金属部件（壳体）和电极，结构如图 6–6 所示。绝缘体材料通常是氧化铝瓷。壳体是钢制件，功能是将火花塞固定在气缸盖上，并承担火花塞外侧电极的搭铁。火花塞电极包括中心电极和侧电极，两者之间为火花间隙。间隙的大小直接影响发动机的起动、功率、工作稳定性和经济性。一般火花塞的间隙在 0.6～1.3 mm 之间。通常情况下，普通铜芯火花塞的使用寿命为 30 000 km，而贵金属材质火花塞（铂金、铱金）的使用寿命为 60 000～90 000 km。不同车型汽车厂商所规定的保养周期不完全相同，具体更换周期以汽车厂商要求为准。

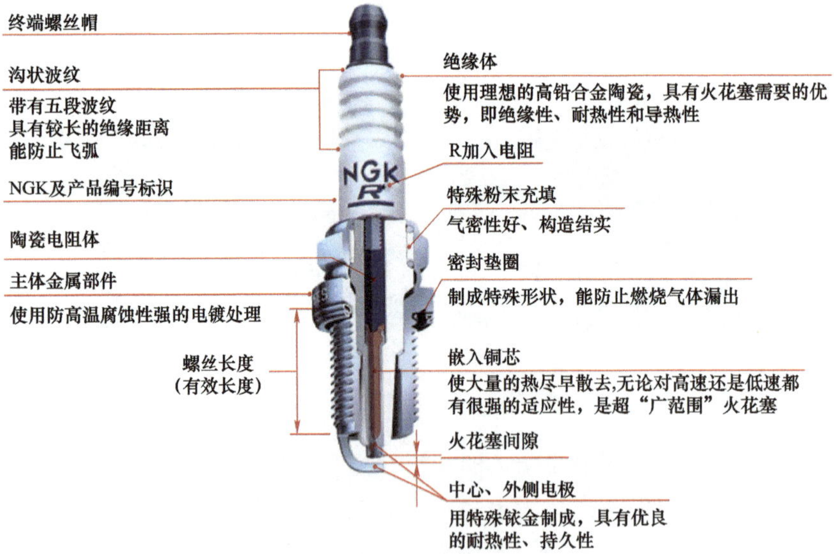

图 6–6　火花塞结构

2. 有分电器点火系统基本结构与原理

由 ECU 控制的有分电器点火系统，依靠传感器输入的信息，由 ECU 进行点火计算，并直接由 ECU 控制点火器点火，如图 6–7 所示。

传感器（包括各种开关）主要有曲轴位置传感器、空气流量传感器（或绝对压力传感器）、水温传感器、进气温度传感器、氧传感器、节气门位置传感器、车速传感器、爆震传感器、空调开关信号传感器等。

ECU 的作用是根据发动机各传感器输入的信息及内存的数据，进行运算、处理、判断，然后输出指令（信号）控制有关执行器（如点火器）动作，达到快速、准确控制发动机工作的目的。

点火器的作用是根据电子控制器输出的指令，通过内部大功率三极管的导通和截止，控制初级电流的通断，完成点火工作。

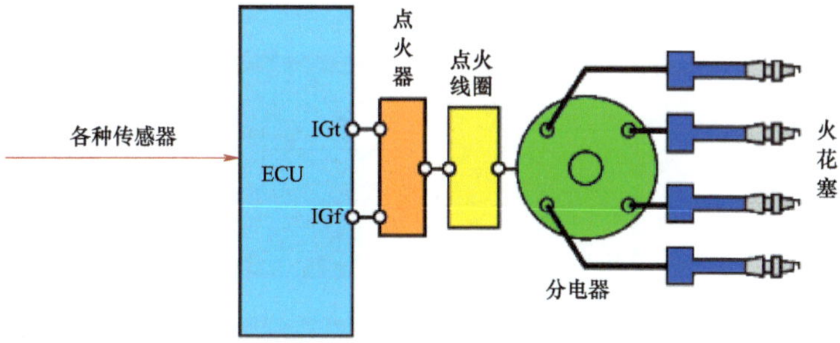

图 6-7　由 ECU 控制的有分电器点火系统

3. 无分电器点火系统基本结构与原理

无分电器点火系统分两种：一种为每两缸装一个点火线圈，两缸同时点火；另一种为每缸装一个点火线圈，各缸独立进行控制。

1）单缸独立点火

如图 6-8 所示，单缸独立点火是一个缸的火花塞配一个点火线圈，各个独立的点火线圈直接安装在火花塞上，独立向火花塞提供高压电，各缸直接点火。这种结构的特点是去掉了高压线，因此可以使高压电能的传递损失和对无线电的干扰降低到最低水平。其控制原理如图 6-9 所示，ECU 综合各传感器的输入信号，从存储器中选择最合适的点火提前角，按照曲轴位置传感器、凸轮轴位置传感器提供的信号判断点火时刻，进而精确控制某缸点火线圈初级电路通断，最终实现点火精准控制。

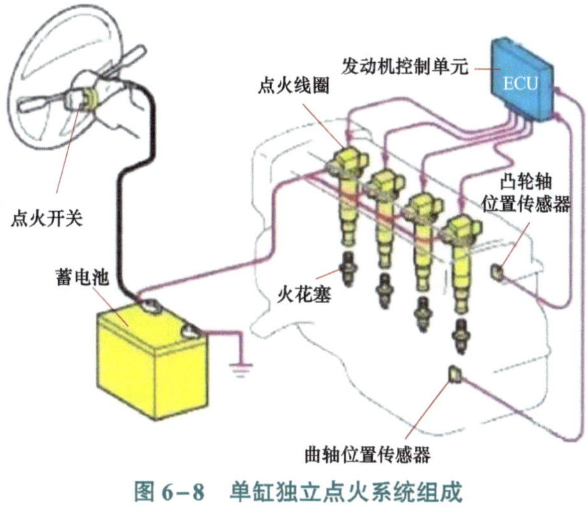

图 6-8　单缸独立点火系统组成

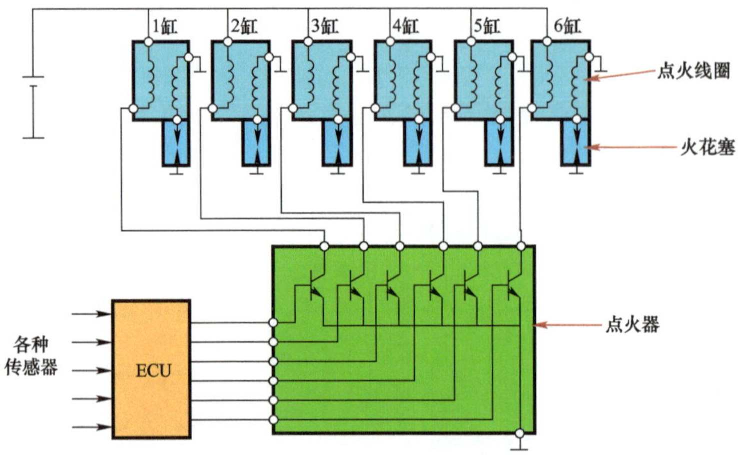

图 6-9　单缸独立点火系统控制原理

2）双缸同时点火

这是指两个气缸合用一个点火线圈，因此这种点火方式只能用于气缸数目为偶数的发动机上，如图 6-10 所示。如果在四缸机上，当两个缸活塞同时接近上止点时（一个是压缩、另一个是排气），两个火花塞共用一个点火线圈且同时点火，这时候一个是有效点火，另一个则是无效点火，前者处于高压低温的混合气之中，后者处于低压高温的废气中。因此两者火花塞电极间的电阻完全不一样，产生的能量也不一样，导致有效点火的能量大得多，约占总能量的 80%左右。

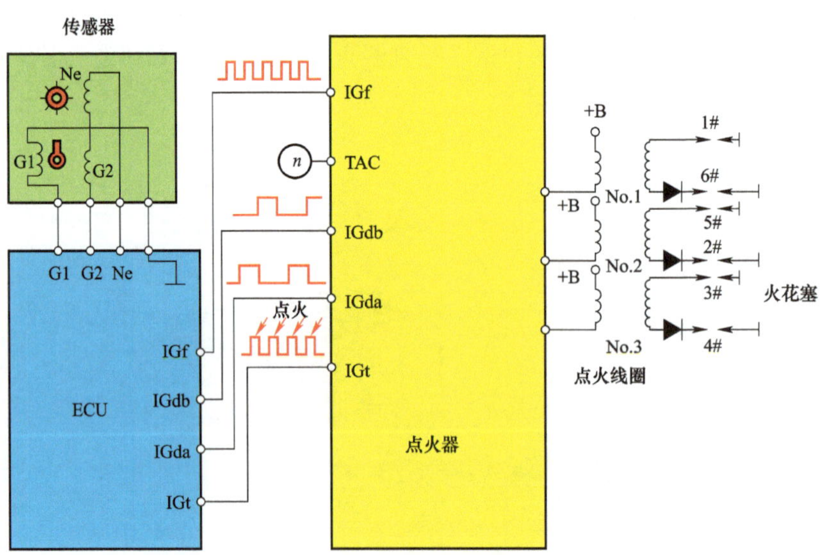

图 6-10　双缸同时点火

任务实施

有分电器点火系统的检测

1. 点火线圈的检测

1）直观检查

点火线圈的常见故障主要有线圈短路、断路、绝缘盖裂纹、跳火能力低及线圈发热等。对点火线圈进行直观检查，主要检查点火线圈的外表、外壳是否完好，有无裂损或绝缘物溢出，各接线柱连接是否牢靠。

2）万用表检查

初级线圈有无断路、短路或搭铁，检测开关接柱与“－”接线柱，其电阻值应符合生产厂家规定。电阻值小于规定值为短路，无穷大为断路；测量外壳与接线柱（“+”“－”均可）电阻值应为无穷大，若阻值为 0，则初级线圈有搭铁故障，应予更换新件。用万用表检测次级线圈有无断路、短路；检测高压导线插孔和低压线柱，其电阻值应符合生产厂家的规定，若过小为短路；无穷大，则表明次级线圈有断路，应予更换新件。

2. 火花塞的检测

1）跳火法

旋下火花塞，放在气缸体上，用高压线试火，若无火花或火花较弱，表明火花塞漏电或不工作。以单缸独立点火系统为例，跳火试验如图 6－11 所示。

2）观察法

将火花塞拆下，观察有无烧损、积碳过多等现象，并用塞尺测量火花塞间隙，应该符合规定值。

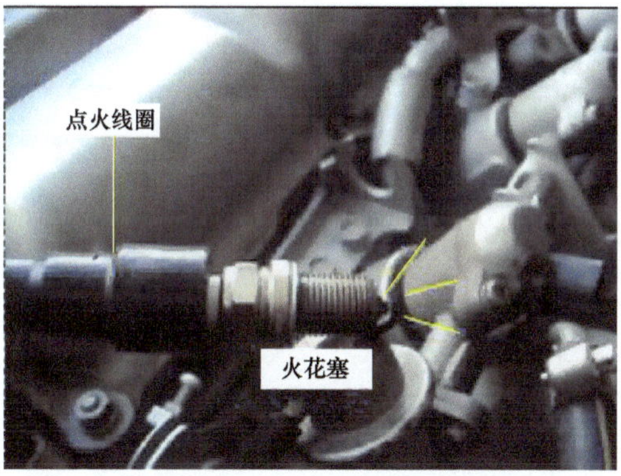

图 6－11 火花塞跳火试验

3. 高压线的检测

怀疑高压线漏电，可以将车开进较暗的车库内，在发动机运转时，观察每一根高压线，如果存在破裂或短路的地方，在这些地方可能会观察到火花。

检测分缸高压线电阻时，用万用表测量高压线电阻值。在正常情况下，每 25 mm 长度的高压线就有 1 kΩ 的电阻值，每一根分缸高压线的电阻最大不应超过 30 kΩ。

任务评价

姓名：　　　　　　班级：　　　　　　学号：　　　　　　日期：

序号	作业内容	配分	评判标准	得分
1	前期准备	20	□ 未按照要求穿着工作服，扣 5 分 □ 佩戴尖锐饰物，扣 5 分 □ 未穿安全鞋，扣 5 分 □ 未检查清点工具，扣 5 分	
2	技术操作	55	□ 未检查点火线圈外观，扣 5 分 □ 检测点火线圈前未断蓄电池负极，扣 10 分 □ 点火线圈测量方法错误，扣 5 分 □ 高压线拆卸与安装方法不正确，扣 5 分 □ 高压线测量方法不正确，扣 5 分 □ 跳火方法不正确，扣 5 分 □ 工具使用错误，扣 5 分 □ 火花塞间隙测量错误，扣 5 分 □ 火花塞未拧紧，扣 5 分 □ 未恢复蓄电池负极，扣 5 分	
3	现场恢复	25	□ 工具、设备摆放凌乱，扣 5 分 □ 工具丢失或脱落，扣 5 分 □ 设备损坏，扣 5 分 □ 场地与设备不整洁，扣 5 分 □ 未清洁工具，扣 5 分	
总分				

项目 7

冷却系统的结构与检测

任务 7.1　冷却系统的检测

扫码观看
本任务学习视频

任务目标

1. 掌握大小循环路线。
2. 掌握防冻液的检测方法。
3. 培养严谨的工作态度，说标准话、查标准数、做标准事。

任务准备

冷却系统循环路线如图 7-1 所示。

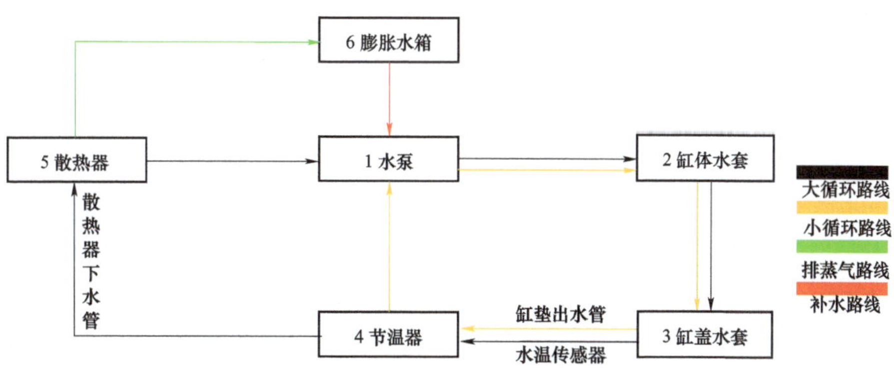

图 7-1　冷却系统循环路线（索引图）

发动机过热或过冷都会给发动机带来危害。冷却系统的功能就是保证发动机在适宜的温度下工作。发动机的冷却必须适度。

如果发动机冷却不足，由于气缸充气量减少和燃烧不正常，发动机功率下降，发动机零件也会因润滑不良而加速磨损。但如果冷却过度，则一方面由于热量散失过多，使转变为有用功的热量减少；另一方面由于混合气与冷气缸壁接触，使其中原已气化的燃油又凝结并流到曲轴箱，使磨损加剧。

发动机常见的冷却方式有两种，即水冷却和风冷却。水冷却系统是以冷却液为介质，热量由机件传给冷却液，靠冷却液的流动把热量带走，再散发到大气中去，使发动机的温度降低而进行冷却的一系列装置，散热后的冷却液再重新流回到受热机件处。发动机冷却液现在多采用乙二醇或丙二醇等化学物质与水按一定的比例混合而成，这样保证了冷却液冰点低、沸点高、防腐性好等使用性能。

1. 水泵

1）水泵的作用

水泵的作用是强制冷却水在冷却系统中进行循环。

2）水泵的原理

发动机广泛采用离心式水泵，如图 7-2 所示。水泵的驱动通常是曲轴带轮通过传动皮带驱动。离心式水泵的工作原理是当叶轮旋转时，水泵中的水被叶轮带动一起旋转，并在本身离心力的作用下甩向叶轮的边缘，然后沿水泵壳内腔与叶轮成切线方向的出水管压送到气缸体的水套中；与此同时，叶轮中心处压力降低，散热器下贮水箱的水便从散热器下水管（气缸进水管）被吸到叶轮中心部位，如图 7-3 所示。

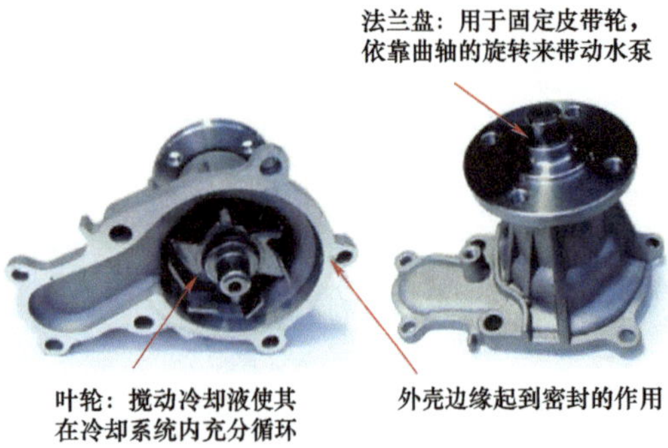

图 7-2　离心式水泵结构

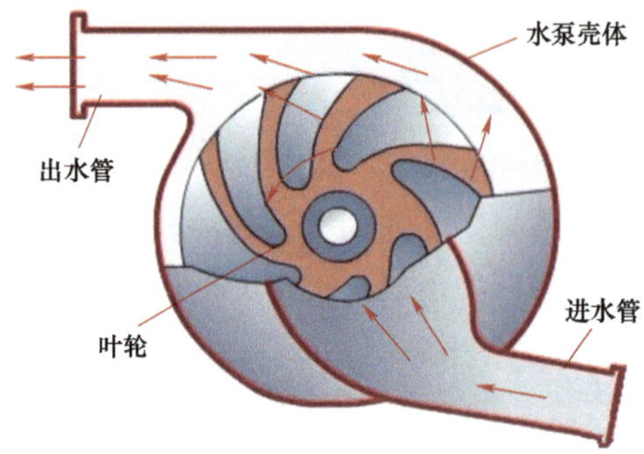

图 7-3　离心式水泵工作原理

2. 缸体水套

水泵加压后的水来到缸体水套，活塞顶传递下来的燃烧高温依靠活塞环及活塞裙部通过与缸壁接触进而传递给缸体水套。

3. 缸盖水套

缸体水套中的水将会向上流向缸盖水套。缸体水套至缸盖水套的分界处有气缸垫对水道孔进行密封。在这个阶段，缸盖内的燃烧高温将传递给缸盖水套中的水。最终，从缸盖水套经缸盖出水管流向散热器的水就变成了高温热水。水温传感器将发动机的水温值传递给发动机计算机及仪表盘。

4. 节温器

汽车发动机冷却系统常用蜡式节温器，利用节温器来控制通过散热器冷却水的流量，如图 7-4 所示。节温器装在冷却水循环的通路中，一般装在气缸盖出水口处。

蜡式节温器是一种受温度控制的开关，基本原理如下：

（1）温度较低时，因石蜡呈固态，弹簧和主阀门推向上方，使之压在阀座上，主阀门完全关闭，而旁通阀上移离开阀座，小循环通路打开，来自发动机气缸盖出来的冷却液经旁通阀直接进入水泵，由于冷却液只在水泵和水套之间循环，不经过散热器，且流量小，冷却强度低，如图 7-5 所示。

图 7-4　节温器实物

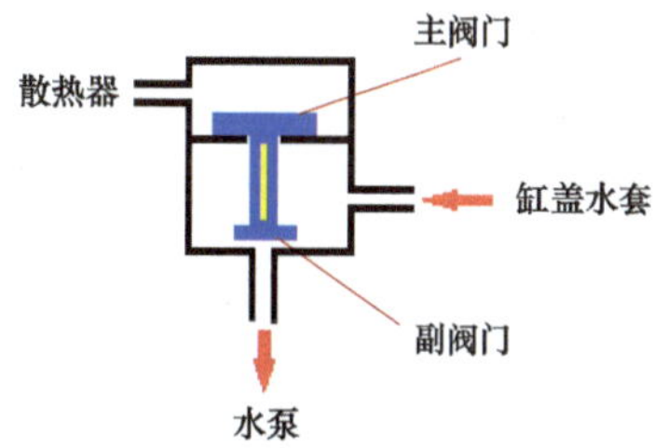

图 7-5　小循环节温器工作原理示意图

（2）当水温达到 85～102 ℃时，石蜡变为液态，其体积膨胀，迫使胶管收缩，向上顶开推杆面，由于推杆固定在支架上不能移动，只能迫使节温器外壳弹簧向下移动并带动主阀门向下，主阀门逐渐开启，旁通阀逐渐关闭，大小循环同时进行，如图 7-6 所示。

（3）当水温达到约 102 ℃时，主阀门完全打开，旁通阀完全关闭，冷却液全部流经散热器进行大循环，此时冷却液流动线路长，流量大，冷却强度高，如图 7-7 所示。

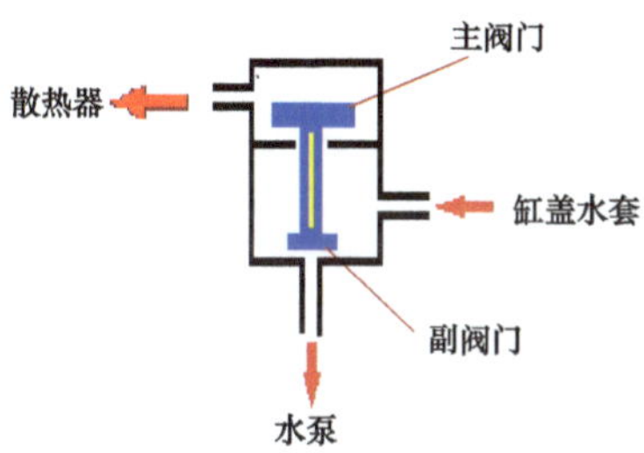

图 7-6　混合循环节温器工作原理示意图

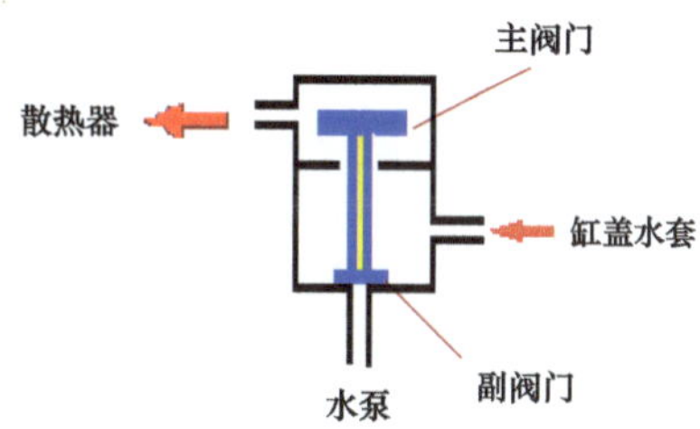

图 7-7　大循环节温器工作原理示意图

5. 散热器

散热器结构如图 7-8 所示。散热器内部主要是由上水室、下水室和散热器芯等组成。散热器上水室（左）装有散热器的进水管，通过橡胶管与气缸盖出水管连接；上水室上部有加水管，加水管口一般装泄气管。当冷却水沸腾时，水蒸气可以从此管排出。加装防冻液的冷却系统，此管接膨胀水箱。下水室（右）有出水管，用软管与水泵进水口连接，两水室之间焊接散热器芯管。散热器芯一般多用导热性好的黄铜、铝或铝锰合金制造。有的散热器上设有加水口，并用加水口盖封闭；有的散热器在下水室中还装有放水阀。

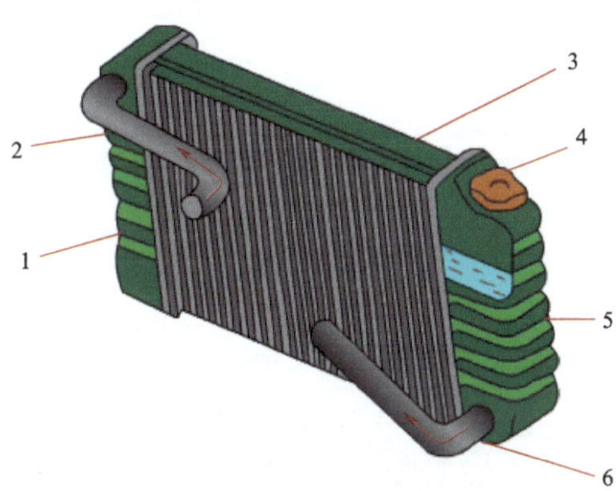

1—上水室；2—进水管；3—散热器芯；4—散热器盖；5—下水室；6—出水管

图 7-8　散热器结构

常见冷却系统的散热器盖具有自动阀门，发动机热状态正常时，阀门关闭，将冷却系统与大气隔开，防止水蒸气逸出，使冷却系统内的压力稍高于大气压力，从而可提高冷却液的沸点，防止冷却系统发生“开锅”现象。但如果冷却系统中水蒸气过多，将使冷却系统压力过大，可能导致散热器破裂。因此必须在加水口处设置排出水蒸气的通道。因而在冷却系统内压力过高或过低时，自动阀门则开启以使冷却系统与大气相通。

具备空气－蒸汽阀的散热器盖，其构造如图 7－9 所示。装有蒸汽阀和空气阀的散热器盖，紧盖在加水口上。一般情况，两阀均在弹簧力作用下处于关闭状态。当散热器中压力升高到一定数值时（一般为 0.026～0.037 MPa），蒸汽阀便开启，使蒸汽顺管排出。当水的温度下降，冷却系统中产生的真空度达一定数值时（压力一般为 0.01～0.02 MPa），空气阀开启，空气即从管进入冷却系统，以防止水管及贮水室被大气压瘪。轿车散热器盖的蒸汽阀开启压力可达 0.1 MPa，而水的沸点可升高至 120 ℃。

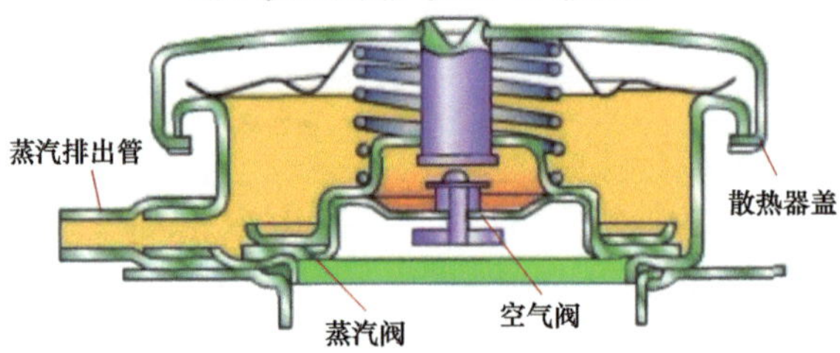

图 7－9　具备空气－蒸汽阀的散热器盖

在发动机热状态下开启散热器盖时，应缓慢旋开，使冷却系统内压力逐渐降低，以免被喷出的热水烫伤。

风扇一般安装在散热器后面，风扇的作用是提高流经散热器的空气流速和流量，以增强散热器的散热能力。风扇有两种动力驱动：第一种是与水泵同轴，皮带驱动；第二种是电动风扇。电动风扇与热敏开关配合使用，能做好自动控制，并且不受发动机转速的影响。热敏开关一般位于发动机缸体出水管口。根据发动机的温度，自动控制风扇两挡转速，来改变散热器的空气流量。以桑塔纳 2000 AJR 型发动机为例：风扇一挡，工作温度为 92～97 ℃，关闭温度为 84～91 ℃，工作转速为 2 300 r/min；风扇二挡，工作温度为 99～105 ℃，关闭温度为 93～98 ℃，工作转速为 2 800 r/min。

6. 膨胀水箱

膨胀水箱，如图 7－10 所示，它是用橡胶软管与散热器加水口座的出气口相连接。膨胀水箱多由半透明材料（如塑料）制成，透过箱体可以直接方便地观察到液面的高度。膨胀水箱的功能是减少冷却系统冷却液的损失。当冷却液受热膨胀后，散热器内多余的冷却液流入膨胀水箱；而当温度降低后，散热器内产生一定的真空度，膨胀水箱中的冷却液又被吸回散热器内。膨胀水箱上印有两条液面高度标记线：“DI”（低）标记与“GAO”（高）标记，或者“ADD”“MIN”标记与“FULL”“MAX”标记。当水温在 50 ℃以下时，膨胀水箱内液面高度应不低于“DI”（ADD）线；低于此线时，需补充冷却液。补充冷却液时可从膨胀水箱盖加入，箱内液面高度不应超过“GAO”（FULL）线。

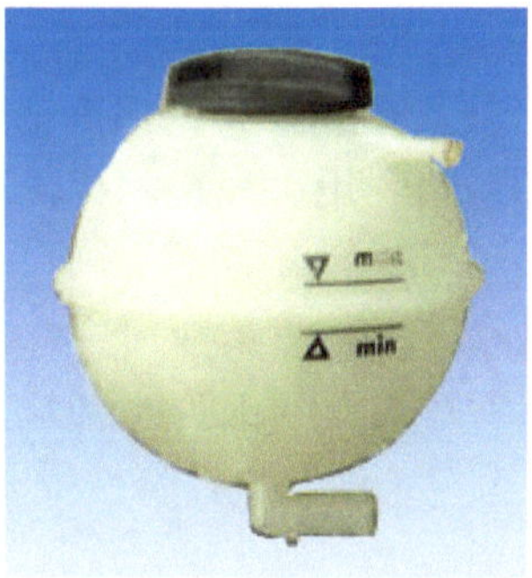

图 7-10　膨胀水箱实物

任务实施

冷却液的冰点测试与更换

冷却液随着使用时间的增长，会出现冰点升高、沸点降低、变浑浊、腐蚀性增强等现象，且会在冷却系统通道内产生水垢，影响正常的散热性能。因此按照维修手册要求，应定期更换冷却液。冷却液更换周期通常建议为 40 000 km 或 2 年。

1. 冰点的测试

冷却液冰点的测试采用的仪器是冰点测试仪，结构如图 7-11 所示，测量方法如下：

（1）将折光棱镜对准光亮方向，调节目镜视度环，直到标线清晰为止。

（2）调整基准：测定前首先使标准液（纯净水）、仪器及待测液基于同一温度。掀开盖板，然后取 1～2 滴标准液滴于折光棱镜上，并用手轻轻按压盖板得出一条明暗分界线。旋转校准螺栓使目镜视场中的明暗分界线与基准线重合（0%）。

（3）掀开盖板，用柔软绒布擦净棱镜表面，取 1～2 滴待测液滴于折光棱镜上，盖上盖板轻轻按压，读取明暗分界线的相对刻度，即为待测液的含量。

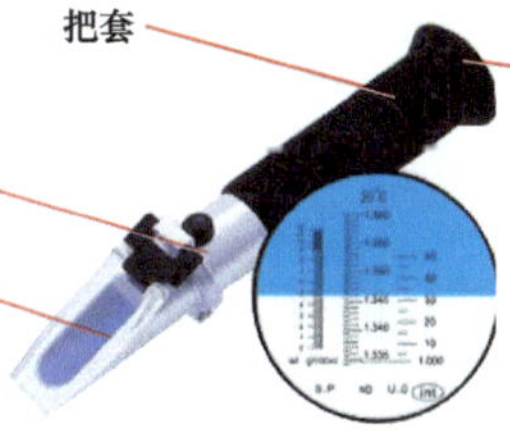

图 7-11　冰点测试仪结构

（4）数据记录。

对象	冰点值	判断
冷却液		□正常　□需要更换

（5）测量完毕后，直接用潮湿绒布擦去棱镜表面及盖板上的附着物，待干燥后，妥善保存。

2. 冷却系统卸压处理

（1）发动机停转至少 10 min 以上，确保冷却液温度充分降低。

（2）用厚的垫布压在膨胀水箱盖上，用手先逆时针转动 45°，放出冷却系统内的蒸汽，再转动 45°，拧下膨胀水箱盖。

（3）拧开散热器和机体上的放水开关，收集冷却液，为保护环境，按工业废水处理。有的发动机没有放水开关，则需要拆卸散热器下水管放水。

（4）将清水加入冷却系统中，反复清洗几次，每次发动机运行 10 min 以上，冷却系统清洗干净后，将冷却系统的水全部放出。

（5）按标线加入符合该车规定型号的冷却液，拧紧膨胀水箱盖。

（6）起动发动机，等待水温上升进入大循环状态，水位将会有所下降。熄火发动机等待水温下降后，打开散热器盖，添加冷却液到规定位置。

任务评价

姓名：　　　　班级：　　　　学号：　　　　日期：

序号	作业内容	配分	评判标准	得分
1	前期准备	20	□ 未按照要求穿着工作服，扣 5 分 □ 佩戴尖锐饰物，扣 5 分 □ 未穿安全鞋，扣 5 分 □ 未检查清点工具，扣 5 分	
2	技术操作	55	□ 未校准冰点测试仪，扣 5 分 □ 使用前未用柔软绒布擦净镜面，扣 5 分 □ 冰点记录错误，扣 5 分 □ 冷却液判断不正确，扣 5 分 □ 测量完毕后，未擦净镜面并待干燥后保存，扣 5 分 □ 停机时间短，扣 5 分 □ 膨胀水箱盖打开错误，扣 5 分 □ 冷却液添加高度不正确，扣 5 分 □ 膨胀水箱盖未拧紧，扣 5 分 □ 未热机后再次检查、补充冷却液，扣 10 分	
3	现场恢复	25	□ 工具、设备摆放凌乱，扣 5 分 □ 工具丢失或脱落，扣 5 分 □ 发生烫伤，扣 5 分 □ 冷却液落地未立即处置，扣 5 分 □ 未清洁工具，扣 5 分	
总分				

项目 8

发动机润滑系统的结构与检测

任务 8.1　发动机机油型号与选用

扫码观看
本任务学习视频

任务目标

1. 掌握发动机机油型号的分类方法。
2. 掌握发动机机油的选用方法。

任务准备

发动机机油品种应根据发动机性能及季节气温的变化来选择。因为发动机机油的黏度是随温度变化而变化的，温度高则黏度小，温度低则黏度大。因此夏季气温高时要用黏度较大的发动机机油，否则将因机油过稀而不能使发动机得到可靠的润滑。冬季气温低时则要用黏度较小的发动机机油，否则将因机油黏度过大、流动性差而不能输送到零件摩擦表面的间隙中。在严寒地区，如何保证发动机有良好的低温起动性能是一个重要的问题，而选用合适的发动机机油，则是提高发动机低温下良好起动性能的重要措施之一。

1. 机油的标号

1）机油的分类

世界上广泛采用美国汽车工程师学会（SAE）的发动机机油黏度分类法。分类标准采用含字母 W 和不含字母 W 两组黏度系列。例如：SAE15W-40、SAE5W-40，“W”表示 Winter（冬季），其前面的数字越小说明机油的低温流动性越好，代表可供使用的环境温度越低，在冷起动时对发动机的保护能力越好；“W”后面的数字则是机油耐高温性的指标，数值越大说明机油在高温下的保护性能越好。

（1）单级机油。

单级机油型号如表 8-1 所示。

表 8–1　单级机油型号

型号	耐外部低温	型号	耐外部高温
5W	−30 ℃	30	30 ℃
10W	−25 ℃	40	40 ℃
15W	−20 ℃	50	50 ℃
20W	−15 ℃	—	—

（2）多级机油。

多级机油其油品的黏温性能好（润滑油的黏度大小随温度变化的特性称为黏温性），在温度范围跨度大时黏度变化小，可在一定地区冬夏通用，是一年四季都可使用的油品。其型号含义如图 8–1 所示。

图 8–1　多级机油型号

SAE5W–30 适用工作环境温度范围为–30～+30 ℃；SAE10W–30 适用工作环境温度范围为–25～+30 ℃；SAE15W–40 适用工作环境温度范围为–20～+40 ℃；SAE20W–40 适用工作环境温度范围为–15～+40 ℃。

2）机油的分级

“S”开头系列代表汽油发动机用油，规格有：SA、SB、SC、SD、SE、SF、SG、SH、SJ、SL、SM。“C”开头系列代表柴油发动机用油，规格有：CA、CB、CC、CD、CE、CF、CF–2、CF–4、CG–4、CH–4、CI–4。当“S”和“C”两个字母同时存在时，则表示此机油为汽/柴通用型。

从“SA”一直到“SL”，每递增一个字母，机油的性能都会优于前一种，机油中会有更多用来保护发动机的添加剂。字母越靠后，质量等级越高。目前轿车汽油发动机使用机油级别多是 SJ 级别以上的。

目前市场上的发动机机油分为矿物机油和合成机油。两者区别在于基础油不同。矿物机油的基础油是从原油中提炼的；合成机油的基础油则是通过化学合成的，与矿物机油相比，合成机油的抗高温氧化、抗黏度变化、抗磨损能力更强。一般使用矿物机油的车行驶 5 000 km 就必须换油，而使用合成机油，换油里程可延至 8 000 km 及以上。

2. 机油的使用

机油牌号的选择要根据当地的温度环境，如图 8–2 所示。

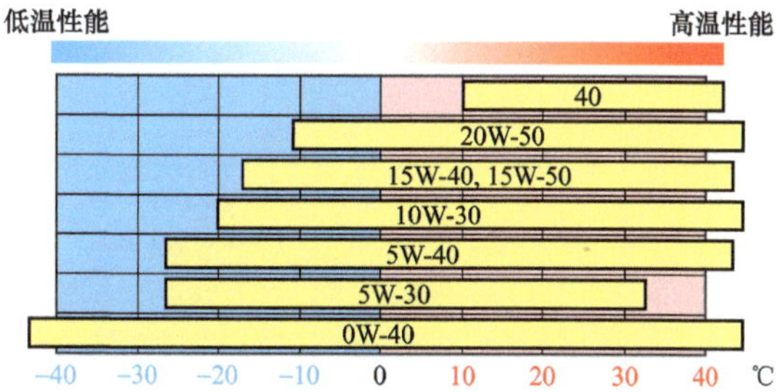

图 8-2　不同工作环境温度下机油牌号的选择

注意：每个品牌的机油添加剂都是不一样的，混用可能会造成化学成分之间的变质，不推荐混用机油。换机油必须换机油滤清器。

任务实施

机油品类调查

通过信息搜索，完成下表：

姓名		日期	
班级		学号	
当地冬季平均最低气温	℃	适用多级机油型号	
教师指定发动机的型号		机油建议更换周期	
你推荐品牌 1 名称是（　　　　）；1 桶（　　）L；更换周期（　　　　）； 价格是（　　　　）元/桶。 请简要说明推荐理由：			
你推荐品牌 2 名称是（　　　　）；1 桶（　　）L；更换周期（　　　　）； 价格是（　　　　）元/桶。 请简要说明推荐理由：			
你推荐品牌 3 名称是（　　　　）；1 桶（　　）L；更换周期（　　　　）； 价格是（　　　　）元/桶。 请简要说明推荐理由：			
该型号发动机机油滤清器价格是（　　　　）元左右			

任务评价

姓名		总分	
班级		学号	
发动机型号	□5 分　□0 分	机油建议更换周期	□5 分　□0 分
当地冬季平均最低气温	□5 分　□0 分	适用多级机油型号	□5 分　□0 分
推荐品牌 1	（合理□5 分）□0 分	理由充分情况	□5 分　□0 分
推荐品牌 2	（合理□5 分）□0 分	理由充分情况	□5 分　□0 分
推荐品牌 3	（合理□5 分）□0 分	理由充分情况	□5 分　□0 分
机油滤清器价格	□5 分　□0 分	字迹工整	□5 分　□0 分
组内考评人签字		组内监督人签字	
以下为教师填写项			
诚实守信表现	□扣 20 分	卫生（6S 管理）	□扣 10 分
纪律态度	□扣 10 分	合计总分	

任务 8.2　机油的更换及机油压力检测

扫码观看
本任务学习视频

任务目标

1. 掌握发动机润滑系统的组成结构。
2. 掌握机油及机油滤清器的更换方法。
3. 掌握机油压力的检测方法。
4. 培养严谨认真的职业素养。

任务准备

润滑路线如图 8-3 所示。

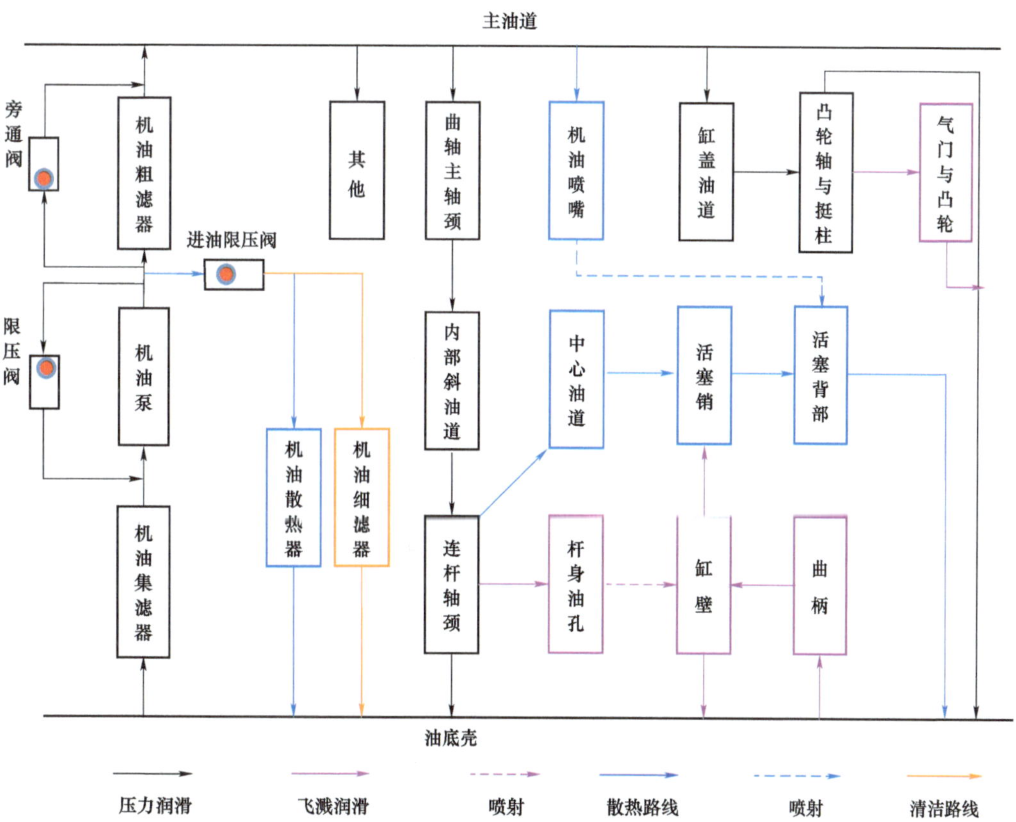

图 8-3　润滑路线（索引图）

曲轴主轴承、连杆轴承及凸轮轴轴承等处承受的载荷及相对速度较大，需要以一定压力将机油输送至摩擦面间隙中，方能形成油膜保证润滑，这种润滑方式称为压力润滑。另一种润滑方式是利用发动机工作时运动零件飞溅起来的油滴或油雾润滑摩擦表面，称为飞溅润滑。这种方式可润滑裸露在外面的载荷较轻的缸壁、相对滑动较小的活塞销，以及配气机构的凸轮表面等。发动机有些零件如水泵及发电机的轴承，则只须定期加注润滑脂（黄油）。近年来在发动机上有采用含有耐磨润滑材料（如尼龙、二硫化钼等）的轴承来代替加注润滑脂的轴承。

1. 压力润滑路线

1）油底壳

油底壳中储存发动机的机油，以四缸发动机为例，储存机油量约在 4 L 以内。机油的更换周期通常为 5 000 km。

2）机油集滤器

机油集滤器是机油泵总成的组成部分。机油泵将油底壳内的机油抽上来，首先通过机油集滤器隔离出颗粒较大的固体杂质。机油集滤器安装在机油泵的进油端，其主要结构是一个金属的过滤网，如图 8-4 所示。

图 8-4　机油集滤器实物

3）机油泵

机油泵一般装在曲轴箱内。机油泵的结构形式通常采用齿轮式和转子式两种。机油泵的工作原理都是依靠容积变化，容积变大的腔进油，容积变小的腔压油。在机油泵盖上装有限压阀，可将主油道的油压控制在正常范围内（0.15～0.90 MPa）。

（1）齿轮式机油泵。

发动机工作时，齿轮按图 8-5 中所示箭头方向旋转，进油腔的容积由于齿轮向脱离啮合方向运动而增大，腔内产生一定的真空度，机油便从进油口被吸入并充满进油腔。齿轮旋转时把齿间所存的机油带至出油腔内。由于出油腔一侧齿轮进入啮合，出油腔容积减小，油压升高，机油便经出油口被送到发动机油道中。机油泵通常由凸轮轴上的斜齿或曲轴前端齿轮驱动。在发动机工作时，机油泵不断工作，从而保证机油在润滑油路中不断循环。

图 8-5　齿轮式机油泵工作过程示意图

（2）转子式机油泵。

转子式机油泵工作过程如图 8-6 所示。主动的内转子和从动的外转子都装在油泵壳体内。内转子固定在主动轴上，外转子在油泵壳体内可自由转动，二者之间有一定偏心距。当内转子旋转时，带动外转子旋转。转子齿形齿廓的设计使转子转到任何角度时，内外转子每个齿的齿形齿廓线上总能互相成点接触。这样，内外转子间便形成 4 个工作腔。某一个工作腔从进油孔转过时容积增大，产生真空，机油便经进油孔吸入。转子继续旋转，当该工作腔与出油孔相通时，腔内容积减小，油压升高，机油经出油孔压出。

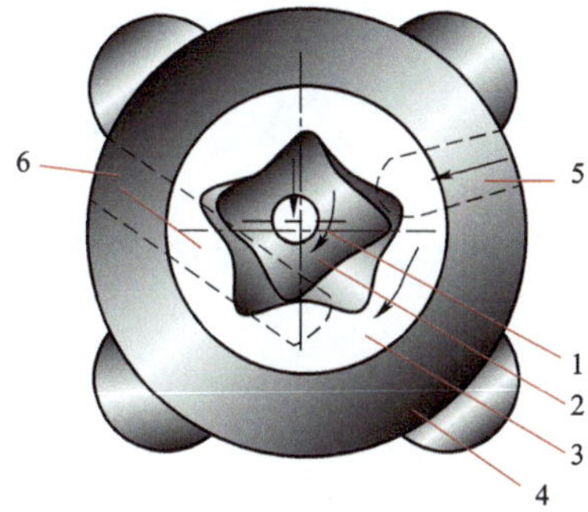

1—主动轴；2—内转子；3—外转子；

4—壳体；5—进油腔；6—出油腔

图 8-6　转子式机油泵工作过程示意图

4）机油滤清器

更换机油的同时，应该更换机油滤清器。目前，绝大部分发动机只安装一个机油滤清器，机油滤清器内部示意图如图 8-7 所示。机油滤清器内设置有滤芯（通常为纸质），机油在通过滤芯的过程中完成过滤作用，将大颗粒杂质隔离在外。机油滤清器的内部设置有旁通阀（也称溢流阀），当机油滤清器堵塞时油压升高，可打开此旁通阀，这样机油泵供来的机油可直接进入主油道，进而保障整个发动机润滑系统的润滑功能。

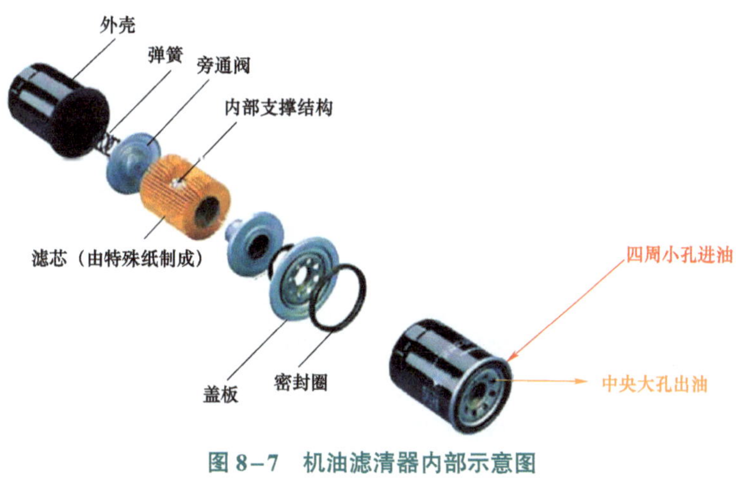

图 8-7　机油滤清器内部示意图

5）主油道

主油道是贯穿整个发动机的纵向油道，如图 8-8 中红色虚线所标记。在主油道中还装有机油压力传感器和油压报警开关，并通过导线分别与驾驶室中的机油压力表和机油压力过低报警灯连接，借以测量油压，并显示润滑系统的工作状态。

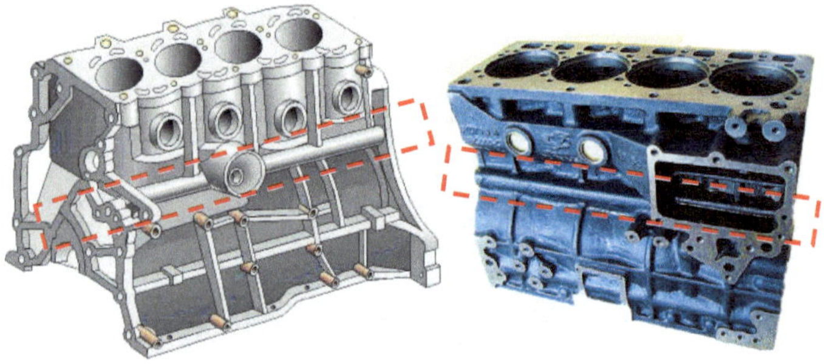

图 8-8　缸体主油道位置

6）曲柄的压力润滑

主油道上有通向发动机缸体上各曲轴主轴承座的分油道，对曲轴主轴颈进行压力润滑。曲轴主轴颈上有油道孔，连杆轴颈上也有油道孔。在曲轴内部，设置有专门的油道将主轴颈油道孔与连杆轴颈油道孔连通。主油道过来的机油先通过缸体的油道来到曲轴箱的轴承座处，对主轴颈部位进行润滑。之后，多余的机油将会通过曲轴内部斜油道输入至连杆轴颈处，润滑连杆轴颈部位。

7）凸轮轴与液压挺柱的压力润滑

缸盖上有专门的油道与主油道相通，将主油道的机油引至缸盖内凸轮轴轴颈处，对凸轮轴轴颈进行压力润滑。此外，还有专门的油道通向各个液压挺柱，为液压挺柱提供润滑与液压动力源。

8）其他

一些发动机的主油道还有其他分油道，用来润滑正时齿轮、空气压缩机轴、涡轮增压器轴、分电器传动轴等。

2. 飞溅润滑路线

当曲轴旋转时，曲柄将油底壳内的机油甩出，对缸壁、活塞销等进行飞溅润滑。

有的发动机，在连杆的杆身上设置有斜向的油道孔，由此油道孔向缸壁喷油，为缸壁提供润滑。

因为目前轿车用发动机基本为凸轮轴上置式，因此，本任务所指的配气机构为采用液压挺柱的凸轮轴上置式配气机构，配气机构的气门和凸轮轴的凸轮，通常利用凸轮轴旋转所飞溅的机油来进行润滑。

3. 散热路线

机油在循环过程中，由于吸收零件摩擦所产生的热量会引起温度升高。若机油温度过高，则其黏度下降，摩擦表面油膜不易形成，此外还会加速机油老化变质，缩短机油使用期。过低的机油温度，虽然有利于保持油膜，但将导致摩擦阻力增加。因此应对机油进行适当冷却，以保持油温在正常范围之内（70～90 ℃）。一般发动机是靠车辆行驶中的迎面空气流吹拂油底壳来使机油冷却的。在有些热负荷较高的发动机上，则专门设有机油散热器，以加强机油的冷却。

机油散热器多装在冷却水散热器的前面，利用空气或水来冷却。空气冷却的机油散热器结构与冷却水散热器相似，如图 8-9 所示。

图 8–9　机油散热器

另外，有的发动机设置有专门的机油喷嘴，对活塞背部进行喷油冷却，所喷的机油最终落回油底壳。还有的发动机连杆上设置有连杆中心油道，通过此油道引连杆轴承处的机油输送至活塞销处，对活塞销进行润滑，多余的机油将通过连杆小头的油道孔喷向活塞背部，对活塞进行喷油冷却。

4. 清洁路线

有的发动机安装有两个机油滤清器，分别为机油粗滤器和机油细滤器。被机油泵压出的机油分成两路：

（1）大部分的机油，经机油粗滤器滤去较大的机械杂质，流入纵向的主油道，执行润滑任务，此乃前文所述的压力润滑路线。

（2）另有一小部分机油（约 10%～15%），经进油限压阀流入机油细滤器，滤去较细的机械杂质和胶质后，流回油底壳。这是本任务所指的清洁路线。

由此可知，机油细滤器与机油粗滤器及主油道是并联的。这是考虑到机油细滤器的阻力较大，如果与主油道串联，则难以保证主油道的畅通，并使发动机消耗于驱动机油泵的功率增加。采取并联的方案，虽每次经机油细滤器的油量少，但机油经过不断的循环流动仍可取得良好的滤清效果。实践表明，一般汽车每行驶 50 km 左右，全部机油即能通过机油细滤器一次。若机油泵出油压力低于一定值（本例中为 0.1 MPa），则机油细滤器进油限压阀不开启，以保证压力油全部进入主油道。

课 堂 作 业

案例分析 1：某 4S 店，维修工人甲在对发动机进行保养。将旧机油滤清器拆卸后，安装了新的机油滤清器，保养更换机油，作业结束后交车。车辆从 4S 店驶出进入公路后，发生了严重的漏油现象。在车后方地面上，拉出一条清晰的机油线。此事引发了维修纠纷，给 4S 店带来了恶劣的社会影响。请分析原因是什么？

提示：机油滤清器的 O 形密封圈与机油滤清器是安装在一起的。有时，旧机油滤清器从发动机缸体上拆下时，O 形密封圈可能粘在缸体上。

分析：

案例分析 2：某 4S 店，维修工人甲在对发动机进行保养时，油底壳放油螺栓刚刚拧上，没有拧紧，班组其他成员临时喊他帮忙配合其他工位的维修作业。待维修工人甲返回自己工位时，以为已经将油底壳放油螺栓拧紧，于是继续进行保养更换机油作业。作业结束交车后，车主在路上出现发动机“抱瓦”现象，造成了大量的返修费用与纠纷。请分析，抱瓦的原因是什么？

分析：

任务实施

（一）更换机油及机油滤清器

1. 发动机机油的检查

1）机油液位的检查

（1）将车辆停放在平坦地面上，将车轮挡块安装到位，保证车辆稳定停靠。

（2）起动发动机并让发动机达到正常工作温度。

（3）停止发动机并等待约 5 min，使机油流回油底壳。

（4）打开发动机舱盖，拉出油标尺，擦干净，然后全部插回去。

（5）拔出油标尺，检查油量，油量应在“F”与“L”之间，如图 8–10 所示。

（6）如果发现油量靠近或在“L”位置，应补充机油直到油量到达“F”位置，千万不能过量。机油加注到距离上刻线 2/3 处时较为合适。

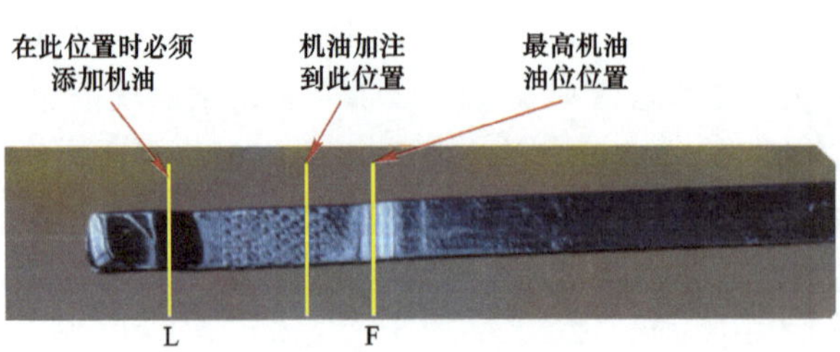

图 8–10 油标尺刻度

2）机油品质的检查

通常发动机每 5 000 km 更换一次机油。对于机油品质的检查，可以将机油滴在纸巾上观察，如果机油整体有淤渣，并呈深黑色，说明劣化程度较为严重。还可以用手蘸少量机油，如果不能够拉出丝，说明机油黏度已经不足。

2. 发动机机油的排放

首先，用干净抹布清理发动机机油加注口盖周围灰尘，取下机油加注口盖（若是汽车，在此之前需要铺上翼子板布和前格栅布）。为了防止异物通过机油加注口进入发动机，需要利用干净的布将其遮盖住，然后进行下列操作。

1）预热发动机

对发动机进行预热。

2）排放机油

（1）清洁地面，防止有水或油造成打滑，影响安全操作。

（2）利用地沟或举升车辆设备，拆卸油底壳机油放油塞，将机油排入废机油回收器中（废机油具有回收经济价值，如果随意排放将会污染环境）。

（3）放完机油后，清洁放油螺栓。

（4）更换新的垫片，按规定力矩拧紧机油放油塞。

3. 机油滤清器的更换

（1）利用机油滤清器扳手拆卸旧机油滤清器。

（2）检查并清洗气缸体与机油滤清器的安装表面。

（3）将新机油滤清器加满机油，用发动机机油涂抹在新机油滤清器的 O 形环上。

（4）用手把新的机油滤清器拧在机油滤清器支座上，直到 O 形环与安装表面接触，用机油滤清器扳手再把滤清器拧紧。

4. 加注发动机机油

（1）移走机油加注口的遮挡布。

（2）从发动机机油加注口注入规定黏度的高品质机油，直至油位达到油标尺上的接近满油位标记即可停止加注。

（3）盖上机油加注口盖，使发动机怠速空转 5 min 后停止运转。3～5 min 后拔出油标尺，检查油位是否处在正常位置。

注意：不足时再添加机油，油位超过最高油位标记时需放出过量机油。

（4）安装机油加注口盖。

（5）起动发动机并检查机油滤清器及放油螺栓是否漏油。

（二）测量机油压力

机油压力可以用专用的机油压力表来测量，也可以用普通的油压表（量程 1 MPa 左右）配上相应的高压软管和接头来测量。

测量机油压力的方法如下：

（1）拔下机油压力传感器（或机油压力报警开关）的线束插头，拆下机油压力传感器（如图 8–11 所示）。

图 8–11　机油压力传感器

（2）将机油压力表的软管接头拧入安装机油压力传感器的螺孔内，并拧紧接头。因为机油压力传感器在主油道上，因此机油压力表测量值显示主油道的机油压力。

（3）将机油压力表放置在不会接触到发动机旋转部件及高温部件的地方。

（4）起动发动机，检查机油压力表接头处有无漏油，如有漏油，应熄火后重新拧紧接头。

（5）运转发动机使之达到正常的工作温度，分别在怠速和 2 000 r/min 时检查油压表的读数，并与标准压力值进行比较。

各种车型发动机的机油压力标准不完全相同，一般在怠速时应大于 0.05 MPa，在 2 000 r/min 时应大于 0.2 MPa。在测量完机油压力后，应拆下机油压力表，装上机油压力传感器并按规定力矩拧紧，接上线束插头。起动发动机，确认机油压力传感器没有漏油。

任务评价

姓名：　　　　班级：　　　　学号：　　　　日期：

序号	作业内容	配分	评判标准	得分
1	前期准备	20	□ 未按照要求穿着工作服，扣 5 分 □ 佩戴尖锐饰物，扣 5 分 □ 未穿安全鞋，扣 5 分 □ 未检查清点工具，扣 5 分	
2	技术操作	55	□ 未清洁机油加注口附近灰尘，扣 5 分 □ 放油前未打开机油加注口盖，扣 5 分 □ 放油螺栓未按规定力矩拧紧，扣 5 分 □ 放油螺栓未清洁或未更换垫片，扣 5 分 □ 新机油滤清器的 O 形环未涂机油，扣 5 分 □ 加注机油未热机后再次补添机油，扣 5 分 □ 机油添加量过少或过多，扣 5 分 □ 加注机油起动后，出现漏油，扣 10 分 □ 机油压力测量方法错误，扣 1～10 分	
3	现场恢复	25	□ 工具、设备摆放凌乱，扣 5 分 □ 工具丢失或脱落，扣 5 分 □ 出现机油烫伤，扣 5 分 □ 地面有油痕迹，扣 5 分 □ 未清洁工具，扣 5 分	
总分				

项目 9

起动系统的结构与检测

任务 9.1　起动系统的检测

扫码观看
本任务学习视频

任务目标

1. 掌握起动系统的组成结构和工作原理。
2. 掌握起动系统的检测方法。
3. 培养 6S 的工作习惯。

任务准备

1. 起动系统的组成结构

典型起动系统主要由蓄电池、点火开关、起动继电器、控制电路及起动机等部件组成（有些车型中还设置了起动安全开关）。起动系统组成示意图如图 9-1 所示。

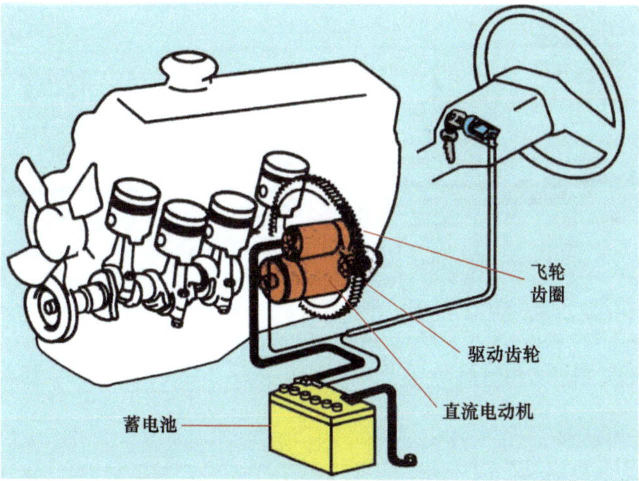

图 9-1　起动系统组成示意图

1）蓄电池

蓄电池是为起动机提供电能的部件。轿车的供电电压为 12 V，卡车和公共汽车一般的供电电压为 24 V。

2）点火开关

点火开关是汽车的大部分电器系统的电源分配点。一般点火开关都有 4 个位置：

ON（打开）——给点火系统控制电路和所有受点火开关控制的电路供电；

START（起动）——给发动机控制电路、起动机控制电路和点火系统供电；

ACC（附件）——给汽车的大功率电器设备供电（不包括起动及点火系统）；

OFF（关闭）——切断所有受点火开关控制的电路。

3）起动继电器

起动机继电器通过控制低压线路的电流从而控制高压线路的电流，起到电流开关的作用。当线圈中通过直流时，线圈产生磁场，动铁芯被吸动而带动接触簧片，触点闭合；当线圈电流被切断后，铁芯失去磁性，动铁芯在弹簧力的作用下复位，触点闭合。

4）控制电路

在汽车起动系统线路中，一般接地线为黑色或者棕色；点火、起动线为白色；供电线为红色。

5）起动机

起动机是起动系统中的核心部件，作用是将来自蓄电池的电能转化为机械能，然后传给发动机飞轮，使发动机开始运转。

2. 起动机的功能及构成

目前汽车中应用最多的是电磁式起动机，下面以电磁式起动机为例介绍其结构与工作原理。车用电磁式起动机一般由串励式直流电动机、传动机构和电磁开关三部分组成。具体结构如图 9-2、图 9-3 所示。

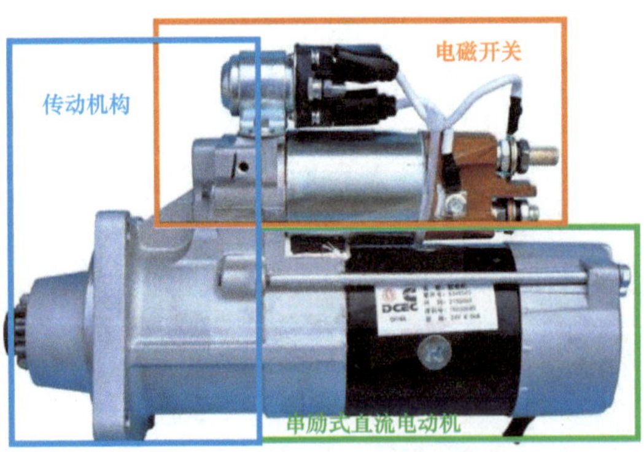

图 9-2　起动机三大组成结构

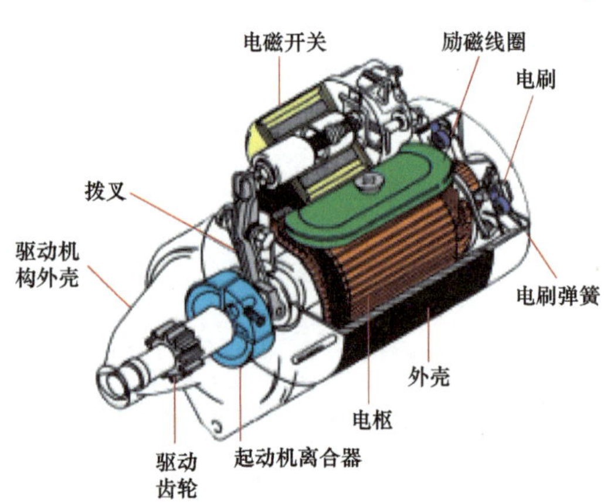

图 9-3　起动机内部结构

1）串励式直流电动机

串励式直流电动机的作用是将蓄电池输入的电能转化为机械能，产生电磁转矩。串励式直流电动机由电枢、磁极、电刷、机壳等主要部件构成。

（1）电枢。

电枢（如图 9–4 所示）由电枢轴、铁芯、绕组和换向器等组成。铁芯由外圆带槽的硅钢片叠制而成，压装在电枢轴上。绕组嵌装在铁芯的槽内，采用较粗的矩形裸铜线绕制，绕组各线圈的端头均焊接在由铜片和云母片相间叠压而成的换向器上。

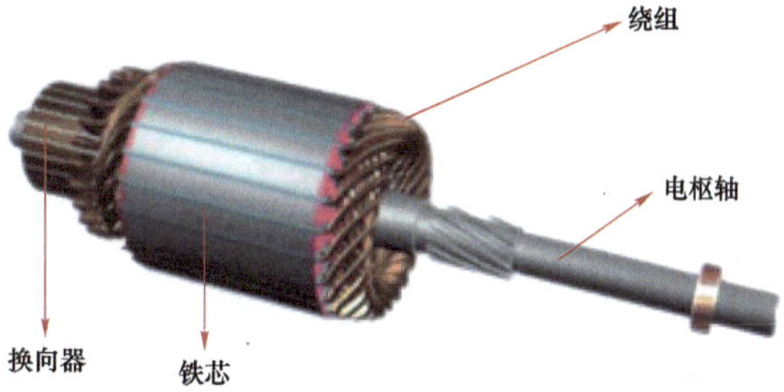

图 9–4　电枢

（2）磁极。

磁极（如图 9–5 所示）的作用是建立磁场，一般多为 4 个磁极。磁极由固定在机壳内侧上的铁芯和螺旋缠绕在铁芯上的磁场绕组组成，通电后建立磁场，这种为电磁极，也就是常说的电磁式起动机。磁极由带有磁性的磁铁组成，一直都有磁场，这种为永磁极，也就是常说的永磁式起动机。

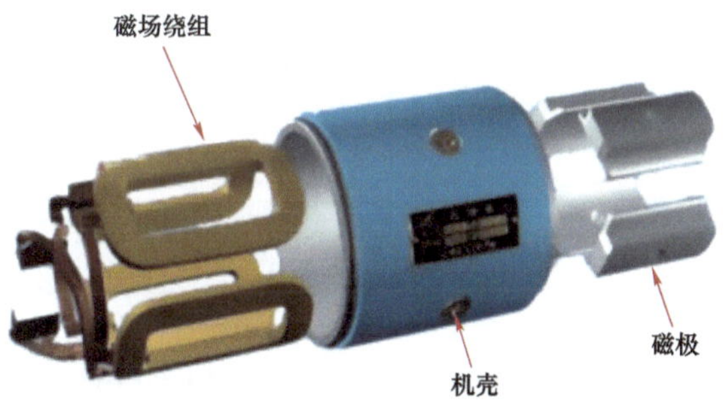

图 9–5　磁极

（3）电刷及电刷架。

电刷及电刷架（如图 9–6 所示）将电源电流引入直流电动机，使电枢产生定向转动力矩。电刷一般用铜粉和石墨粉压制而成。电刷安装在电刷架中，借弹簧压力紧压在换向器上。电刷架有 4 个，其中 2 个与机壳直接相连构成电路搭铁，称为搭铁电刷架。

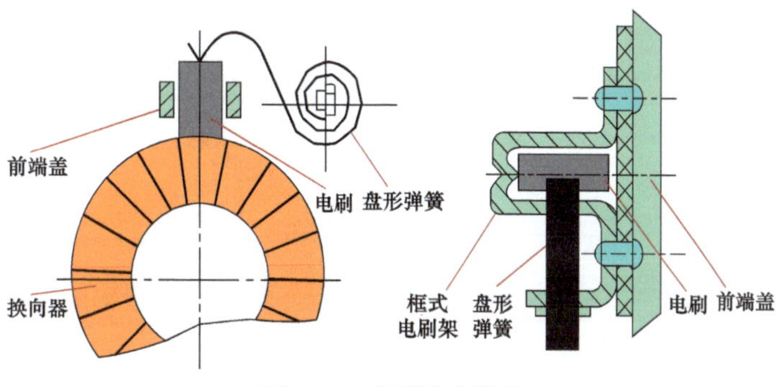

图 9–6　电刷及电刷架

（4）机壳。

机壳是磁极和电枢的安装机体，一般有 4 个检查窗口，便于进行电刷和换向器的维护，同时起动机的电磁开关也安装在机壳上，其上有一绝缘接线端，接电动机电流引入线。

2）传动机构

传动机构由驱动齿轮（如图 9–7 所示）、单向离合器（如图 9–8 所示）、啮合弹簧等组成。

发动机起动时，传动机构使起动机小齿轮与发动机飞轮齿圈啮合，将起动机转矩传给发动机飞轮；发动机起动后，起动机小齿轮自动脱开飞轮齿圈，保护起动机不被飞轮反拖。

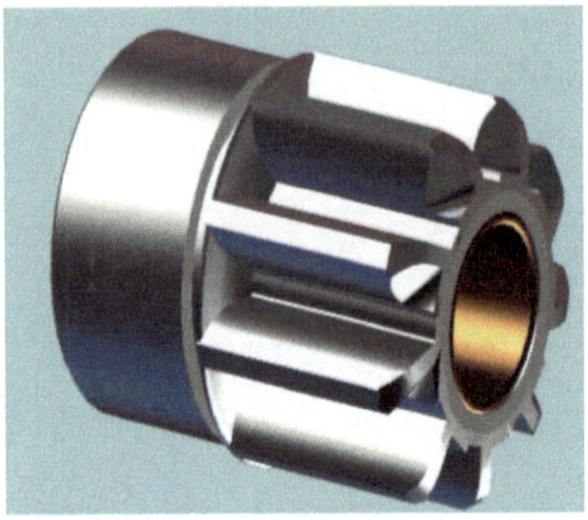

图 9–7　驱动齿轮

图 9–8　单向离合器

3）控制装置（电磁开关）

控制装置（电磁开关）控制电动机电路的通断和传动机构的啮合与分离，并接通和断开电动机和蓄电池之间的电路，如图 9–9 所示。电磁开关上有起动机非常重要的 3 个接线柱，分别是 30 号接线柱、50 号接线柱和 C 接线柱。其中较粗的连接红色电源线的为 30 号接线柱，较细的连接点火开关的为 50 号接线柱，另一个为 C 接线柱。电磁开关结构主要由吸引线圈、保持线圈、铁芯等构成。

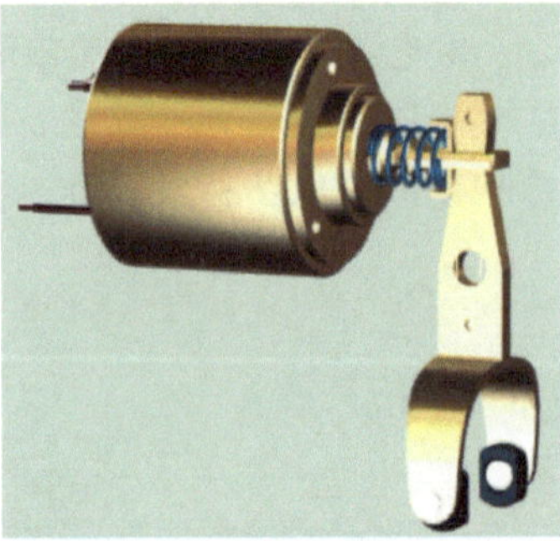

图 9–9　电磁开关

3. 起动机的工作过程

1）无起动继电器工作过程

起动机控制电路如图 9–10 所示。

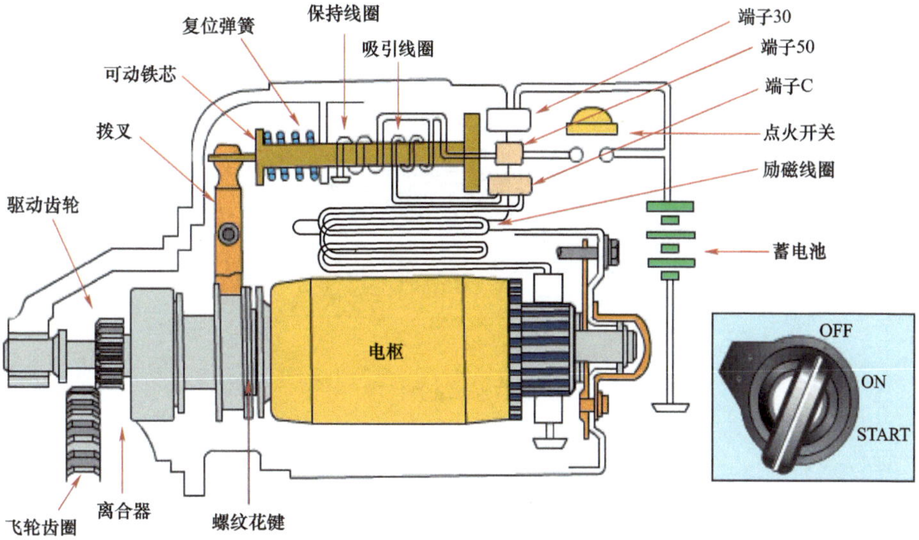

图 9-10　起动机控制电路图（无起动继电器）

（1）起动瞬间：点火开关位于 START，这时共接通两条电路，如图 9-11 所示。

① 蓄电池“+”→点火开关→端子 50→保持线圈→搭铁。

完成的动作：吸引铁芯，带动拨叉，将驱动小齿轮向飞轮方向送出。

② 蓄电池“+”→点火开关→端子 50→吸引线圈→端子 C→励磁线圈→电枢绕组→搭铁。

完成的动作：经过吸引线圈给励磁绕组和电枢绕组提供小电流，让电枢缓慢旋转，驱动小齿轮缓慢旋转，找机会与飞轮啮合。

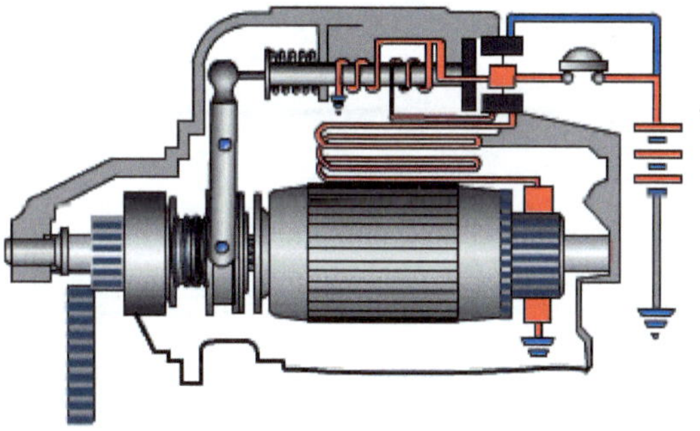

图 9-11　起动瞬间

（2）起动过程。

起动过程如图 9-12 所示。

① 蓄电池“+”→点火开关→端子 50→保持线圈→搭铁。

完成的动作：保持线圈产生的磁性，继续吸引铁芯，带动拨叉移动，驱动小齿轮与飞盘啮合完毕，并且在内部导电片将 30 号接线柱与 C 接线柱接通。

② 蓄电池“+”→端子 30→接触片→端子 C→励磁线圈→电枢绕组→搭铁。

完成的动作：吸引线圈被短接，大电流直接流向励磁线圈和电枢绕组，产生较大电磁转矩，驱动小齿轮高速旋转，将飞轮带起来。

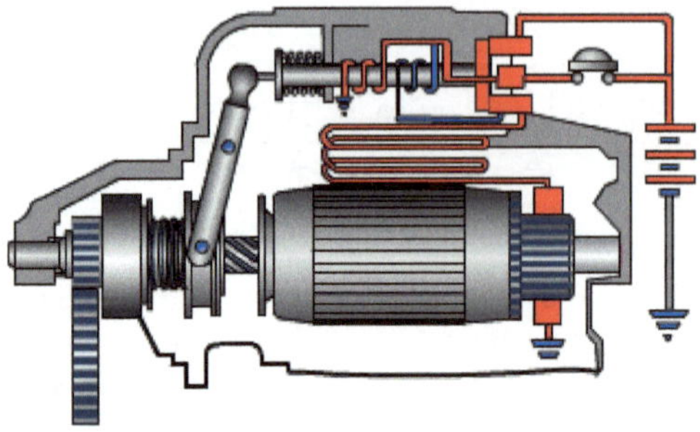

图 9–12　起动过程

（3）起动后。

点火开关从 START 挡回到 ON 挡，如图 9–13 所示。

蓄电池“+”→端子 30→接触片→端子 C→吸引线圈→保持线圈→搭铁。

完成的动作：吸引线圈和保持线圈串联，产生磁性相反、相互抵消的磁场，铁芯回位，拨叉回位，驱动小齿轮与飞盘分离。

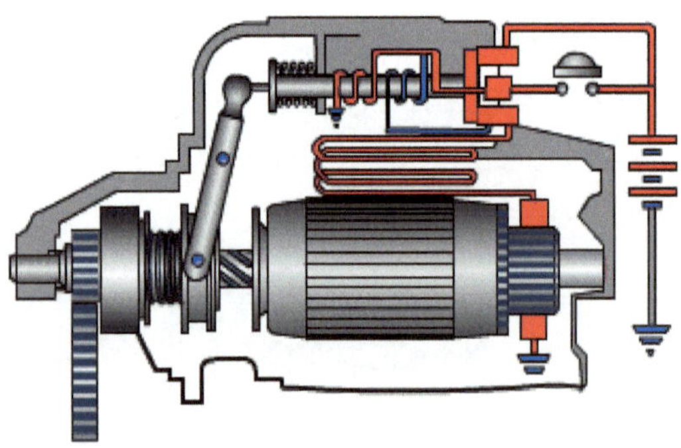

图 9–13　起动后

最后起动完成，驱动小齿轮在弹簧力的作用下复位，如图 9–14 所示。

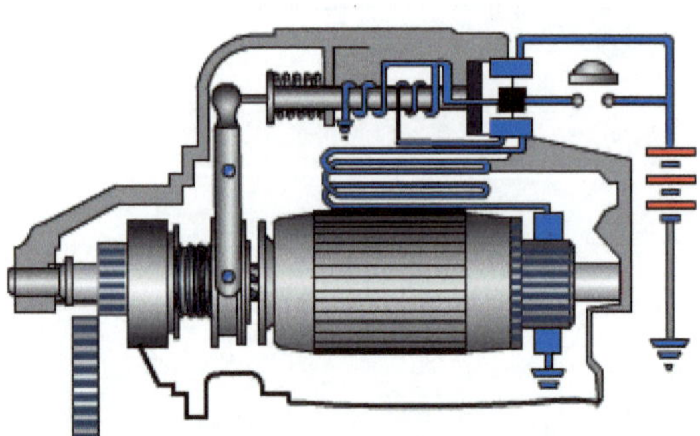

图 9–14　起动完成

2）有起动继电器工作过程

如图 9–15 所示，为有起动继电器控制的起动机电路，电路控制如下：

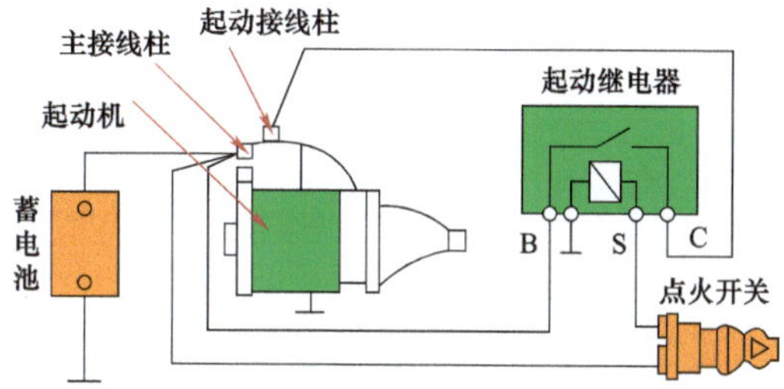

图 9–15　有起动继电器控制的起动机电路图

起动瞬间：点火开关位于 START 位置。

（1）蓄电池“+”→起动机主接线柱→点火开关→起动继电器 S 端子→搭铁。

完成的动作：起动继电器线圈通电，产生磁性，将继电器内的触点吸合。

（2）蓄电池“+”→起动机主接线柱→起动继电器 B 端子→起动继电器 C 端子→起动接线柱→起动机内部→搭铁。

完成的动作：经过吸引线圈给励磁绕组和电枢绕组提供小电流，让电枢缓慢旋转，驱动小齿轮缓慢旋转，找机会与飞轮啮合。

其他电路与无继电器起动过程及控制电路一致，这里不再叙述。

4. 起动机的常见故障诊断

1）起动机不转

（1）现象。

起动时起动机不转动，无动作迹象。

（2）分析原因。

① 电源故障：蓄电池严重亏电或极板硫化短路等，蓄电池极桩与线夹接触不良，起动电路导线连接接触松动或者接触不良等。

② 起动机故障：换向器与电刷接触不良，励磁绕组与电枢绕组有断路或短路，绝缘电刷搭铁，电磁开关线圈断路、短路、搭铁或其触电烧蚀而接触不良等。

③ 起动继电器故障：起动继电器线圈断路、短路、搭铁或其接触不良等。

④ 点火开关故障：点火开关接线松动或内部接触不良。

⑤ 起动系统线路故障：起动线路中有断路、导线接触不良或松脱等。

（3）诊断方法。

① 检查电源。按喇叭或开前照灯，如果喇叭声音小，灯光比平时暗淡，说明电源有问题。使用万用表检查蓄电池电压，若正常，检查起动机控制保险丝是否导通，若熔断，检查是否有短路故障后更换同样规格的新保险丝。若正常，检查蓄电池极桩与线夹及起动电路导线连接处是否有松动；若某连接处松动，则说明该处接触不良。

② 检查起动机。如果判断电源无问题，用螺丝刀短接端子 30 与端子 C，如果起动机不运转，则说明是直流电动机内部有故障，应拆检起动机；如果起动机运转正常，则进行后面步骤的检查。

③ 检查电磁开关。用螺丝刀将电磁开关上连接起动机继电器的接线柱与连接蓄电池的接

线柱短接，若起动机不运转，则说明起动机电磁开关有故障，应检查电磁开关的吸引线圈，其阻值应符合规定值；如果起动机运转正常，则说明故障在起动继电器或有关线路上。

④ 检查起动继电器。短接起动继电器上的电池与起动机接线柱，若起动机运转正常，则说明起动继电器内部有故障，否则应再进一步检查。

⑤ 检查点火开关及线路。将起动继电器的电池与点火开关用导线直接相连，若起动机运转正常，则说明故障在起动继电器至点火开关的线路中，可对其进行检修。

2）起动机起动无力

（1）现象。

起动时，起动机转速明显偏低或者停转，起动机有类似打机枪的“咔嗒咔嗒”的声音。

（2）分析原因。

① 电源故障：蓄电池亏电或硫化短路，导致蓄电池电压过低等。

② 起动机故障：换向器与电刷接触不良，电磁开关接触点与触点接触不良，电动机内的励磁绕组或电枢绕组有局部短路等。

③ 起动继电器故障：起动继电器触点接触不良。

④ 点火开关故障：点火开关接触松动或内部接触不良。

⑤ 起动系统线路故障：起动系统线路有接触不良或锈蚀等现象。

（3）诊断方法。

① 检查电源。使用万用表或蓄电池检测仪检查蓄电池存电是否正常，然后检查蓄电池极桩与线夹及起动电路导线连接处是否有松动，若某连接处松动或发热，则说明该处接触不良。

② 检查起动机。如果判断电源无问题，用螺丝刀将起动机电磁开关上的端子 30 和端子 C 接线柱短接，如起动机运转不良，则说明是电动机内部有故障，应拆检起动机；如起动机空转正常，则进行后面步骤的检查。

③ 检查电磁开关。检查电磁开关保持线圈，如果保持线圈阻值正常，则说明故障在起动继电器或有关线路上。

④ 检查起动继电器。短接起动继电器上的电池与起动机接线柱，若起动机运转正常，则说明起动继电器内部有故障，否则应再进一步检查。

⑤ 检查点火开关及线路。将起动继电器的电池与点火开关用导线直接相连，若起动机运转正常，则说明故障在起动继电器至点火开关的线路中，可对其进行检修。

3）起动机空转

（1）现象。

接通起动开关，起动机运转正常，发动机不转，发动机机舱中有“嗡嗡”声。

（2）分析原因。

① 起动机单向离合器打滑。

② 飞轮齿圈轮齿严重磨损或损坏。

③ 电磁开关控制的起动机，其电磁开关活动铁芯行程过短。

④ 拨叉与铁芯连接处脱开或拨叉安装在单向离合器拨叉套的外面。

（3）诊断方法。

① 起动机空转时，有较轻的摩擦声，起动机驱动齿轮不能与飞轮轮齿啮合而产生空转，即驱动齿轮还没有啮合到飞轮轮齿中，电磁开关就提前接通，说明主电路的接触盘行程过短，

应拆下起动机，进行起动机接通时刻的调整。

② 起动机空转时，有严重的碰撞齿轮的声音，说明飞轮轮齿或起动机驱动齿轮严重磨损，应拆下起动机，进一步检查，根据实际情况更换驱动齿轮。

③ 起动机空转时，速度较快但无碰齿声，说明起动机单向离合器打滑，此时应更换单向离合器总成。

任务实施

起动机的检测

检测项目	检测内容	备注	检测结果判断
1. 电枢的检测	电枢绕组断路的检查，应导通	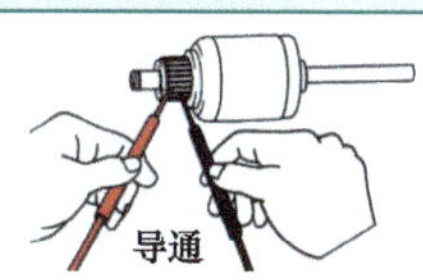	□正常　□异常
	电枢绕组接地的检查，换向器和电枢线圈铁芯之间不应导通	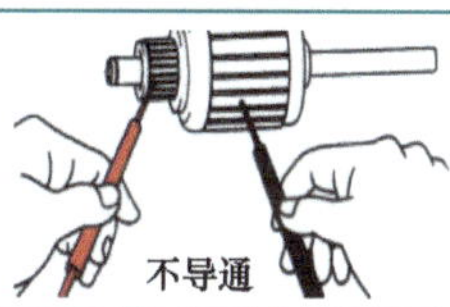	□正常　□异常
2. 磁场部分的检测	用万用表检查励磁绕组两电刷之间通路时，应导通。检查励磁绕组和定子外壳时，不应导通	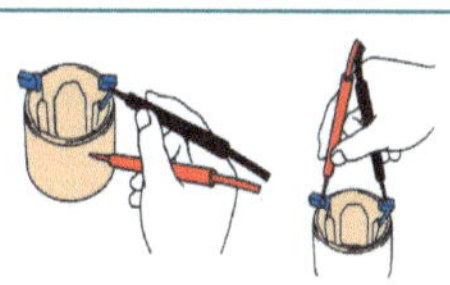	□正常　□异常
3. 电刷及电刷架的检测	测量电刷的长度时要结合具体的标准，不应小于最小长度标准，检测可用游标卡尺测量		□正常　□异常
	检查“+”电刷架 A 和“－”电刷架 B 之间不应导通		□正常　□异常
4. 电磁控制装置的检测	用万用表“R×1”挡检查吸引线圈和保持线圈的电阻值，若线圈已断路或有严重短路时，应更换		□正常　□异常
	吸引线圈的开路检查	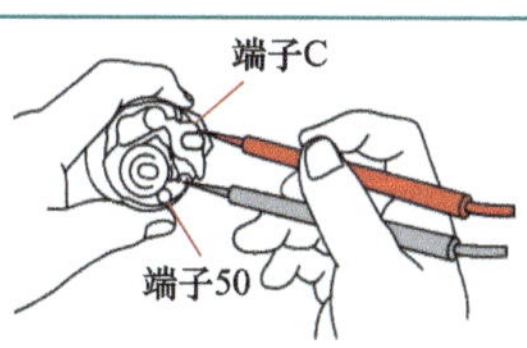	□正常　□异常
	保持线圈的开路检查	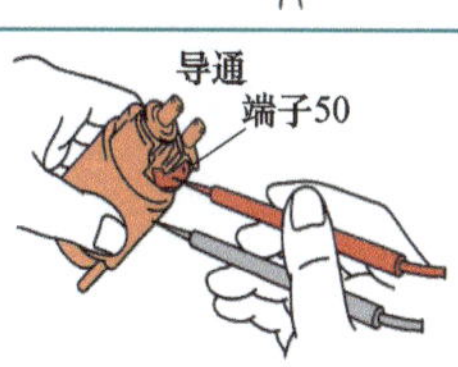	□正常　□异常
	电磁开关接触片的检查	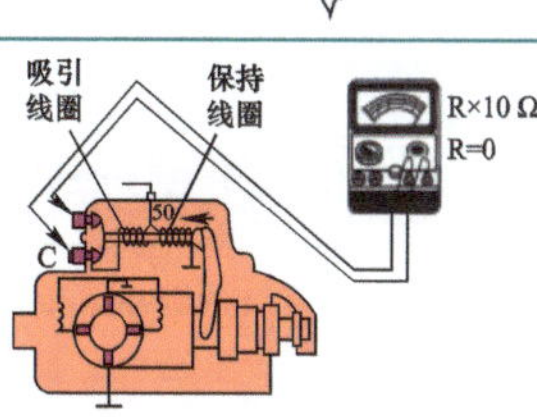	□正常　□异常

续表

检测项目	检测内容	备注	检测结果判断
5. 单向离合器的检测	将单向离合器及驱动齿轮总成装到电枢轴上，握住电枢，驱动齿轮总成应能沿电枢轴自如滑动。检查小齿轮和花键及飞轮齿圈有无磨损或损坏。握住外座圈，转动驱动齿轮，应能自由转动；反转时应锁住，否则应更换单向离合器	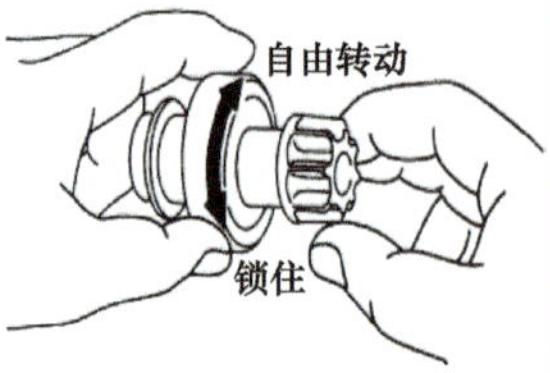	□正常 □异常

任务评价

姓名： 班级： 学号： 日期：

序号	作业内容	配分	评判标准	得分
1	前期准备	20	□ 未按照要求穿着工作服，扣 5 分 □ 佩戴尖锐饰物，扣 5 分 □ 未穿安全鞋，扣 5 分 □ 未检查清点工具，扣 5 分	
2	技术操作	60	□ 起动机拆卸方法错误，扣 5 分 □ 电枢绕组断路检测方法和结果判断错误，扣 5 分 □ 电枢绕组接地检测方法和结果判断错误，扣 5 分 □ 磁场部分的检测方法和结果判断错误，扣 5 分 □ 电刷的检测方法和结果判断错误，扣 5 分 □ 电刷架的检测方法和结果判断错误，扣 5 分 □ 吸引线圈和保持线圈断路、短路检查判断错误，扣 5 分 □ 吸引线圈的开路检查方法和结果判断错误，扣 5 分 □ 保持线圈的开路检查方法和结果判断错误，扣 5 分 □ 电磁开关接触片的检查方法和结果判断错误，扣 5 分 □ 单向离合器的检测方法和结果判断错误，扣 5 分 □ 起动机组装方法错误，扣 5 分	
3	现场恢复	20	□ 工具、设备摆放凌乱，扣 5 分 □ 工具丢失或脱落，扣 5 分 □ 地面和设备不整洁，扣 5 分 □ 未清洁工具，扣 5 分	
总分				

项目10

汽油发动机电控系统的结构与检测

任务10.1　认识汽油发动机电控系统

扫码观看
本任务学习视频

任务目标

1. 掌握发动机电控系统的组成结构。
2. 掌握发动机电控系统的基本检测方法。
3. 培养严谨的职业素养。

任务准备

1. 按功能分

汽车发动机电控系统由若干个子控制系统组成，主要包括电控燃油喷射系统、电控点火系统、怠速控制系统和自我诊断与报警系统等。

1）电控燃油喷射（EFI）系统

电控燃油喷射系统根据各传感器输送来的信号，能有效控制空燃比，使发动机在各种工况下的空燃比达到最佳值，从而实现提高功率、降低油耗、减少废气排放等功能。电控燃油喷射系统的主要控制对象包括喷油量、喷射正时、燃油停供及燃油泵等。

2）电控点火（ESA）系统

电控点火系统可使发动机在不同转速、进气量等情况下，在最佳点火提前角工况下工作，使发动机输出最大的功率和扭矩，并将油耗和废气排放降低到最低限度。点火装置的控制主要包括点火提前角、通电时间及爆燃控制等方面。

3）怠速控制（ISC）系统

发动机在汽车运转、空调压缩机工作、变速器挂入挡位、发电机负荷加大等不同怠速运转工况下，由ECU控制怠速控制阀，使发动机处在最佳怠速转速下运转。

4）排放控制

排放控制主要包括排气再循环（EGR）控制、二次空气喷射控制、活性炭罐电磁阀控制等。

5）警告提示

ECU 控制各种指示和警告装置，显示有关控制系统的工作状况，当控制系统出现故障（如氧传感器失效、催化剂过热、油箱油温过高等）时能及时发出警告信号。

6）自我诊断与报警系统

该系统利用 ECU 对电控系统中的各部件进行监测与诊断，根据发动机电控系统的工作情况，能自行及时地找出发动机电控系统出现的故障。

7）失效保护

当 ECU 检测到传感器或电路中出现故障时，仍然会按照 ECU 设定的程序和数据使控制系统继续工作（此时性能会有所下降）或停机。

8）主计算机故障备用控制系统

当 ECU 内微机控制程序出现故障时，ECU 把燃油喷射和点火正时控制在预定水平上，作为一种备用功能使车辆继续行驶。该系统只能维持基本功能，而不能保持正常的运行性能。当发动机进入故障备用控制系统工作时，即进入“跛行”状态，又称“缓慢回家”状态。

2. 按硬件分

一般由传感器、ECU 和执行器三大部分组成。传感器可将发动机各种状态的物理量转换成相应的电信号量传送给 ECU，ECU 综合处理这些电信号量后，送出控制数据，执行器将 ECU 送出的控制数据转换成物理或机械动作，改变发动机的工作状态。

1）传感器

发动机电控系统的信号输入主要是通过各种传感器或其他控制装置将各种控制信号输入 ECU。发动机电控系统用的传感器和输入信号主要有以下种类。

（1）空气流量传感器。在 L 型电控燃油喷射系统中，由空气流量传感器测量发动机吸入空气量，并将信号输入 ECU，作为燃油喷射和点火正时的主控制信号。

（2）进气（歧管绝对）压力传感器。在 D 型电控燃油喷射系统中，由进气压力传感器测量进气管压力（真空度），并将信号输入 ECU，作为燃油喷射和点火的主控制信号。

（3）转速和曲轴位置传感器。转速和曲轴位置传感器检测曲轴位置信号和曲轴转角信号（转速信号）并输入 ECU，作为燃油喷射和点火的主控制信号。

（4）凸轮轴位置传感器。凸轮轴位置传感器又称相位传感器，它是一个气缸判别定位装置，向 ECU 输入凸轮轴位置信号，作为点火的主控制信号。

（5）冷却液温度传感器。冷却液温度传感器检测发动机冷却液温度，向 ECU 输入温度信号，作为燃油喷射和点火正时的修正信号，同时也是其他控制系统的控制信号。

（6）进气温度传感器。进气温度传感器检测进入进气歧管的空气温度，向 ECU 输入进气温度信号，作为燃油喷射和点火正时的修正信号。

（7）节气门位置传感器。节气门位置传感器检测节气门的开度状态，如怠速（全关）、全开及节气门开、闭的速率信号，并输入 ECU，控制燃油喷射及其他控制系统，如 EGR 开、闭环控制等。

（8）氧传感器。氧传感器检测排气中氧的含量，向 ECU 输入空燃比的反馈信号，进行发动机的闭环控制。

(9) 爆燃传感器。爆燃传感器向 ECU 输入爆燃信号，经 ECU 处理后，控制点火提前角，抑制爆燃产生。

(10) 起动信号。发动机起动时，由起动系统向 ECU 提供一个起动信号，作为喷油量、点火提前角的修正信号。

(11) 空调作用信号。当空调开关打开、空调压缩机工作、发动机负荷加大时，由空调开关向 ECU 输入空调作用信号，作为喷油量及点火提前角的修正信号。

(12) 挡位开关信号和空挡位置开关信号。自动变速器由 P/N 挡挂入其他挡位时，发动机负荷将有所增加，挡位开关向 ECU 输入挡位开关信号，作为喷油量及点火提前角的修正信号。当挂入 P 或 N 挡时，空挡位置开关提供 P/N 挡位置开关信号，防止不在 P 或 N 挡时发动机起动。

(13) 蓄电池电压信号。当 ECU 检测到蓄电池和电源系统的电压过低时，将通过蓄电池电压信号对供油量进行修正，以补偿由于电压过低，造成喷油持续时间短所带来的影响。

(14) 动力转向开关信号。采用动力转向装置的汽车，当转向盘由中间位置向左右转动时，由于动力转向油泵工作而使发动机负荷加大，此时动力转向开关向 ECU 输入修正信号，调整喷油量及点火提前角。

2）ECU

ECU 的主要功能如下：

(1) 接收传感器或其他装置输入的信号；向传感器提供参考（基准）电压（2 V、5 V、9 V、12 V 等）；将输入的信号转变为微机所能接收的信号。

(2) 存储、计算、分析处理信息；计算输出值；存储该车型的特点参数；存储运算中的数据（随机存取）和故障信息。

(3) 运算分析。根据信号参数求出执行命令数值；将输出的信息与标准值对比，查出故障。

(4) 输出执行命令。将弱信号转变为强的执行命令；输出故障信息。

(5) 自我修正功能（自适应功能）。

3）执行器

执行器受 ECU 控制，主要的执行器包括电磁式喷油器、点火控制器（点火模块）、怠速控制阀或怠速控制电机、活性炭罐电磁阀、电动燃油泵、氧传感器加热元件等。

课堂练习

辨别左侧的发动机电控系统元件图片，将其与右侧对应的名称连起来。

空气流量传感器

氧传感器

冷却液温度传感器

爆燃传感器

曲轴位置传感器

节气门位置传感器

任务实施

零件名称认知

请将零部件名称填写在表格对应的序号后。

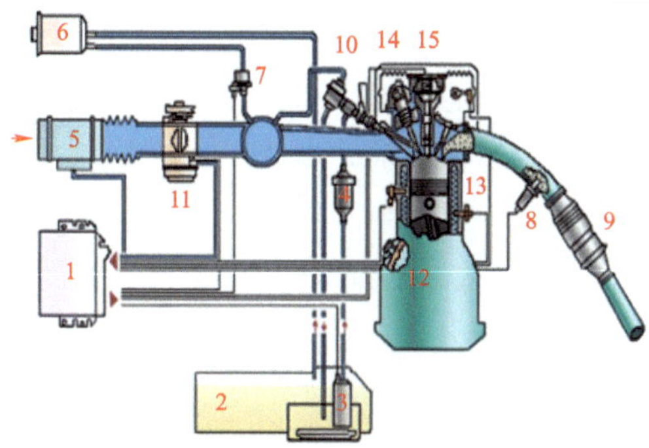

序号	名称	序号	名称
1		9	
2		10	
3		11	
4		12	
5		13	
6		14	
7		15	
8			

任务评价

姓名		总分	
班级		学号	
评价			

任务 10.2　传感器的检测

扫码观看
本任务学习视频

任务目标

1. 掌握发动机电控系统检测工具的使用方法。
2. 掌握发动机电控系统基本传感器的检测方法。
3. 培养维修手册的使用方法。
4. 培养严谨的职业素养。

任务准备

1. 空气流量传感器

1）作用

空气流量传感器应用于 L 型电控燃油喷射系统中，用于测量单位时间内进入发动机的进气量并转换成电信号传给 ECU，作为喷油量的基本参数。

2）位置

空气流量传感器安装于空气滤清器与节气门体之间，如图 10-1 所示。目前，行业中应用的空气流量传感器类型基本为热膜式空气流量传感器。热膜式空气流量传感器采用的发热体是热膜（由发热金属铂固定在薄的树脂膜上制成），如图 10-2 所示。

图 10-1　空气流量传感器位置

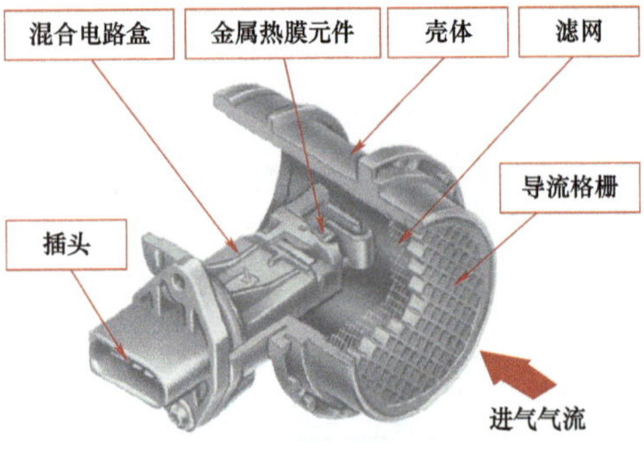

图 10-2　热膜式空气流量传感器

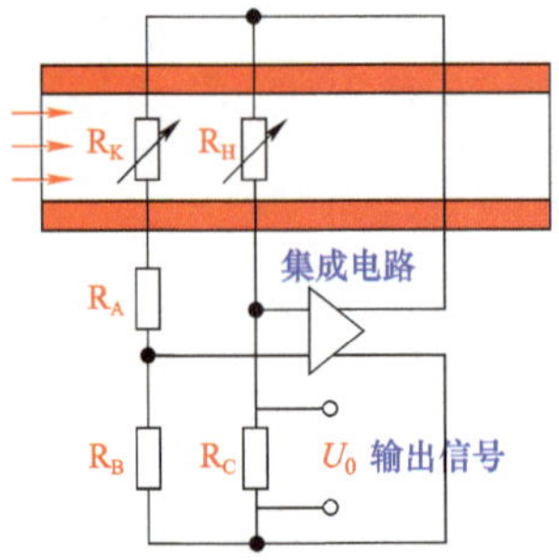

R_K—温度补偿电阻；R_H—热线电阻；R_A、R_B、R_C—精密电阻

图 10-3　热膜式空气流量传感器工作原理

3）工作原理

热膜式空气流量传感器的工作原理如图 10–3 所示。当空气流过热线时，热线电阻 R_H 的热量被空气吸收，使其变冷。热线周围通过的空气质量流量越大，被带走的热量就越多。其工作中将热线温度与吸入空气温度差保持在 120 ℃。热线温度由混合集成电路控制，当空气质量流量增大时，由于空气带走的热量增多，为保持热线温度，混合集成电路使热线电阻通过的电流增大；反之，则减小。这样，使得通过热线电阻的电流是空气质量流量的单一函数，即热线电流随着空气质量流量的增大而增大，随空气质量流量的减小而减小。这样 ECU 根据热线电流的变化就可以计算出空气流量的大小。

2. 进气压力传感器

1）作用

D 型电控燃油喷射系统中，由进气管绝对压力传感器测量进气管压力，并将其转换成电信号输入 ECU。实际测量的是进气管的真空度，通过计算换算成反映进气量的参数，与转速信号一起作为决定喷油器基本喷油量的依据。

2）位置

安装在节气门与进气门之间的进气歧管上，如图 10–4 所示。

图 10–4　进气压力传感器位置

3）工作原理

进气压力传感器种类较多，通常可以分为压敏电阻式、电容式、膜盒式三种类型。以压敏电阻式进气歧管压力传感器为例，主要由硅膜片、真空室、集成电路、线束插接器等组成。传感器壳体被硅膜片分割成两个互不相通的腔室。一腔室预置真空，另一腔室导入进气歧管压力，如图 10–5 所示。

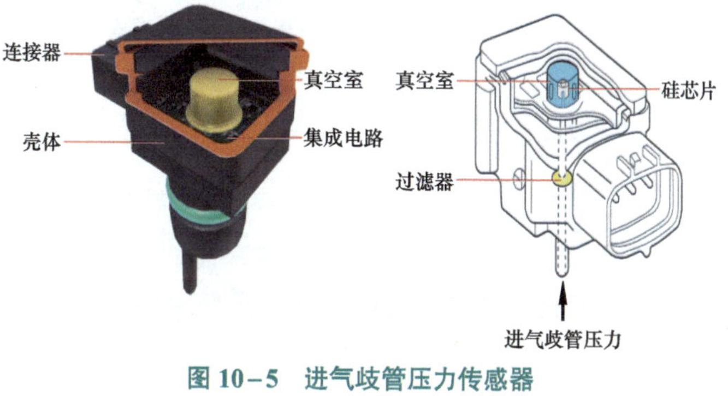

图 10–5　进气歧管压力传感器

硅膜片（如图 10-6 所示）是压力转换元件，用单晶硅制成。硅膜片的长和宽约为 3 mm，厚度约为 160 μm。在硅膜片的中央部位采用腐蚀方法制作有一个直径为 2 mm、厚度约为 50 μm 的薄硅膜片，在薄硅膜片的表面上，采用集成电路加工技术与台面扩散技术制作 4 只梳状阻值相等的半导体压敏电阻，通常称为固态压阻器件或固态电阻，并利用低阻扩散层（P 型扩散层）将 4 只电阻连接成惠斯顿电桥电路，然后再与传感器内部的信号放大电路和温度补偿电路等混合集成电路连接。

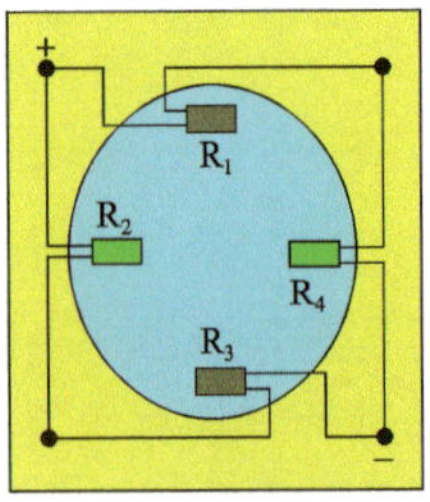

(a) 硅膜片结构

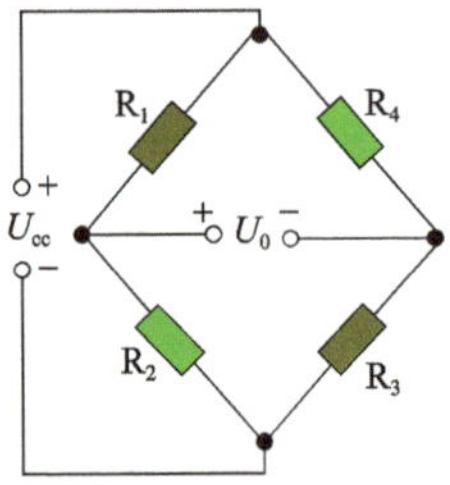

(b) 等效电路图

图 10-6　硅膜片

压敏电阻式进气歧管压力传感器，硅膜片一面通真空室，另一面导入进气歧管压力。在进气歧管压力的功能下，硅膜片就会产生应力，在应力的功能下，半导体压敏电阻的电阻率就会发生变化而引起阻值变化，惠斯顿电桥上电阻值的平衡就被打破。当电桥输入端输入一定的电压或电流时，在电桥的输出端就可得到变化的电压信号或电流信号。根据电压信号或电流信号的大小，就可检测出进气歧管压力的高低。

3. 冷却液温度传感器

1）作用

其功能是检测发动机冷却液的温度，并将温度信号转换为电信号传送给发动机 ECU，ECU 根据该信号修正喷油时间和点火时间，使发动机工况处于最佳运行状态。

2）位置

冷却液温度传感器通常又称为水温传感器，与进气温度传感器一样，属负温度系数型热敏电阻式温度传感器，安装在发动机冷却液出水管上，如图 10-7 所示。

图 10-7　冷却液温度传感器

3）工作原理

冷却液温度传感器信号是许多控制功能的修正信号，如喷油量修正、点火提前角修正、活性炭罐电磁阀控制等。冷却液温度信号也是汽车上其他电控系统的重要参考信号，如电控自动变速器系统、自动空调系统等。

车用温度传感器普遍采用了负温度系数 NTC 热敏电阻式温度传感器。NTC 型热敏电阻具有温度升高、电阻减小，温度降低、电阻增大的特性，而且成明显的非线性关系，如图 10-8 所示。

进气温度传感器的功能是检测进气温度，并将温度信号转换为电信号输入发动机 ECU，如图 10-9 所示。工作原理与冷却液温度传感器相同。进气温度信号是多种控制功能的修正信号，包括燃油脉宽、点火正时、怠速控制和尾气排放等，若进气温度传感器信号中断，将导致发动机热起动困难，燃油脉宽增加，尾气排放恶化。

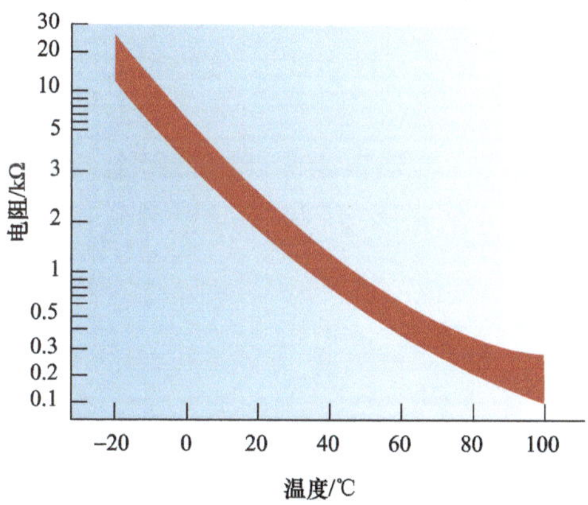

图 10-8　电阻与温度关系曲线

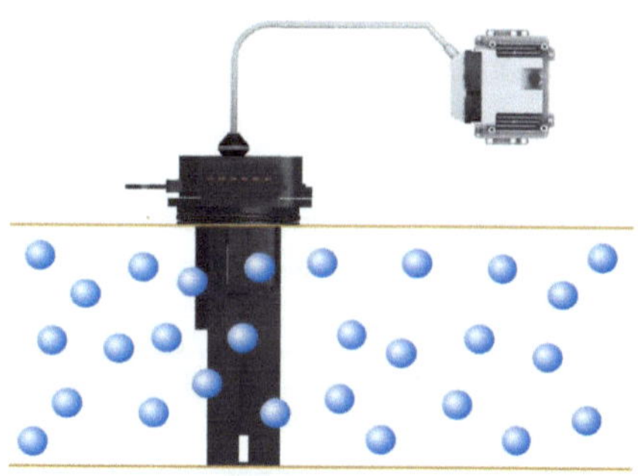
图 10-9　进气温度传感器

4. 节气门位置传感器

1）作用

节气门位置传感器（throttle position sensor，TPS）一方面用来确定节气门的开度位置，反映发动机所处工况；另一方面反映节气门开闭的速度。在急加速或急减速时，空气流量传感器由于惯性或灵敏度影响使其反映没有那么快，这样会影响汽车的动力性能和燃油经济性能。空气流量传感器这个缺陷可由节气门位置传感器弥补，故节气门位置传感器也是喷油量控制的一个重要信号。在汽车自动变速器上，节气门位置传感器信号同时输入给变速器计算机，来控制变速器换挡时机和变矩器锁止时机。

2）位置

节气门位置传感器安装在节气门体轴上，如图 10-10 所示，传统方式是由驾驶员操纵油门踏板上的拉索来控制进气量。当油门踏板踩下时，节气门开度增大，进气量也随之增大。与此同时，空气流量传感器控制的空气量也随之增大，喷油量也相应增多，混合气总量变大。

图 10-10　节气门位置传感器

3）工作原理

根据输出信号的特点，节气门位置传感器有开关量输出型（触点式）、线性输出型和综合型三类，多数车型使用线性输出型。

按内部结构原理的不同，节气门位置传感器分为电位计型和霍尔元件型，如图 10-11 所示。电位计型属于接触式传感器，利用可变电阻原理。霍尔元件型属于非接触式传感器，利用霍尔效应原理，无接触磨损，工作可靠。

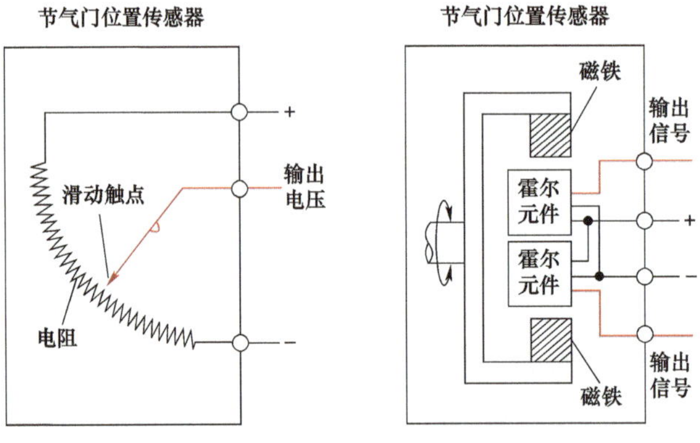

（a）电位计型　（b）霍尔元件型

图 10-11　节气门位置传感器类型

（1）线性输出型节气门位置传感器。

线性输出型节气门位置传感器采用线性可变电阻结构，按内部结构原理可以称为电位计型节气门位置传感器，其滑动端子由节气门轴带动，传感器内部一般有一个电阻器、一个滑动触点。为提高系统可靠性，从冗余设计或失效保护的角度考虑，目前的电位计型节气门位置传感器一般设计有两个电阻器、两个滑动触点、两路信号输出。

在传感器内，信号线与滑动触点相连，滑动触点可在电源和搭铁的两个端子之间滑动。当节气门开度变化时，滑动触点沿电阻器移动，根据“串联分压”的电学原理，ECU 利用内部的电阻，使传感器输出的电压信号也随之变化。滑动电阻上任何一点的电压值都与节气门开启的角度成一定比例，该电压就是节气门位置传感器的输出信号。电路如图 10–12 所示。

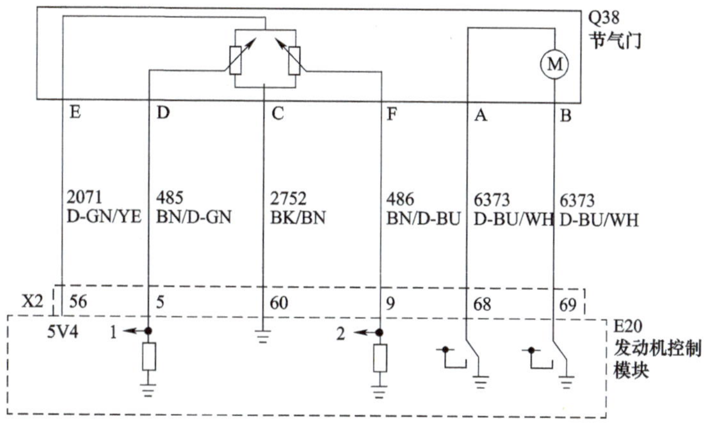

图 10–12　节气门位置传感器电路

（2）霍尔元件型节气门位置传感器。

霍尔效应：把一个通有电流 I 的长方形白金导体垂直于磁力线放入磁感应强度为 B 的磁场中时，在白金导体的两个横向侧面上就会产生一个垂直于电流方向和磁场方向的电压 U_H，当取消磁场时电压立即消失。该电压后来称为霍尔电压，U_H 与通过白金导体的电流 I 和磁感应强度 B 成正比。如图 10–13 所示。

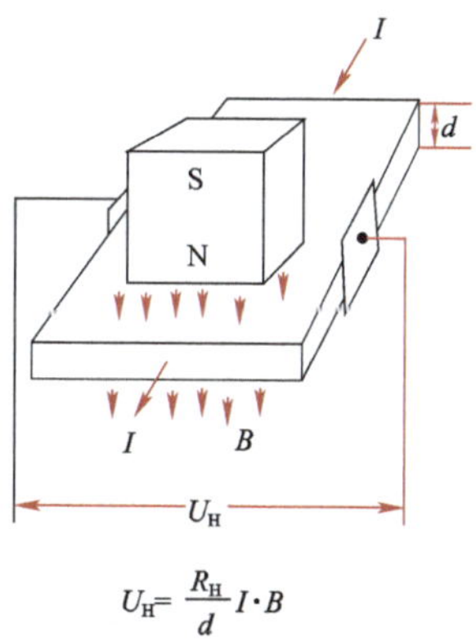

$$U_H=\frac{R_H}{d}I\cdot B$$

图 10–13　霍尔效应

利用霍尔效应制成的元件称为霍尔元件，利用霍尔元件制成的传感器称为霍尔元件型传感器，简称霍尔式传感器或霍尔传感器。

利用霍尔效应不仅可以通过接通和切断磁场来检测电压，而且可以检测导线中流过的电流，因为导线周围的磁场强度与流过导线的电流成正比关系。

霍尔元件型节气门位置传感器由霍尔 IC 元件和可绕其转动的磁铁构成，霍尔 IC 元件固定不动，磁铁随节气门轴的转动而转动。如图 10–14 所示。

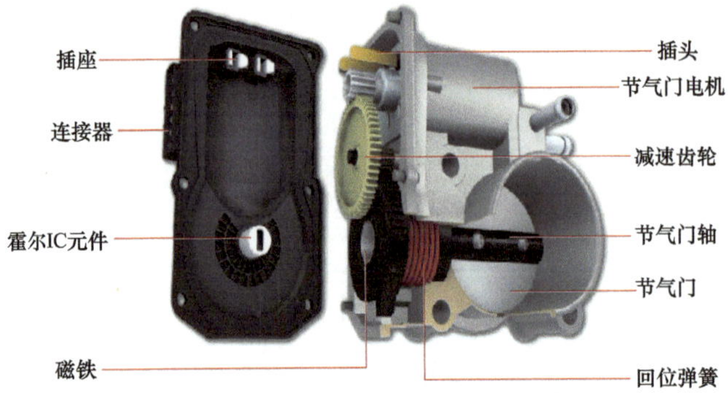

图 10-14 霍尔元件型节气门位置传感器

磁铁与节气门同轴，当节气门打开时，节气门轴转动，磁铁随之转动，磁铁与霍尔 IC 元件之间相对位置的变化引起通过霍尔 IC 元件磁通的变化，因此霍尔 IC 元件便产生相应的霍尔电压。节气门位置传感器有 4 根导线，ECU 通过 VC 端子给节气门位置传感器提供 5 V 电源，传感器经过 E 端子通过 ECU 搭铁。该传感器有两路信号输出——VTA1 和 VTA2。VTA1 用于检测节气门开度，VTA2 用于检测 VTA1 的故障。传感器电压信号与节气门开度成比例，在 0 V 和 5 V 之间变化，此信号被送至发动机 ECU 作为节气门开度信号。电路如图 10-15 所示。

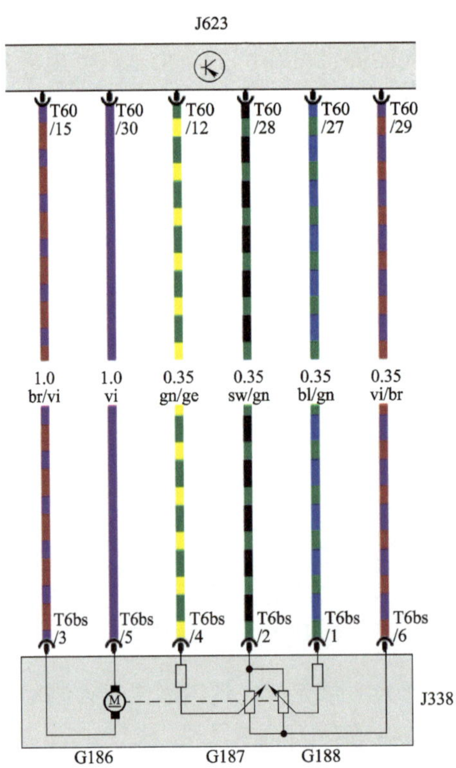

G186—节气门电机；G187—节气门位置传感器 1；G188—节气门位置传感器 2；

J338—节气门控制单元；J623—发动机控制单元

图 10-15 节气门位置传感器电路

节气门位置传感器信号的大小可以随着节气门开度的增加而增大，也可以随着节气门开度的增加而减小。对于双信号输出的节气门位置传感器，两路信号可以随着节气门开度的变化同向增加或减小，也可以采用一路信号增加、另一路信号减小的差动方式输出。信号特性如图 10-16 所示。

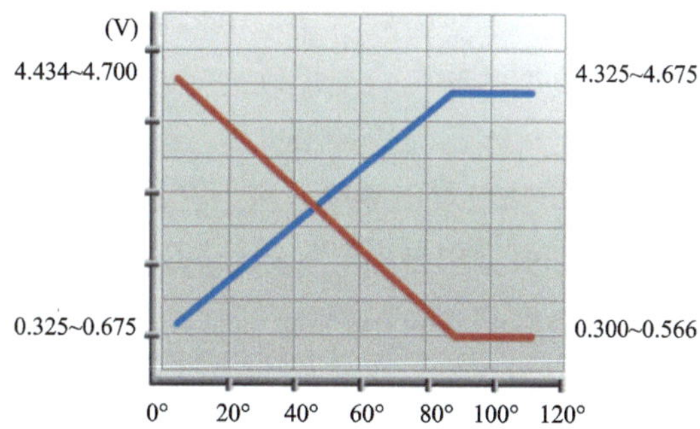

图 10-16　节气门位置传感器信号特性

5. 加速踏板位置传感器

1）作用

加速踏板位置传感器传送油门踩踏深浅与快慢的信号，向发动机 ECU 反馈驾驶员驾驶意图信息。

2）位置

加速踏板位置传感器即油门踏板位置传感器，安装在加速踏板附近。

3）工作原理

加速踏板位置传感器产生相应的电压信号输入控制单元，控制单元首先对输入的信号进行滤波，以消除环境噪声的影响，然后根据当前的工作模式、踏板移动量和变化率解析驾驶员意图，计算出对发动机扭矩的基本需求，得到相应的节气门转角的基本期望值。然后再经过 CAN 总线和整车控制单元进行通信，获取其他工况信息，以及各种传感器信号如发动机转速、挡位、节气门位置、空调能耗等，由此计算出整车所需求的全部扭矩，通过对节气门转角期望值进行补偿，得到节气门的最佳开度，并把相应的电压信号发送到驱动电路模块，驱动控制电机使节气门达到最佳的开度位置。节气门位置传感器则把节气门的开度信号反馈给控制单元，形成闭环的位置控制。

为了最大程度保证信号的可靠性，发动机 ECU 通过两个加速踏板位置传感器提供的信号来识别出加速踏板当前的位置。因此加速踏板位置传感器主要是由两套可变电阻式滑动电位计构成，电路如图 10-17 所示。

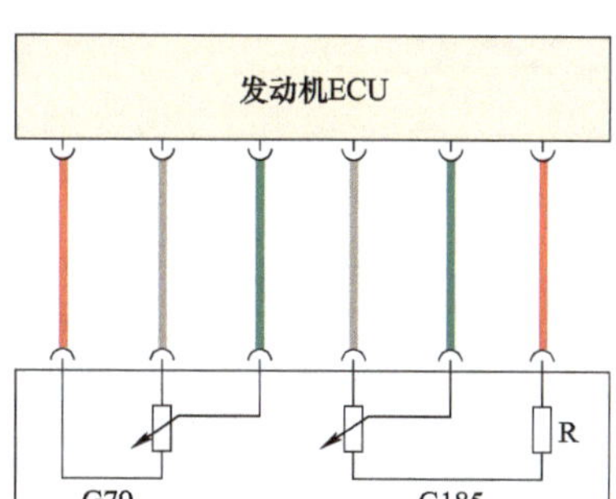

图 10-17　加速踏板位置传感器电路

节气门驱动电机常采用直流电机，控制直流电机采用脉冲宽度调制（PWM）技术，其特点有频率高、效率高、功率密度高与可靠性高。控制单元通过调节脉宽调制信号的占空比，来控制直流电机转角的大小，电机方向则是由和节气门相连的复位弹簧控制的。电机输出转矩和脉宽调制信号的占空比成正比。当占空比一定，电机输出转矩与回位弹簧阻力矩保持平衡时，节气门开度不变；当占空比增大时，电机驱动力矩克服回位弹簧阻力矩，节气门开度增大；反之，当占空比减小时，电机输出转矩和节气门开度也随之减小。

ECU 对系统的功能进行监控，如果发现故障，将点亮系统故障指示灯，提示驾驶员系统有故障。同时电磁离合器被分离，节气门不再受电机控制。节气门在回位弹簧的作用下返回到一个小开度的位置，使车辆慢速行驶到维修地点。

6. 曲轴位置传感器

1）作用

曲轴位置传感器也称为发动机转速传感器，用来检测曲轴转角位移，给 ECU 提供发动机转速信号和曲轴转角信号，作为燃油喷射系统的喷油控制和点火控制的主控制信号。

2）位置

曲轴位置传感器一般安装在飞轮前方、曲轴箱后方。有的发动机将曲轴位置传感器安装在发动机皮带轮后方或分电器内。

3）工作原理

（1）磁感应式曲轴位置传感器。

如图 10－18 所示，传感器由带信号齿轮的转轮和磁性传感器组成。磁性传感器内，有永久磁铁提供磁场，当转轮旋转时，信号齿切割磁场，于是在磁性传感器内部的感应线圈感应出电压信号。检测的时候，主要是测量磁性传感器内部的感应线圈的电阻值，应符合规定范围。

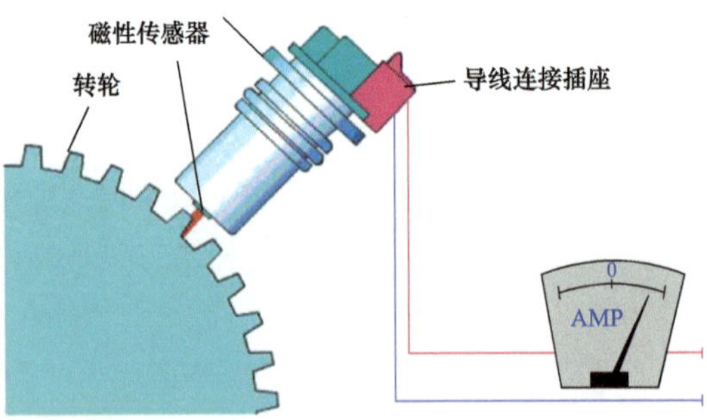

图 10－18　磁感应式曲轴位置传感器

（2）霍尔式曲轴位置传感器。

如图 10－19 所示，传感器安装在分电器内。其原理是霍尔效应，ECU 给传感器的霍尔元件提供 5 V 电压，以提供霍尔电流，永久磁铁提供磁场。当信号盘转动时，信号叶片与窗口间断性地经过磁铁与霍尔元件之间，磁场就间断性地来到霍尔元件，进而产生间断性的霍尔电压。检测的内容主要是 5 V 电压、搭铁及脉冲的电压信号。

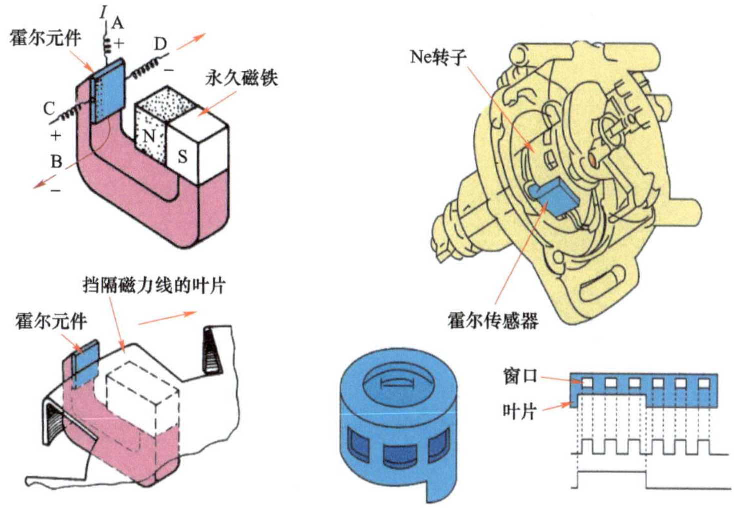

图 10–19　霍尔式曲轴位置传感器

（3）光电式曲轴位置传感器。

发光二极管、光敏二极管和固定电路都安装在固定底板座上，发光二极管和光敏二极管位置相对，分别位于遮光盘（信号盘）的两侧。遮光盘固定在凸轮轴上，与凸轮轴一同转动。遮光盘（信号盘）结构形式如图 10–20 下部所示，其边缘刻有 360 条缝隙，每转过一条缝隙对应凸轮轴 1° 转角。在其边缘还有表示一缸上止点位置的缝隙及 90°（四缸）和 60°（六缸）间隔的缝隙。当遮光盘的缝隙正对发光二极管和光敏二极管的缝隙时，发光二极管的光线照射到光敏二极管上，控制电路输出高电平（ON）信号，光被遮住时输出一个低电平（OFF）信号。凸轮轴旋转一周，控制电路输出 360 个脉冲信号，每个脉冲信号对应 1° 转角，该信号可作为向 ECU 输入的转速信号（曲轴凸轮轴转速比为 2:1）。由缝隙较宽的一缸上止点标记和 90°（或 60°）间隔缝隙所控制的电路将 ECU 输入一缸上止点位置信号和缸序判别信号（G 信号）。检测内容主要是 5 V 的 Vc 正电压、搭铁、脉冲的 120° 信号和脉冲的 1° 信号。

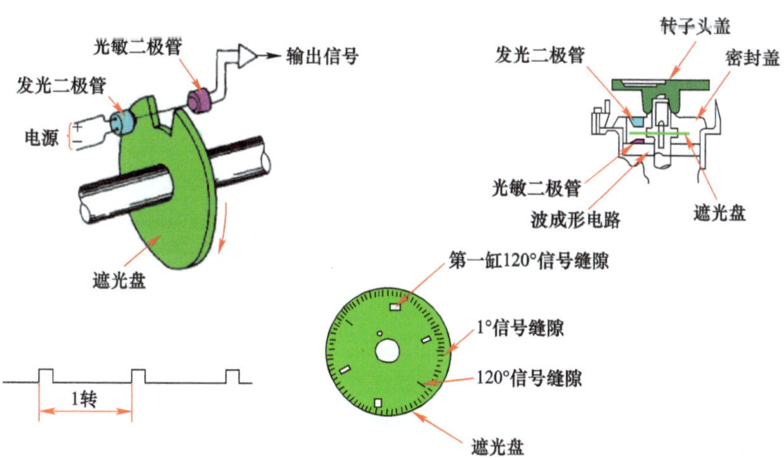

图 10–20　光电式曲轴位置传感器

凸轮轴位置传感器的作用是判断一缸上止点的位置，一般安装在凸轮轴前端或后端，其工作采用霍尔效应原理，与霍尔效应式曲轴位置传感器相同，因此不再单独讲解凸轮轴位置传感器。

7. 爆震传感器

1）作用

爆震传感器（如图 10-21 所示）测定发动机抖动度，当发动机产生爆震时，用来调整点火提前角。

图 10-21　爆震传感器

2）位置

爆震传感器安装在发动机缸体中间。以四缸发动机为例，爆震传感器可能安装在 2 缸和 3 缸之间，或者安装在 1、2 缸中间一个，以及 3、4 缸中间一个。

3）工作原理

（1）磁致伸缩式爆震传感器，主要由磁芯、永久磁铁和感应线圈等组成。当机体振动时，磁芯受振偏移，使感应线圈内的磁通量发生变化，而在感应线圈内产生感应电动势。

（2）压电陶瓷式爆震传感器，当发动机有抖动时，里面的陶瓷受到挤压产生一个电信号。因为这个电信号很弱，所以一般的爆震传感器的连接线都是用屏蔽线包裹的。其中压电式共振型传感器应用最多，一般安装在发动机机体上部，利用压电效应把爆震时产生的机械振动转变为电压信号。当产生爆震时的振动频率（约 6 000 Hz）与压电效应传感器自身的固有频率一致时，即产生共振现象。这时传感器会输出一个很高的爆震信号电压并送至 ECU，ECU 及时修正点火时间，避免爆震的产生。

爆震传感器出现故障后可明显地听到发动机的敲击声，特别是在较轻负荷下进行加速时。如果爆震较轻，一般不会引起什么损害，但较长时间的强爆震会使发动机彻底损坏。爆震传感器故障出现的敲击声有时会被发动机曲轴噪声和磨损的正时链条（或传动带）所产生的噪声淹没，因此要注意区别。爆震传感器出现故障后，还可能推迟点火时刻，从而使车辆的燃油经济性、动力性能下降，增大排放污染。

发动机出现爆震并不一定是爆震传感器损坏，废气再循环装置的 EGR 阀故障、发动机气缸内积碳、点火时刻过于提前、可燃混合气过稀、真空泄漏、发动机过热及燃油辛烷值过低等，都会使发动机出现爆震。

检查爆震传感器时，先将发动机起动并使其处于怠速状态，然后用一把扳手叩击靠近爆震传感器的进气歧管部分（注意不要用力太大，绝不要直接敲击传感器本身）。扳手叩击所产生的振动足以使爆震传感器工作，将信号传给 ECU，ECU 应该立刻推迟点火时刻，这时怠速要有一个短暂的变化。也可以用点火正时灯来观察点火时刻的改变，如果没有任何反应，即点火时刻不变化，那就要检查连接导线、插头和插座甚至 ECU，看导线是否连接良好，有没有短路或断路，插头、插座的接触有没有问题，ECU 本身有没有故障等。若上述检查都没有异常，必是爆震传感器出现故障。爆震传感器是一个不可分解的整体，一旦出现问题要进行更换。

8. 氧传感器

1）作用

三元催化转化器安装在排气管的中段，它能净化排气中 CO、HC 和 NO_x 三种主要的有害成分，但只在混合气的空燃比处于接近理论空燃比的一个窄小范围内，三元催化转化器才能有效地起到净化功能。故在排气管中插入氧传感器，借检测废气中的氧浓度测定空燃比，并将其转换成电压信号或电阻信号，反馈给 ECU，ECU 控制空燃比收敛于理论值附近。

2）位置

氧传感器安装在排气管上，在使用三元催化转化器降低排放污染的发动机上，氧传感器是必不可少的。

3）工作原理

按检测空燃比数值的范围不同分为普通氧传感器和宽带型氧传感器。普通氧传感器只能检测空燃比是大于或小于 14.7:1，当空燃比偏离理想空燃比较多时，其反应灵敏性降低。宽带型氧传感器即新式氧传感器，简称“空燃比传感器”，能检测的空燃比范围为 23:1～11:1，且检测精度高，不仅能使发动机实现稀混合气或浓混合气控制，而且喷油量的控制更加精确。

按功能不同分为前氧传感器和后氧传感器。前氧传感器安装在三元催化转化器前面，用于检测混合气空燃比，ECU 据此调节喷油量，实现空燃比的闭环控制。后氧传感器安装在三元催化转化器后面，用于检测经过三元催化转化器转化后的排气成分，监测三元催化转化器的转化效率。

（1）普通氧化锆式氧传感器。

氧化锆式氧传感器的基本元件是氧化锆（ZrO_2）陶瓷管（固体电解质），亦称锆管，如图 10-22 所示。锆管固定在带有安装螺纹的固定套中，内外表面均覆盖着一层多孔性的铂膜，其内表面与大气接触，外表面与废气接触。氧传感器的接线端有一个金属护套，其上开有一个用于锆管内腔与大气相通的孔；电线将锆管内表面的铂极经绝缘套从此接线端引出。

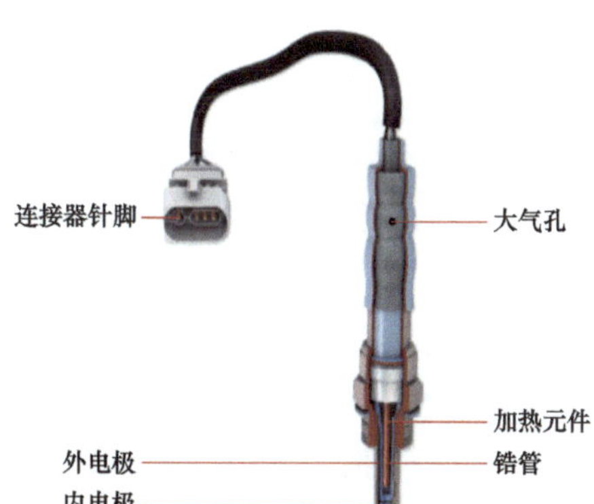

图 10-22　氧化锆式氧传感器

氧化锆式氧传感器在温度超过 300 ℃后，才能进行正常工作。早期使用的氧传感器靠排气加热，这种传感器必须在发动机起动运转数分钟后才能开始工作。现在，大部分汽车使用带加热器的氧传感器。这种传感器内有一个电加热元件，可在发动机起动后的 20～30 s 内迅速将氧传感器加热至工作温度。

锆管的陶瓷体是多孔的，渗入其中的氧气，在温度较高时发生电离。由于锆管内、外侧氧含量不一致，存在浓度差，因而氧离子从大气侧向排气侧扩散，从而使锆管成为一个微电池，在两铂极间产生电压。

当混合气的实际空燃比小于理论空燃比，即发动机以较浓的混合气运转时，排气中氧含量少，但 CO、HC、H_2 等较多。这些气体在锆管外表面的铂催化功能下与氧发生反应，将耗尽排气中残余的氧，使锆管外表面氧气浓度变为零，这就使得锆管内、外侧氧浓度差加大，两铂极间电压陡增。因此，锆管传感器产生的电压将在理论空燃比时发生突变：稀混合气时，输出电压几乎为零；浓混合气时，输出电压接近 1 V。工作原理如图 10-23 所示。

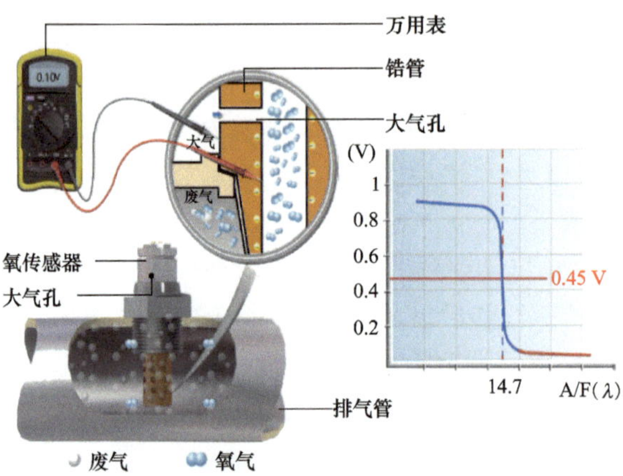

图 10-23 氧化锆式氧传感器工作原理

要准确地保持混合气浓度为理论空燃比是不可能的。实际上的反馈控制只能使混合气在理论空燃比附近一个较小的范围内波动，故氧传感器的输出电压在 0.1～0.8 V 之间不断变化（通常每 10 s 内变化 8 次以上）。如果氧传感器输出电压变化过缓（每 10 s 少于 8 次）或电压保持不变（不论保持在高电位或低电位），则表明氧传感器有故障，需检修。

（2）宽带型氧传感器。

宽带型氧传感器能够提供准确的空燃比反馈信号给 ECU，从而使 ECU 精确控制喷油时间，使气缸内混合气浓度始终保持在理论空燃比附近。宽带型氧传感器的使用提高了 ECU 的控制精度，最大限度地发挥了三元催化的功能，优化了发动机的性能，并可节省大约 15%的燃油消耗，更加有效地降低了有害气体的排放。宽带型氧传感器通过检测发动机尾气排放中的氧含量，并向发动机 ECU 输送相应的电压信号，反映混合气的浓稀。ECU 根据氧传感器传送的实际混合气浓稀信号而相应调节喷油脉宽，使发动机运行在最佳空燃比（$\lambda=1$）状态，从而为三元催化转化器的尾气处理创造理想的条件。如果混合气太浓（$\lambda<1$），必须减少喷油量；如果混合气太稀（$\lambda>1$），则要增加喷油量。

构成宽带型氧传感器的组件有两个部分：一部分为氧电池 B，另一部分是泵氧元 A。

氧电池的一面与大气接触；而另一面是测试腔，通过扩散孔与排气接触。与普通氧化锆传感器一样，由于氧电池两侧的氧含量不同而产生一个电动势。一般的氧化锆传感器将此电压作为控制单元的输入信号来控制混合比，而宽带型氧传感器与此不同的是，发动机控制单元要把氧电池两侧的氧含量保持一致，让电压值维持在 0.45 V，这个电压只是计算机的参考标准值，需要传感器的另一部分来完成。如图 10–24 所示。

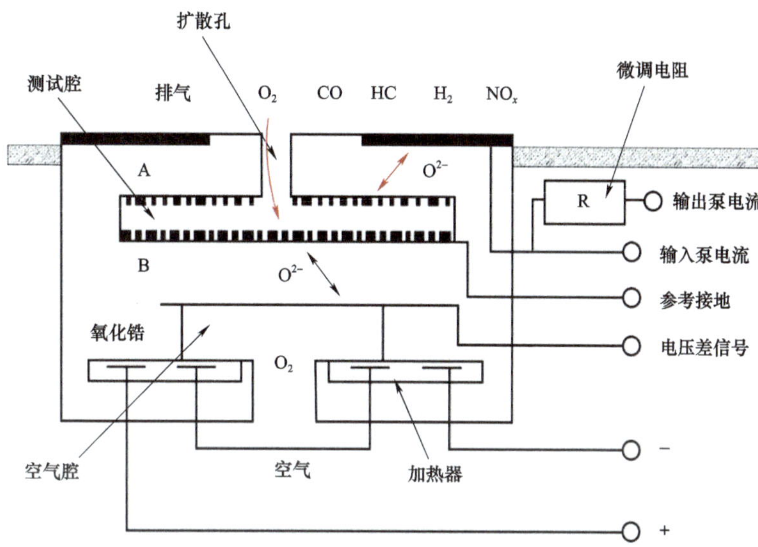

图 10–24　宽带型氧传感器

泵氧元一边起排气作用，另一边与测试腔相连。泵氧元利用氧化锆传感器的反功能原理，将电压施加于氧化锆组件（泵氧元）上，这样会造成氧离子的移动。把排气中的氧泵入测试腔当中，使氧电池两侧的电压值维持在 0.45 V。这个施加在泵氧元上变化的电压，才是所需要的氧含量信号。如果混合气太浓，那么排气中含氧量下降，此时从扩散孔溢出的氧较多，氧电池的电压升高。为达到平衡发动机的控制单元，增加控制电流使泵氧元提高泵氧效率，使测试腔的氧含量增加，这样可以调节电压恢复到 0.45 V。相反，混合气太稀，则排气中的含氧量增加，这时氧要从扩散孔进入测试腔，氧电池电压降低，此时泵氧元向外排出氧来平衡测试腔中的含氧量，使氧电池的电压维持在 0.45 V。总而言之，加在泵氧元上的电压可以保证当测试腔内的氧多时，排出腔内的氧，这时发动机控制单元的控制电流是正电流；当腔内的氧少时，进行供氧，此时发动机控制单元的控制电流是负电流。以上过程供给泵氧元的电流就反映了排气中的剩余空气含量系数。

利用万用表在宽带型氧传感器端子上直接测量传感器的输出电压是不可能的，必须通过诊断仪读取数据流，氧传感器的电压规定值为 1.0～2.0 V。电压值大于 1.5 V 时，混合气过稀（氧多）；电压值小于 1.5 V 时，混合气过浓（氧少）。

实际检测时，可人为造成混合气过浓与过稀，以此来读取相应的数据流。例如，从帕萨特领驭轿车进气歧管上拔掉一根真空管，使混合气变稀，此时会看到宽带型氧传感器的电压值大于 1.5 V；从空气滤清器入口喷入化油器清洗剂，使混合气变浓，此时会看到宽带型氧传感器的电压值小于 1.5 V，变化非常明显。

任务实施

（一）空气流量传感器检测

<table>
<tr><td colspan="8">一、填写下列信息</td></tr>
<tr><td>客户姓名</td><td></td><td>车牌号</td><td></td><td>车型</td><td></td><td>发动机型号</td><td></td></tr>
<tr><td>客户电话</td><td></td><td>行驶里程</td><td></td><td>VIN 号</td><td colspan="3"></td></tr>
<tr><td>服务项目</td><td colspan="7">常规保养☐　一般维修☐　事故车☐　大修☐　其他☐</td></tr>
<tr><td>安全防护</td><td colspan="7">1. 车辆外观检查：　有损伤☐　无损伤☐
2. 铺翼子板布☐
3. 铺座椅座套☐　脚垫☐　方向盘套☐</td></tr>
<tr><td colspan="8">二、空气流量传感器信息查询</td></tr>
<tr><td colspan="8">1. 查阅维修手册/电路图：标记传感器资料页数（　　　　　）页。
2. 根据维修手册/电路图标出相应电控单元端、空气流量传感器端插脚号及导线颜色：</td></tr>
</table>

电控单元插脚	导线颜色	空气流量传感器插脚

3. 标出空气流量传感器端各插脚作用：是否供电、是否信号、是否接地。

空气流量传感器插脚	记录
	供电☐　信号☐　接地☐
	供电☐　信号☐　接地☐
	供电☐　信号☐　接地☐
	供电☐　信号☐　接地☐
	供电☐　信号☐　接地☐

4. 根据电路图画出简易电路，并标注插脚号：

三、空气流量传感器检测

1. 数据流调取

（1）数据流调取条件是否满足：汽车怠速运转□

（2）读取并记录数据流（　　　　　　），注意不要忘记填写单位。

2. 空气流量传感器供电检查

本书电控发动机电路检查，均是在不断开电路连接的情况下进行检测：一种可以在试验台上外接插孔直接检测；另一种在实车上通过背插针连接完毕后，进行检测。

（1）检查条件是否满足：点火开关状态　　ON □　　OFF □

（2）万用表使用与判断：

步骤	内容	备注
选择挡位	直流电压□　交流电压□　直流电流□ 交流电流□　电阻□	—
表笔连接	红表笔接：（　　　　　　）	填写空气流量传感器插脚号
	黑表笔接：（　　　　　　）	填写空气流量传感器插脚号
记录测量值	测量结果：（　　　　　　）	注意填写测量单位
测量结果判断	正常 □　异常 □	—

3. 空气流量传感器信号检查

（1）检查条件是否满足：点火开关状态　　ON □　　OFF □

（2）万用表使用与判断：

步骤	内容	备注
选择挡位	直流电压□　交流电压□　直流电流□ 交流电流□　电阻□	—
表笔连接	红表笔接：（　　　　　　）	填写空气流量传感器插脚号
	黑表笔接：（　　　　　　）	填写空气流量传感器插脚号
记录测量值	测量结果：（　　　　　　）	注意填写测量单位
测量结果判断	正常 □　异常 □	—

4. 拓展训练

（1）使用示波器调取加速时空气流量传感器信号变化情况：

项目	记录	备注
示波器数据线连接	探针侧：	填写空气流量传感器插脚号
	参考线侧（夹子侧）：	填写空气流量传感器插脚号
每格电压		注意填写测量单位
脉宽时间		注意填写测量单位

（2）画出或粘贴空气流量传感器怠速–加速时的变化波形：

提醒：需要进行导线检测时，应断开导线两端线束连接器，使用万用表欧姆挡，检测导线两端阻值小于 1 Ω 为正常。

（二）进气歧管绝对压力传感器检测

一、填写下列信息							
客户姓名		车牌号		车型		发动机型号	
客户电话		行驶里程		VIN 号			
服务项目	常规保养□　一般维修□　事故车□　大修□　其他□						
安全防护	1. 车辆外观检查：　有损伤□　无损伤□ 2. 铺翼子板布□ 3. 铺座椅座套□　脚垫□　方向盘套□						
二、进气歧管绝对压力传感器信息查询							

1. 查阅维修手册/电路图：标记传感器资料页数（　　　　　　）页。

2. 根据维修手册/电路图标出相应电控单元端、进气歧管绝对压力传感器端插脚号及导线颜色：

电控单元插脚	导线颜色	进气歧管绝对压力传感器插脚

3. 标出进气歧管绝对压力传感器端各插脚作用：是否供电、是否信号、是否接地。

进气歧管绝对压力传感器插脚	记录
	供电□　信号□　接地□
	供电□　信号□　接地□
	供电□　信号□　接地□

4. 根据电路图画出简易电路，并标注插脚号：

三、进气歧管绝对压力传感器检测

1. 数据流调取

（1）数据流调取条件是否满足：汽车怠速运转□

（2）读取并记录数据流（　　　　　），注意不要忘记填写单位。

2. 进气歧管绝对压力传感器供电检查

（1）检查条件是否满足：点火开关状态　ON □　OFF □

（2）万用表使用与判断：

步骤	内容	备注
选择挡位	直流电压□　交流电压□　直流电流□ 交流电流□　电阻□	—
表笔连接	红表笔接：（　　　　　）	填写进气歧管绝对压力传感器插脚号
	黑表笔接：（　　　　　）	填写进气歧管绝对压力传感器插脚号
记录测量值	测量结果：（　　　　　）	注意填写测量单位
测量结果判断	正常 □　异常 □	—

3. 进气歧管绝对压力传感器信号检查

（1）检查条件是否满足：点火开关状态 ON □ OFF □

（2）万用表使用与判断：

步骤	内容	备注
选择挡位	直流电压□ 交流电压□ 直流电流□ 交流电流□ 电阻□	—
表笔连接	红表笔接：（ ）	填写进气歧管绝对压力传感器插脚号
	黑表笔接：（ ）	填写进气歧管绝对压力传感器插脚号
记录测量值	测量结果：（ ）	注意填写测量单位
测量结果判断	正常 □ 异常 □	—

4. 拓展训练

（1）使用示波器调取加速时进气歧管绝对压力传感器信号变化情况：

项目	记录	备注
检测通道		—
示波器数据线连接	探针侧：	填写进气歧管绝对压力传感器插脚号
	参考线侧（夹子侧）：	填写进气歧管绝对压力传感器插脚号
每格电压		注意填写测量单位
脉宽时间		注意填写测量单位

（2）画出或粘贴进气歧管绝对压力传感器怠速－加速时的变化波形：

提醒：进气歧管绝对压力传感器需要进行导线检测时，应断开导线两端线束连接器，使用万用表欧姆挡，检测导线两端阻值小于 1 Ω 为正常。

（三）冷却液温度传感器检测

一、填写下列信息

客户姓名		车牌号		车型		发动机型号	
客户电话		行驶里程		VIN 号			
服务项目	常规保养□	一般维修□		事故车□		大修□	其他□
安全防护	1. 车辆外观检查：有损伤□ 无损伤□ 2. 铺翼子板布□ 3. 铺座椅座套□ 脚垫□ 方向盘套□						

二、冷却液温度传感器信息查询

1. 查阅维修手册/电路图：标记传感器资料页数（　　　　　　）页。

2. 根据维修手册/电路图标出相应电控单元端、冷却液温度传感器端插脚号及导线颜色：

电控单元插脚	导线颜色	冷却液温度传感器插脚

3. 标出冷却液温度传感器端各插脚作用：是否供电、是否信号、是否接地。

冷却液温度传感器插脚	记录
	供电□　信号□　接地□
	供电□　信号□　接地□

4. 根据电路图画出简易电路，并标注插脚号。

三、冷却液温度传感器检测

1. 数据流调取

（1）数据流调取条件是否满足：点火开关状态 ON □ OFF □

（2）读取并记录数据流（ ），注意不要忘记填写单位。

2. 冷却液温度传感器供电检查

（1）检查条件是否满足：点火开关状态 ON □ OFF □

（2）万用表使用与判断：

步骤	内容	备注
选择挡位	直流电压□ 交流电压□ 直流电流□ 交流电流□ 电阻□	—
表笔连接	红表笔接：（ ）	填写冷却液温度传感器插脚号
	黑表笔接：（ ）	填写冷却液温度传感器插脚号
记录测量值	测量结果：（ ）	注意填写测量单位
测量结果判断	正常 □ 异常 □	—

3. 冷却液温度传感器信号检查

（1）检查条件是否满足：点火开关状态 ON □ OFF □

（2）万用表使用与判断：

步骤	内容	备注
选择挡位	直流电压□ 交流电压□ 直流电流□ 交流电流□ 电阻□	—
表笔连接	红表笔接：（ ）	填写冷却液温度传感器插脚号
	黑表笔接：（ ）	填写冷却液温度传感器插脚号
记录测量值	测量结果：（ ）	注意填写测量单位
测量结果判断	正常 □ 异常 □	—

4. 拓展训练

将冷却液温度传感器置于一盆水中，逐渐将水加热，使用温度计与万用表记录 50 ℃、60 ℃、70 ℃、80 ℃、90 ℃、100 ℃的情况下，温度传感器阻值数据各是多少，记录下来。

提醒：冷却液温度传感器需要进行导线检测时，应断开导线两端线束连接器，使用万用表欧姆挡，检测导线两端阻值小于 1 Ω 为正常。

（四）线性（霍尔式）节气门位置传感器检测

一、填写下列信息							
客户姓名		车牌号		车型		发动机型号	
客户电话		行驶里程		VIN 号			
服务项目	常规保养□　一般维修□　事故车□　大修□　其他□						
安全防护	1. 车辆外观检查：　有损伤□　无损伤□ 2. 铺翼子板布□ 3. 铺座椅座套□　脚垫□　方向盘套□						

二、节气门位置传感器信息查询

1. 查阅维修手册/电路图：标记传感器资料页数（　　　　　）页。
2. 根据维修手册/电路图标出相应电控单元端、节气门位置传感器端插脚号及导线颜色：

电控单元插脚	导线颜色	节气门位置传感器插脚

3. 标出节气门位置传感器端各插脚作用，是否供电、是否信号、是否接地。

节气门位置传感器插脚	记录
	供电□　信号□　接地□
	供电□　信号□　接地□
	供电□　信号□　接地□
	供电□　信号□　接地□
	供电□　信号□　接地□
	供电□　信号□　接地□

4. 根据电路图画出简易电路，并标注插脚号：

三、节气门位置传感器检测

1. 数据流调取

（1）数据流调取条件是否满足：发动机是否怠速 ON □ OFF □

（2）读取并记录数据流（ ）、（ ），注意不要忘记填写单位。

2. 节气门位置传感器供电检查

（1）检查条件是否满足：点火开关状态 ON □ OFF □

（2）万用表使用与判断：

步骤	内容		备注
选择挡位	直流电压□ 交流电压□ 直流电流□ 交流电流□ 电阻□		—
表笔连接	红表笔接：（ ）	红表笔接：（ ）	填写节气门位置传感器插脚号
	黑表笔接：（ ）	黑表笔接：（ ）	填写节气门位置传感器插脚号
记录测量值	测量结果：（ ）	测量结果：（ ）	注意填写测量单位
测量结果判断	正常 □ 异常 □	正常 □ 异常 □	—

3. 节气门位置传感器信号检查

（1）检查条件是否满足： 点火开关状态 ON □ OFF □

油门踏板 踩□ 不踩 □

（2）万用表使用与判断：

步骤	内容		备注
选择挡位	直流电压□　交流电压□　直流电流□ 交流电流□　电阻□		—
表笔连接	红表笔接：（　　）	红表笔接：（　　）	填写节气门位置传感器插脚号
	黑表笔接：（　　）	黑表笔接：（　　）	填写节气门位置传感器插脚号
记录测量值	关闭时测量结果：（　　） 开 50%测量结果：（　　） 开 100%测量结果：（　　）	关闭时测量结果：（　　） 开 50%测量结果：（　　） 开 100%测量结果：（　　）	注意填写测量单位
测量结果判断	正常 □　异常 □	正常 □　异常 □	—

4. 线性节气门单体检测（如果是霍尔式节气门忽略此步）

（1）滑动电阻阻值。

节气门插脚号	阻值标准范围	阻值测量值	测量结果判断
			正常 □　异常 □
			正常 □　异常 □

（2）节气门电机阻值。

节气门插脚号	阻值标准范围	阻值测量值	测量结果判断
			正常 □　异常 □

5. 拓展训练

（1）使用示波器调取节气门信号变化情况：

步骤	内容	备注
检测条件	点火开关状态　ON □　OFF □	—
	油门踏板　踩 □　不踩 □	—
检测通道		—
示波器数据线连接	探针侧：（　　）	填写节气门位置传感器插脚号
	参考线侧（夹子侧）：（　　）	填写节气门位置传感器插脚号
每格电压		注意填写测量单位
脉宽时间		注意填写测量单位
测量结果判断	正常 □　异常 □	—

（2）使用示波器调取节气门电机加速时信号变化情况：

步骤	内容	备注
检测条件	点火开关状态　ON □　OFF □	—
	油门踏板　踩 □　不踩 □	—
检测通道		—
示波器数据线连接	探针侧：（　　　）	填写节气门插脚号
	参考线侧（夹子侧）：（　　　）	填写节气门插脚号
每格电压		注意填写测量单位
脉宽时间		注意填写测量单位
测量结果判断	正常 □　异常 □	—

（3）画出或粘贴加速时的变化波形：

提醒：节气门位置传感器需要进行导线检测时，应断开导线两端线束连接器，使用万用表欧姆挡，检测导线两端阻值小于 1 Ω 为正常。

（五）加速踏板位置传感器检测

一、填写下列信息							
客户姓名		车牌号		车型		发动机型号	
客户电话		行驶里程		VIN 号			
服务项目	常规保养□　一般维修□　事故车□　大修□　其他□						
安全防护	1. 车辆外观检查：　有损伤□　无损伤□ 2. 铺翼子板布□ 3. 铺座椅座套□　脚垫□　方向盘套□						

二、加速踏板位置传感器信息查询

1. 查阅维修手册/电路图：标记传感器资料页数（　　　　　　）页。

2. 根据维修手册/电路图标出相应电控单元端、加速踏板位置传感器端插脚号及导线颜色：

电控单元插脚	导线颜色	加速踏板位置传感器插脚

3. 标出加速踏板位置传感器端各插脚作用：是否供电、是否信号、是否接地。

加速踏板位置传感器插脚	记录
	供电□　　信号□　　接地□
	供电□　　信号□　　接地□
	供电□　　信号□　　接地□
	供电□　　信号□　　接地□
	供电□　　信号□　　接地□
	供电□　　信号□　　接地□

4. 根据电路图画出简易电路，并标注插脚号；

三、加速踏板位置传感器检测

1. 数据流调取

（1）数据流调取条件是否满足：汽车怠速运转□

（2）读取并记录数据流（　　　　　　）、（　　　　　　），注意不要忘记填写单位。

2. 加速踏板位置传感器供电检查

（1）检查条件是否满足：点火开关状态　ON □　OFF □

（2）万用表使用与判断：

步骤	内容		备注
选择挡位	直流电压□　交流电压□　直流电流□ 交流电流□　电阻□		—
表笔连接	红表笔接：（　　　）	红表笔接：（　　　）	填写传感器插脚号
	黑表笔接：（　　　）	黑表笔接：（　　　）	填写传感器插脚号
记录测量值	测量结果：（　　　）	测量结果：（　　　）	注意填写测量单位
测量结果判断	正常 □　异常 □	正常 □　异常 □	—

3. 加速踏板位置传感器信号检查

（1）检查条件是否满足：点火开关状态　ON □　OFF □

油门踏板　踩□　不踩□

（2）万用表使用与判断：

步骤	内容		备注
选择挡位	直流电压□　交流电压□　直流电流□ 交流电流□　电阻□		—
表笔连接	红表笔接：（　　　）	红表笔接：（　　　）	填写传感器插脚号
	黑表笔接：（　　　）	黑表笔接：（　　　）	填写传感器插脚号
记录测量值	关闭时测量结果：（　　） 开 50%测量结果：（　　） 开 100%测量结果：（　　）	关闭时测量结果：（　　） 开 50%测量结果：（　　） 开 100%测量结果：（　　）	注意填写测量单位
测量结果判断	正常 □　异常 □	正常 □　异常 □	—

4. 加速踏板单体检测（如果是霍尔式忽略此步）

（1）滑动电阻阻值。

加速踏板插脚号	阻值标准范围	阻值测量值	测量结果判断
			正常 □　异常 □
			正常 □　异常 □

（2）加速踏板电位计阻值（记录加速踏板关闭时的状况）。

加速踏板插脚号	阻值标准范围	阻值测量值	测量结果判断
			正常 □　异常 □
			正常 □　异常 □

5. 拓展训练

（1）使用示波器调取加速踏板信号变化情况。

步骤	内容	备注
检测条件	点火开关状态　ON □　OFF □	—
	油门踏板　踩 □　不踩 □	—
检测通道		—
示波器数据线连接	探针侧：（　　　　）	填写传感器插脚号
	参考线侧（夹子侧）：（　　　　）	填写传感器插脚号
每格电压		注意填写测量单位
脉宽时间		注意填写测量单位
测量结果判断	正常 □　异常 □	—

（2）画出或粘贴加速时的变化波形：

提醒：加速踏板位置传感器需要进行导线检测时，应断开导线两端线束连接器，使用万用表欧姆挡，检测导线两端阻值小于 1 Ω 为正常。

（六）磁感应式曲轴位置传感器检测

一、填写下列信息							
客户姓名		车牌号		车型		发动机型号	
客户电话		行驶里程		VIN 号			
服务项目	常规保养□	一般维修□		事故车□		大修□	其他□
安全防护	1. 车辆外观检查：　有损伤□　无损伤□ 2. 铺翼子板布□ 3. 铺座椅座套□　脚垫□　方向盘套□						

二、磁感应式曲轴位置传感器信息查询

1. 查阅维修手册/电路图标记传感器资料页数（　　　　　　）页。

2. 根据维修手册/电路图标出相应电控单元端、磁感应式曲轴位置传感器端插脚号及导线颜色：

电控单元插脚	导线颜色	磁感应式曲轴位置传感器插脚

3. 标出磁感应式曲轴位置传感器端各插脚作用：是否供电、是否信号、是否接地。

磁感应式曲轴位置传感器插脚	记录
	供电□　信号□　接地□
	供电□　信号□　接地□
	供电□　信号□　接地□

4. 根据电路图画出简易电路，并标注插脚号：

三、磁感应式曲轴位置传感器检测

1. 数据流调取

（1）数据流调取条件是否满足：发动机怠速　ON □　OFF □

（2）读取并记录数据流（　　　　　），注意不要忘记填写单位。

2. 磁感应式曲轴位置传感器信号检查

（1）检查条件是否满足：发动机怠速运转　ON □　OFF □

（2）万用表使用与判断：

步骤	内容	备注
选择挡位	直流电压□　交流电压□　直流电流□ 交流电流□　电阻□	—
表笔连接	红表笔接：（　　　　　）	填写磁感应式曲轴位置传感器插脚号
	黑表笔接：（　　　　　）	填写磁感应式曲轴位置传感器插脚号
记录测量值	测量结果：（　　　　　）	注意填写测量单位
测量结果判断	正常 □　异常 □	—

3. 磁感应式曲轴位置传感器单体检测

曲轴位置传感器插脚号	阻值标准范围	阻值测量值	测量结果判断
			正常 □　异常 □

4. 传感器波形调取

（1）使用示波器调取磁感应式曲轴位置传感器在怠速时信号波形：

步骤	内容	备注
检测条件	发动机怠速运转　ON □　OFF □	—
检测通道		—
示波器数据线连接	探针侧：（　　　　　）	填写磁感应式曲轴位置传感器插脚号
	参考线侧（夹子侧）：（　　　　　）	填写磁感应式曲轴位置传感器插脚号
每格电压		注意填写测量单位
脉宽时间		注意填写测量单位
测量结果判断	正常 □　异常 □	—

（2）画出或粘贴发动机怠速时的信号波形：

提醒：磁感应式曲轴位置传感器需要进行导线检测时，应断开导线两端线束连接器，使用万用表欧姆挡，检测导线两端阻值小于 1 Ω 为正常。

（七）霍尔效应式曲轴位置传感器检测

<table>
<tr><td colspan="8">一、填写下列信息</td></tr>
<tr><td>客户姓名</td><td></td><td>车牌号</td><td></td><td>车型</td><td></td><td>发动机型号</td><td></td></tr>
<tr><td>客户电话</td><td></td><td>行驶里程</td><td></td><td>VIN 号</td><td colspan="3"></td></tr>
<tr><td>服务项目</td><td colspan="7">常规保养□　一般维修□　事故车□　大修□　其他□</td></tr>
<tr><td>安全防护</td><td colspan="7">1. 车辆外观检查：　有损伤□　无损伤□
2. 铺翼子板布□
3. 铺座椅座套□　脚垫□　方向盘套□</td></tr>
<tr><td colspan="8">二、霍尔效应式曲轴位置传感器信息查询</td></tr>
<tr><td colspan="8">1. 查阅维修手册/电路图：标记传感器资料页数（　　　　　）页。
2. 根据维修手册/电路图标出相应电控单元端、霍尔效应式曲轴位置传感器端插脚号及导线颜色：</td></tr>
</table>

电控单元插脚	导线颜色	霍尔效应式曲轴位置传感器插脚

3. 标出霍尔效应式曲轴位置传感器端各插脚作用：是否供电、是否信号、是否接地。

霍尔效应式曲轴位置传感器插脚	记录
	供电□　信号□　接地□
	供电□　信号□　接地□
	供电□　信号□　接地□

4. 根据电路图画出简易电路，并标注插脚号：

三、霍尔效应式曲轴位置传感器检测

1. 数据流调取

（1）数据流调取条件是否满足：发动机怠速　ON □　OFF □

（2）读取并记录数据流（　　　　　），注意不要忘记填写单位。

2. 霍尔效应式曲轴位置传感器供电检查

（1）检查条件是否满足：点火开关状态　ON □　OFF □

（2）万用表使用与判断：

步骤	内容	备注
选择挡位	直流电压□　交流电压□　直流电流□ 交流电流□　电阻□	—
表笔连接	红表笔接：（　　　　）	填写霍尔效应式曲轴位置传感器插脚号
	黑表笔接：（　　　　）	填写霍尔效应式曲轴位置传感器插脚号
记录测量值	测量结果：（　　　　）	注意填写测量单位
测量结果判断	正常 □　异常 □	—

3. 霍尔效应式曲轴位置传感器信号检查

（1）检查条件是否满足：发动机怠速　ON □　OFF □

（2）万用表使用与判断：

步骤	内容	备注
选择挡位	直流电压□　交流电压□　直流电流□ 交流电流□　电阻□	—
表笔连接	红表笔接：（　　　　）	填写霍尔效应式曲轴位置传感器插脚号
	黑表笔接：（　　　　）	填写霍尔效应式曲轴位置传感器插脚号
记录测量值	测量结果：（　　　　）	注意填写测量单位
测量结果判断	正常 □　异常 □	—

4. 波形调取

（1）使用示波器调取霍尔效应式曲轴位置传感器信号波形：

步骤	内容	备注
检测条件	发动机怠速运转　ON □　OFF □	—
检测通道		—
示波器数据线连接	探针侧：（　　　　）	填写霍尔效应式曲轴位置传感器插脚号
	参考线侧（夹子侧）：（　　　　）	填写霍尔效应式曲轴位置传感器插脚号
每格电压		注意填写测量单位
脉宽时间		注意填写测量单位
测量结果判断	正常 □　异常 □	—

（2）画出或粘贴发动机怠速时的信号波形：

提醒：霍尔效应式曲轴位置传感器需要进行导线检测时，应断开导线两端线束连接器，使用万用表欧姆挡，检测导线两端阻值小于 1 Ω 为正常。

（八）氧传感器检测

一、填写下列信息

客户姓名		车牌号		车型		发动机型号	
客户电话		行驶里程		VIN 号			
服务项目	常规保养□	一般维修□		事故车□		大修□	其他□
安全防护	1. 车辆外观检查：　有损伤□　无损伤□ 2. 铺翼子板布□ 3. 铺座椅座套□　脚垫□　方向盘套□						

二、氧传感器信息查询

1. 查阅维修手册/电路图：标记传感器资料页数（　　　　　）页。

2. 根据维修手册/电路图标出相应电控单元端、氧传感器端插脚号及导线颜色：

电控单元插脚	导线颜色	氧传感器插脚

3. 标出氧传感器端各插脚作用：是否供电、是否信号、是否接地。

氧传感器插脚	记录
	供电□　信号□　接地□
	供电□　信号□　接地□
	供电□　信号□　接地□
	供电□　信号□　接地□
	供电□　信号□　接地□
	供电□　信号□　接地□

4. 根据电路图画出简易电路，并标注插脚号：

三、氧传感器检测

1. 数据流调取

(1) 数据流调取条件是否满足：汽车怠速运转□

(2) 读取并记录数据流变化次数： 前氧 （ ）；后氧（ ）。

2. 氧传感器加热电阻供电检查

(1) 检查条件是否满足：点火开关状态 ON □ OFF □

(2) 万用表使用与判断：

步骤	内容		备注
选择挡位	直流电压□ 交流电压□ 直流电流□ 交流电流□ 电阻□		—
表笔连接	“前氧”红表笔接：( )	“后氧”红表笔接：( )	填写氧传感器插脚号
	“前氧”黑表笔接：( )	“后氧”黑表笔接：( )	填写氧传感器插脚号
记录测量值	“前氧”测量结果：( )	“后氧”测量结果：( )	注意填写测量单位
测量结果判断	正常 □ 异常 □	正常 □ 异常 □	—

3. 氧传感器信号检查

(1) 检查条件是否满足：发动机运转至工作温度 ON □ OFF □

(2) 万用表使用与判断：

步骤	内容		备注
选择挡位	直流电压□ 交流电压□ 直流电流□ 交流电流□ 电阻□		—
表笔连接	“前氧”红表笔接：( )	“后氧”红表笔接：( )	填写氧传感器插脚号
	“前氧”黑表笔接：( )	“后氧”黑表笔接：( )	填写氧传感器插脚号
记录测量值	“前氧”测量结果：( )	“后氧”测量结果：( )	注意填写测量单位
测量结果判断	正常 □ 异常 □	正常 □ 异常 □	—

4. 氧传感器单体检测

分类	传感器插脚号	阻值标准范围	阻值测量值	测量结果判断
前氧	—			正常 □ 异常 □
后氧	—			正常 □ 异常 □

5. 拓展训练

（1）使用示波器调取前后氧传感器信号变化情况：

项目	记录	备注
检测条件	发动机运转至工作温度　ON □　OFF □	—
检测通道		—
示波器数据线连接	探针侧：	填写氧传感器插脚号
	参考线侧（夹子侧）：	填写氧传感器插脚号
每格电压		注意填写测量单位
脉宽时间		注意填写测量单位

（2）画出或粘贴加速时的变化波形：

提醒：氧传感器需要进行导线检测时，应断开导线两端线束连接器，使用万用表欧姆挡，检测导线两端阻值小于 1 Ω 为正常。

任务评价

姓名：　　　　　　班级：　　　　　　学号：　　　　　　日期：

序号	作业内容	配分	得分
1	空气流量传感器检测	10	
2	进气歧管绝对压力传感器检测	10	
3	冷却液温度传感器检测	10	
4	线性（霍尔式）节气门位置传感器检测	10	
5	加速踏板位置传感器检测	10	
6	磁感应式曲轴位置传感器检测	10	
7	霍尔效应式曲轴位置传感器检测	10	
8	氧传感器检测	10	
9	工装及卫生整顿	10	
10	纪律与安全	10	
合计		100	

任务 10.3　执行器的检测

扫码观看
本任务学习视频

任务目标

1. 掌握发动机电控系统的检测工具使用方法。
2. 掌握发动机电控系统主要执行器的检测方法。
3. 培养维修手册的使用方法。
4. 培养严谨的职业素养。

任务准备

1. 电磁喷油器的检查

1）测听检查

操作如图 10–25 所示，发动机热车后使其怠速运转，用螺丝刀或听诊器测听各缸喷油器工作的声音。

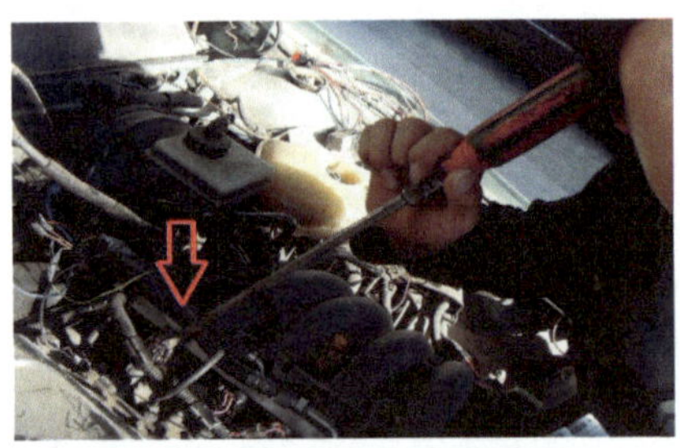

图 10–25　喷油器的声音诊断

测听判断：若听不见某缸喷油器“嗒嗒”的工作声音，说明该缸喷油器不工作。对此，应检查喷油器控制线路或者测量电磁线圈阻值。若控制线路及阻值正常，则说明喷油器针阀完全卡死，应更换喷油器。如果某缸喷油器的工作声音很小，则说明喷油器工作不正常，可能是针阀卡滞，应做进一步的检查。

2）电阻测量

喷油器两针脚之间的电阻值，测量方法如图 10–26 所示。高阻值喷油器阻值一般在 13～16 Ω 之间，低阻值喷油器阻值一般在 2～3 Ω 之间。

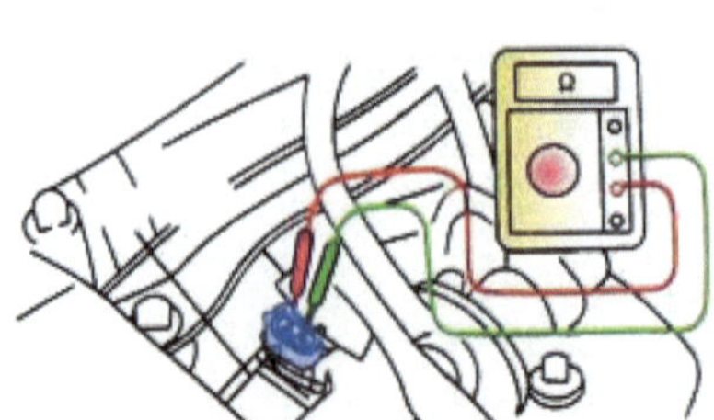

图 10–26　喷油器电阻测量

3）电压测量

测量喷油器插座正极端子与发动机搭铁之间的电压值。若线路与继电器正常，则点火开关打开时，检测电压为蓄电池电压。

4）断缸检查

发动机热车后使其怠速运转；依次拔下各缸喷油器的线束插头，使喷油器停止喷油，进行断缸检查。

断缸分析：若拔下某缸喷油器线束插头后，发动机转速有明显下降，则说明该缸工作正常；若拔下某缸喷油器线束插头后，发动机转速无明显下降，则说明该缸不工作或者工作不良，应做进一步检查。

2. 怠速电机的检查

1）怠速转速控制原理

怠速控制的实质是控制发动机怠速时的进气量。怠速时的喷油量则由 ECU 根据预先试验设定的怠速空燃比和实际进气量计算确定。

怠速控制内容主要是发动机负荷变化控制和电器负荷变化控制。怠速控制系统控制怠速转速的方法如下：当发动机怠速负荷增大时，ECU 控制怠速控制阀使进气量增大，从而使怠速转速提高，防止发动机运转不稳或熄火；当发动机怠速负荷减小时，ECU 控制怠速控制阀使进气量减少，从而使怠速转速降低，以免怠速转速过高。

2）怠速控制方式

怠速控制有两种控制方式，分别是节气门直动式与旁通控制式，如图 10–27 所示。

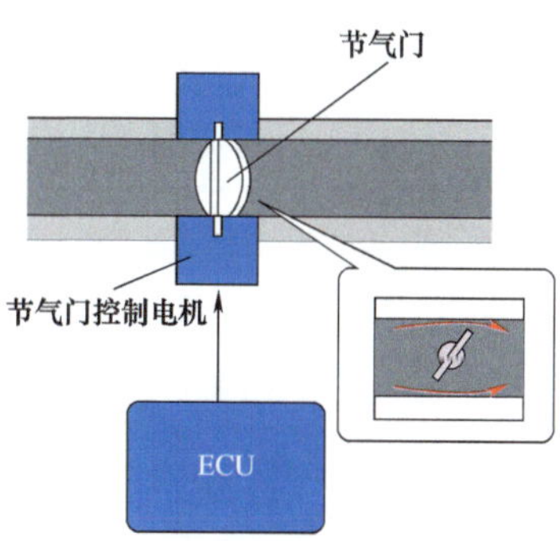

(a) 节气门直动式

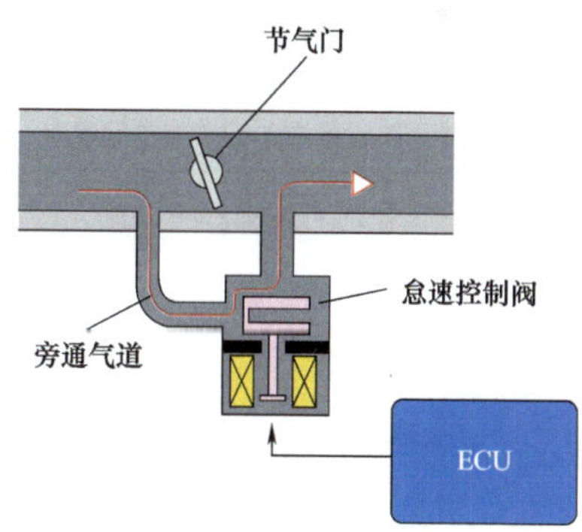

(b) 旁通控制式

图 10–27　怠速控制方式

（1）节气门直动式怠速控制。

当 ECU 根据转速、水温、空调开关等信号判定需要调节节气门开度来稳定或控制发动机的怠速转速时，就会向怠速电动机提供正向或反向工作电流，使怠速电动机正向或反向运转，并通过齿轮减速机构驱动节气门开度增大或减小，怠速节气门电位计则将节气门怠速开度的变化情况随时反馈给 ECU。当发动机转速或节气门开度达到理想值时，ECU 又会将怠速电动机锁定，从而使节气门开度锁定。当节气门由大开度突然关闭时，怠速电动机还可以减缓节气门的关闭速度，启动节气门缓冲的作用。

（2）旁通控制式怠速控制。

步进电机式怠速控制阀结构如图 10−28 所示。

步进电机工作过程如图 10−29 所示，控制电路如图 10−30 所示。定子绕组输入 4 个脉冲电压，按 A—A_1、B_1—B、A_1—A、B—B_1 顺序通电，则转子逆时针转动。

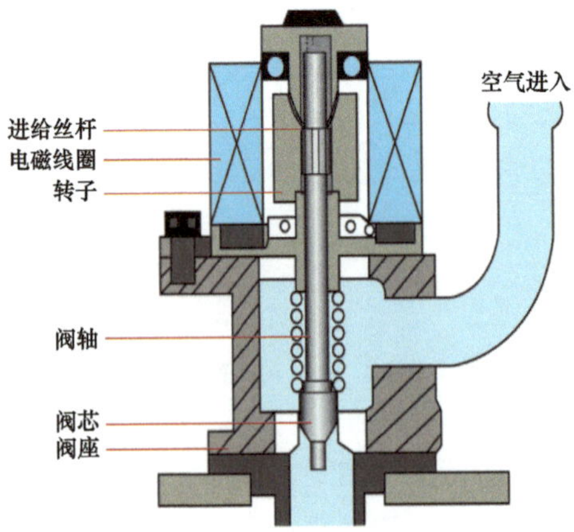

图 10−28　步进电机式怠速控制阀结构

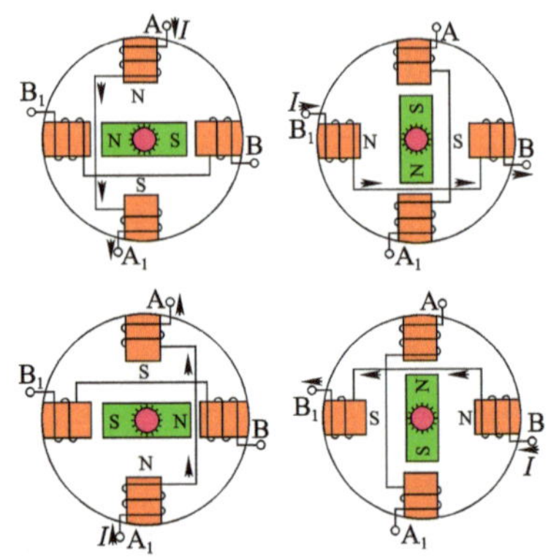

图 10−29　步进电机工作过程

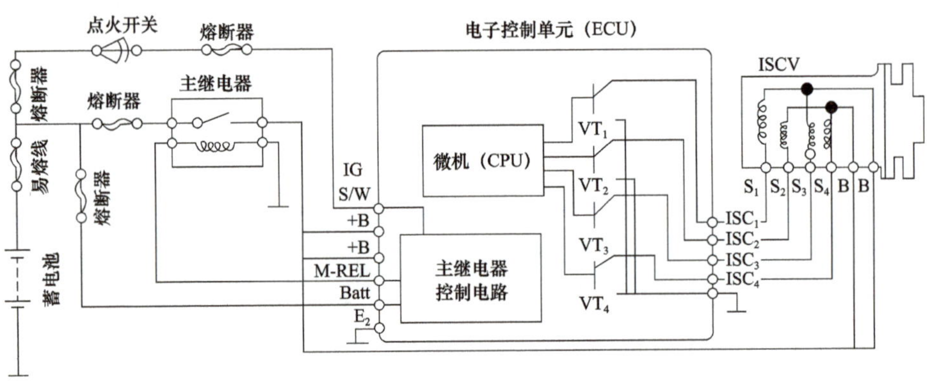

图 10−30　步进电机控制电路

3. 电动汽油泵的检查

电动汽油泵置于油箱中，将油箱中的燃油经滤清器泵入燃油导轨中。

1）油泵电机线圈电阻值的检测

方法：测量油泵电源端子和搭铁端子间的电阻，即为油泵电机线圈的电阻值。测量油泵 1—4 两端子之间的电阻值，应为 0.2～3 Ω；否则，应更换油泵。

2）供电检测

测量端子 1—接地电压。

方法：起动发动机，两端子间电压应为电源电压，不低于 11.5 V。

3）通电检测

方法：用蓄电池直接给油泵通电，应能听到油泵电机高速旋转的声音。

注意：每次通电时间不能超过 10 s。

任务实施

（一）电磁喷油器检测

<table>
<tr><td colspan="8">一、填写下列信息</td></tr>
<tr><td>客户姓名</td><td></td><td>车牌号</td><td></td><td>车型</td><td></td><td>发动机型号</td><td></td></tr>
<tr><td>客户电话</td><td></td><td>行驶里程</td><td></td><td>VIN 号</td><td colspan="3"></td></tr>
<tr><td>服务项目</td><td colspan="7">常规保养□　一般维修□　事故车□　大修□　其他□</td></tr>
<tr><td>安全防护</td><td colspan="7">1. 车辆外观检查：　有损伤□　无损伤□
2. 铺翼子板布□
3. 铺座椅座套□　脚垫□　方向盘套□</td></tr>
<tr><td colspan="8">二、电磁喷油器信息查询</td></tr>
<tr><td colspan="8">1. 查阅维修手册/电路图：标记电磁喷油器资料页数（　　　　　）页。
2. 根据维修手册/电路图标出相应电控单元端、电磁喷油器端插脚号及导线颜色：</td></tr>
</table>

电控单元插脚	导线颜色	电磁喷油器插脚

3. 标出电磁喷油器端各插脚作用：是否供电、是否信号、是否接地。

电磁喷油器插脚	记录
	供电□　信号□　接地□
	供电□　信号□　接地□

4. 根据电路图画出简易电路，并标注插脚号：

<table>
<tr><td>三、电磁喷油器检测</td></tr>
<tr><td>1. 数据流调取
（1）数据流调取条件是否满足：发动机是否怠速　ON □　OFF □
（2）读取并记录数据流（　　　　　），注意不要忘记填写单位。</td></tr>
</table>

2. 电磁喷油器供电检查

（1）检查条件是否满足：点火开关状态　　ON □　　OFF □

（2）万用表使用与判断：

步骤	内容	备注
选择挡位	直流电压□　交流电压□　直流电流□ 交流电流□　电阻□	—
表笔连接	红表笔接：（　　　　）	填写电磁喷油器器插脚号
	黑表笔接：（　　　　）	填写电磁喷油器器插脚号
记录测量值	测量结果：（　　　　）	注意填写测量单位
测量结果判断	正常 □　异常 □	—

3. 电磁喷油器信号检查

（1）检查条件是否满足：发动机怠速运转　　ON □　　OFF □

（2）试灯使用与判断：

步骤	内容	备注
试灯连接	正极侧：	填写电磁喷油器器插脚号
	负极侧：	填写电磁喷油器器插脚号
记录试灯状况	闪烁 □　不闪 □	—
测量结果判断	正常 □　异常 □	—

4. 电磁喷油器单体检测

电磁喷油器插脚号	阻值标准范围	阻值测量值	测量结果判断
			正常 □　异常 □

5. 拓展训练

（1）使用示波器调取电磁喷油器信号波形：

步骤	内容	备注
检测条件	发动机怠速　ON □　OFF □	—
检测通道		—
示波器数据线连接	探针侧：（　　　　）	填写电磁喷油器插脚号
	参考线侧（夹子侧）：（　　　　）	填写电磁喷油器插脚号
每格电压		注意填写测量单位
脉宽时间		注意填写测量单位
测量结果判断	正常 □　异常 □	—

（2）画出或粘贴怠速时的信号波形：
提醒：电磁喷油器需要进行导线检测时，应断开导线两端线束连接器，使用万用表欧姆挡，检测导线两端阻值小于 1 Ω 为正常。

（二）步进怠速电机检测

一、填写下列信息							
客户姓名		车牌号		车型		发动机型号	
客户电话		行驶里程		VIN 号			
服务项目	常规保养□	一般维修□		事故车□		大修□	其他□
安全防护	1. 车辆外观检查：　有损伤□　无损伤□ 2. 铺翼子板布□ 3. 铺座椅座套□　脚垫□　方向盘套□						
二、步进怠速电机信息查询							

1. 查阅维修手册/电路图：标记步进怠速电机资料页数（　　　　　　）页。

2. 根据维修手册/电路图标出相应电控单元端、步进怠速电机端插脚号及导线颜色：

电控单元插脚	导线颜色	步进怠速电机插脚

3. 标出步进怠速电机端各插脚作用：是否供电、是否信号、是否接地。

步进怠速电机插脚	记录
	供电□　信号□　接地□
	供电□　信号□　接地□
	供电□　信号□　接地□
	供电□　信号□　接地□
	供电□　信号□　接地□
	供电□　信号□　接地□

4. 根据电路图画出简易电路，并标注插脚号：

三、步进怠速电机检测

1. 步进怠速电机供电检查

（1）检查条件是否满足：点火开关状态　ON □　OFF □

（2）万用表使用与判断：

步骤	内容		备注
选择挡位	直流电压□　交流电压□　直流电流□　交流电流□　电阻□		—
表笔连接	红表笔接：（　）	红表笔接：（　）	填写步进怠速电机插脚号
	黑表笔接：（　）	黑表笔接：（　）	填写步进怠速电机插脚号
记录测量值	测量结果：（　）	测量结果：（　）	注意填写测量单位
测量结果判断	正常 □　异常 □	正常 □　异常 □	—

2. 步进怠速电机信号检查

（1）检查条件是否满足：点火开关　ON □　OFF □

（2）万用表使用与判断：

步骤	内容	备注
选择挡位	直流电压□　交流电压□　直流电流□ 交流电流□　电阻□	—
信号 1 测量	红表笔接：（　　）	填写步进怠速电机插脚号
	黑表笔接：（　　）	填写步进怠速电机插脚号
	测量结果：（　　）	注意填写测量结果单位
	测量结果判断：正常□　异常□	—
信号 2 测量	红表笔接：（　　）	填写步进怠速电机插脚号
	黑表笔接：（　　）	填写步进怠速电机插脚号
	测量结果：（　　）	注意填写测量结果单位
	测量结果判断：正常□　异常□	—
信号 3 测量	红表笔接：（　　）	填写步进怠速电机插脚号
	黑表笔接：（　　）	填写步进怠速电机插脚号
	测量结果：（　　）	注意填写测量结果单位
	测量结果判断：正常□　异常□	—
信号 4 测量	红表笔接：（　　）	填写步进怠速电机插脚号
	黑表笔接：（　　）	填写步进怠速电机插脚号
	测量结果：（　　）	注意填写测量结果单位
	测量结果判断：正常□　异常□	—

4. 步进怠速电机单体检测

步进怠速电机插脚号	阻值标准范围	阻值测量值	测量结果判断
			正常 □　异常 □
			正常 □　异常 □

提醒：步进怠速电机需要进行导线检测时，应断开导线两端线束连接器，使用万用表欧姆挡，检测导线两端阻值小于 1 Ω 为正常。

（三）电动汽油泵检测

一、填写下列信息

客户姓名		车牌号		车型		发动机型号	
客户电话		行驶里程		VIN 号			
服务项目	常规保养□	一般维修□		事故车□		大修□	其他□
安全防护	1. 车辆外观检查： 有损伤□ 无损伤□ 2. 铺翼子板布□ 3. 铺座椅座套□ 脚垫□ 方向盘套□						

二、电动汽油泵信息查询

1. 查阅维修手册/电路图：标记电动汽油泵资料页数（　　　　　）页。

2. 根据维修手册/电路图标出相应电控单元端、电动汽油泵端插脚号及导线颜色：

电控单元插脚	导线颜色	电动汽油泵插脚

3. 标出电动汽油泵各插脚作用：是否供电、是否信号、是否接地。

电动汽油泵插脚	记录
	供电□　信号□　接地□
	供电□　信号□　接地□

4. 根据电路图画出简易电路，并标注插脚号：

三、电动汽油泵检测

1. 电动汽油泵供电检查

（1）检查条件是否满足：起动发动机　　ON □　　OFF □

（2）万用表使用与判断：

步骤	内容	备注
选择挡位	直流电压□　交流电压□　直流电流□ 交流电流□　电阻□	—
表笔连接	红表笔接：(　　　　)	填写电动汽油泵插脚号
	黑表笔接：(　　　　)	填写电动汽油泵插脚号
记录测量值	测量结果：(　　　　)	注意填写测量单位
测量结果判断	正常 □　异常 □	—

2. 电动汽油泵单体检测

电动汽油泵插脚号	阻值标准范围	阻值测量值	测量结果判断
			正常 □　异常 □

任务评价

姓名：　　　　班级：　　　　学号：　　　　日期：

序号	作业内容	配分	得分
1	电磁喷油器检测	20	
2	步进怠速电机检测	20	
3	电动汽油泵检测	20	
4	工装及卫生整顿	20	
5	纪律与安全	20	
合计		100	